Für unzählige Kinder auf der Welt gibt es keine Sicherheit und keinen Frieden: Eines von zehn Kindern auf der Welt lebt heute in einer Region, in der Gewalt zur Tagesordnung gehört. Das heißt: Unvorstellbare 230 Millionen Kinder wachsen »zwischen den Fronten« auf. Bestürzend ist die extreme Gewalt in Ländern wie Syrien, Südsudan oder der Ukraine, die sich teils gezielt gegen die Jüngsten richtet. Noch nie seit dem Zweiten Weltkrieg wuchsen so viele Flüchtlingskinder entwurzelt und ohne Hoffnung auf. Und nie zuvor musste UNICEF für die Nothilfe in Konfliktregionen um so viel Geld bitten – 2015 um mehr als 3 Milliarden US-Dollar.

Der **UNICEF-Report 2015** stellt die in den Mittelpunkt, die am wenigsten für Kriege verantwortlich sind und am meisten unter ihren Folgen leiden: die Kinder. Er dokumentiert das Grauen der Gewalt und versucht, die Auswirkungen der »neuen Generation humanitärer Krisen« auf die nachwachsende Generation zu begreifen. Der Report beschreibt aber auch, wie Kindern in scheinbar ausweglosen Situationen geholfen werden kann: durch schnelle Nothilfe, durch Spiel, Sport und Bildung, durch politischen Einsatz und nachhaltige Entwicklungsarbeit.

Jedes »Kriegskind« hat das Recht auf unsere Hilfe und Unterstützung. Wir dürfen Kinder in Krisenregionen niemals aufgeben, sie nicht als verlorene Generation heranwachsen lassen. Kinder brauchen Schutz und Hilfe, damit sie eine bessere Zukunft ihrer Gesellschaften mitgestalten können. Dafür lohnt sich jede Anstrengung.

UNICEF-Report 2015

Kinder zwischen den Fronten

Herausgegeben vom
Deutschen Komitee
für UNICEF

FISCHER Taschenbuch

MIX
Papier aus verantwortungsvollen Quellen
FSC® C083411
FSC
www.fsc.org

Deutsche Erstausgabe
Erschienen bei FISCHER Taschenbuch
Frankfurt am Main, Juli 2015

Kerstin Bücker (verantwortlich)
Wiebke Eckau, Silke Fröndhoff, Angela Griep, Vera Mäusbacher, Rudi Tarneden
Übersetzungen: Franz Kubaczyk, Angelika Söhne
Fremdbeiträge geben nicht unbedingt die Position von UNICEF wieder.
Coverfoto: © UNICEF/NYHQ2013-1015/Romenzi;
Syrisches Kind vor dem Flüchtlingslager Kawergosk, westlich von Erbil (Irak)
Satz: ottomedien, Darmstadt
Druck und Bindung: CPI books GmbH, Leck
Printed in Germany
ISBN 978-3-596-03289-1

Inhalt

Hoffnung – trotz allem

Mia Farrow,
Internationale
UNICEF-Botschafterin

Kinder sind noch immer die Hauptleidtragenden von Konflikten, und das Maß an Brutalität, der sie ausgesetzt sind, ist wohl niemals größer gewesen als heute. Millionen Kinder weltweit sind extremer Gewalt, Gräueltaten, Angst und Verzweiflung ausgesetzt. Kriegsführende Gruppen nehmen sie gezielt ins Visier. Mädchen und Jungen werden dort getötet, wo sie am sichersten sein sollten: zu Hause in ihrem Bett oder beim Lernen in der Schule. Sie werden zu Krüppeln gemacht, entführt, gefoltert, vergewaltigt oder zwangsrekrutiert.

Schätzungsweise 230 Millionen Kinder weltweit leben gegenwärtig in Ländern oder Regionen, die von bewaffneten Konflikten betroffen sind. Allein etwa 15 Millionen Kinder sind gefangen in Gewaltkonflikten in der Zentralafrikanischen Republik, in Irak, Südsudan, Palästina, Syrien oder der Ukraine – einschließlich derjenigen, die innerhalb ihres Landes vertrieben worden sind oder als Flüchtlinge leben. Anhaltende Krisen in Ländern wie Afghanistan oder Sudan rauben weiteren jungen Menschen ihr Leben und ihre Zukunft.

Auf meinen Reisen mit UNICEF und aus eigenem Antrieb habe ich viele dieser Kinder und ihre Familien getroffen. Ihre Geschichten ähneln sich traurigerweise nur zu oft. Es ist nicht nur der Verlust von Leben,

© UNICEF/NYHQ2006-0861/Cranston

Gliedmaßen, Habseligkeiten und das lähmende Gefühl dauernder Unsicherheit, die ihr Leben bedrücken. Unabhängig von ihren Einzelschicksalen teilen viele ähnliche Gefühle von Angst und Verzweiflung. Dazu kommen die dauerhaften Folgen des Zusammenbruchs der Gesundheits- und Bildungssysteme, die oftmals mit Kriegen und Konflikten einhergehen.

2013 traf ich in der Zentralafrikanischen Republik den damals 13 Jahre alten Oumarou Bouba und seinen zehnjährigen Bruder Adovan. Sie hatten sich mehrere Wochen lang im

Busch versteckt, bevor eine kleine Ecke im Klassenzimmer einer Schule ihr neues »Zuhause« wurde. Oumarou erzählte mir, wie bewaffnete Männer am frühen Morgen in das Haus der Familie eingedrungen waren, den Vater getötet, ihr Haus angezündet und die Leiche ins Feuer geworfen hatten. Adovan wurde schwer verletzt, als er wegzulaufen versuchte und einer der Männer ihn mit einer Machete auf den Kopf schlug. Eine Frau verband seinen Kopf mit einem Tuch und schaffte es, die Blutung zu stoppen.

Was wäre, wenn ich alles verloren hätte?

Auf einer weiteren Reise in die Zentralafrikanische Republik traf ich eine Mutter, deren Ehemann während der Kämpfe geflohen war. Vollkommen auf sich allein gestellt, musste sie für ihre vier Kinder sorgen, eines von ihnen war schwer mangelernährt. Diese Frau hatte nicht nur ihre Kleider, ihr Haus, ihre Kochtöpfe und alles andere verloren, was sie jemals zum Leben besessen hatte – sie hatte buchstäblich nichts mehr. Ich versuchte mir vorzustellen, wie es wäre, wenn ich im wahrsten Sinne des Wortes alles verloren hätte.

In solchen Momenten wird einem klar: Das Letzte was Menschen wollen, ist ihr Zuhause, ihre Heimat, ihr Land zu verlassen. Sie fliehen aus Angst. Und sie kommen an irgendeinem Ort an, an dem sie nicht sein wollen. Wenn man ihnen zuhört, trifft man auf Geschichten von Verlust, Trauer, Entbehrung, Sorge – und immer auf den sehnsüchtigen Wunsch, nach Hause zurückzukehren.

Humanitäre Helfer können diese Konflikte nicht lösen. Aber sie können Kinder, ihr Leben, ihre Träume und ihre Zukunft verteidigen. Lebensrettende Medikamente, Nahrung, sauberes Trinkwasser, Kleidung und eine Bleibe sind in Zeiten von Konflikten notwendiger denn je. Doch genauso wichtig sind auch Bildung, psychologische Unterstützung und ein Gefühl von Normalität in einer Situation, die alles andere als normal ist.

Noch in den ausweglosesten Situationen habe ich Hoffnung in den Gesichtern der Kinder schimmern sehen. Ich habe Kinder selbst in völlig überfüllten Zelten oder unter einem Baum mit großem Eifer lernen sehen. Bildung und sichere Räume können helfen, ein Kind zurück ins Leben zu bringen.

Ich habe Gemeindehelfer kennengelernt, die mit Unterstützung von UNICEF auch unter schlimmsten Umständen Leben retten und verbessern konnten. Ihr Mut und ihre Widerstandsfähigkeit sind zutiefst beeindruckend und sollten uns allen ein Ansporn sein.

Die größten Herausforderungen der Gegenwart sind Angst und Intoleranz. Ich appelliere an alle – an die internationale Gemeinschaft, an Regierungen und an jeden Einzelnen –, sich mit aller Kraft dafür einzusetzen, Kinder zu schützen und zu stärken, ganz besonders jene, die schutzlos in Konfliktgebieten leben. Im Gesicht jedes Kindes spiegeln sich die gesamte Hoffnung und alle Möglichkeiten der Menschheit. Niemand von uns will, dass dieses Licht erlischt.

Mia Farrow, weltweit gefeierte Schauspielerin und humanitäre Aktivistin, ist seit September 2000 Internationale UNICEF-Botschafterin. Als einflussreiche Anwältin für Kinder setzt sie sich insbesondere für Kinder in bewaffneten Konflikten ein. Farrow hat im Auftrag von UNICEF und auf eigene Initiative viele Krisenregionen der Welt bereist – unter anderem Angola, die Demokratische Republik Kongo, Guinea, Haiti, Kamerun, Nigeria, Palästina, Sudan, Südsudan, Tschad, Uganda und die Zentralafrikanische Republik.

1 Syrien: Die Welt muss hinschauen

Niclas Hammarström

© Hammarström/Kontinent/laif
Eine Familie in den leeren Straßen Aleppos (Syrien), Januar 2013

Ich bin Fotograf und selbst Vater von drei Jungen. Mit Blick auf den Krieg in Syrien hatte ich das Gefühl, unbedingt etwas tun zu müssen. Es tat mir in der Seele weh zu sehen, wie die Kinder dort leiden. Kinder werden verletzt und sterben, sie verlieren ihre Mütter, Väter, Geschwister, Verwandte und Freunde.

Das erste Mal reiste ich im September 2012 nach Aleppo. Meiner Frau erzählte ich, dass ich in die Türkei reisen würde, um eine Geschichte über syrische Flüchtlinge zu machen. Das war gelogen.

Ich traf viele Menschen, die um Hilfe baten: Bitte mach Bilder davon. Zeig der Welt, wie wir leiden. Kaum Nahrung und Wasser. Keine Heizung, kein Strom. Keine Medikamente.

Sie nahmen mich mit, um mir ihren Sohn, ihre Mutter oder einen Freund zu zeigen, die schwer verletzt oder tot waren. Die Ärzte berichteten, dass sie seit Beginn des Krieges rund um die Uhr im Einsatz seien. Dass sie nicht genug Medikamente und Material hätten. Dass die Regierung Krankenhäuser angreife und medizinisches Personal töte.

Warum?, fragte ich. Die Antwort war: Wenn sie einen Arzt umbringen, kann er keine Verletzten mehr versorgen. Und dadurch sterben mehr Menschen.

Als ich nach Hause zurückkam, fragte mich meine Frau, wie die Reise gewesen sei. Ich zeigte ihr die Bilder. Erst war sie wütend auf mich, weil ich ihr nicht gesagt hatte, wohin ich reisen würde. Doch dann verstand sie mich.

Seither ließ mich Syrien nicht mehr los. Also ging ich im Januar 2013 wieder zurück. Es war jetzt schwieriger, in Aleppo zu arbeiten. Die Menschen waren Journalisten gegenüber misstrauisch. Viele wollten nicht fotografiert werden. Sie sagen: Was willst du hier? Es bringt ohnehin nichts.

Sie hatten Recht. Nichts war geschehen, um den Menschen zu helfen. Es gab noch immer zu wenig zu essen und zu wenig Medikamente. Noch immer Leid und Angst.

In Aleppo war fast jeder Baum gefällt worden, um damit zu heizen. Ich sah Kinder, die sogar die Wurzeln ausgruben, um damit Feuer zu machen. Ich sah Kinder, die in Müllhaufen nach etwas Essbarem suchten. Vor dem Krieg war dieser Ort ein wunderschöner Park gewesen. Doch jetzt waren alle Bäume verschwunden und der Platz voller Müll.

Ich traf Kinder, die draußen auf dem Hof gespielt hatten, als Heckenschützen sie angriffen und sie durch Mörsergranaten unter Beschuss gerieten.

Ich besuchte eine Schule, wo der Unterricht im Freien stattfand, weil es draußen wärmer war als drinnen. Die Schülerinnen und Schüler schafften es wegen der Bombardierungen und der Heckenschützen nicht jeden Tag, zur Schule zu kommen. Die Lehrerin sagte, dass sie es verstehen könne, wenn sie nicht kämen.

Eines Abends, in einem kleinen Lazarett, trugen ein paar Männer einen kleinen Jungen herein, zusammen mit einigen anderen Verletzten. Der Junge hatte schwere Verbrennungen und stand unter Schock. Die Ärzte legten ihn auf ein Bett, aber sie mussten sich erst um andere noch schwerer Verletzte kümmern. Also ließen sie ihn allein dort liegen. Der Junge war ungefähr so alt wie mein jüngster Sohn. In dem Krankenhaus war es sehr kalt, und der Junge hatte keine Decke. Ich versuchte, ihn zu trösten und mit ihm zu reden. Ich gab ihm meine Hand, und er hielt sie fest. Schließlich kam ein Arzt, der ihm Morphium gab, und er schlief ein. Dieser Moment hat mich sehr berührt.

Im November 2013 kehrte ich erneut nach Syrien zurück, dieses Mal in die Region Kalamun in der Nähe von Damaskus. Mein Kollege Magnus Falkehed und ich übernachteten bei einer kleinen Kampfeinheit vor der Stadt Yabrud. Es war sehr schwierig, dort zu arbeiten. Wir wurden verdächtigt, Spione zu sein. Es war schwer, Menschen zu fotografieren – egal ob Zivilisten oder Kämpfer. Sie alle hatten Angst, dass die Regierung sie selbst oder ihre Verwandten bestrafen würde.

Dennoch gelang es uns, einige Leute zu treffen, die uns ihre Geschichte erzählten. Wie sie aus Homs in diese Gegend geflohen waren, wie sie gehofft hatten, hier Ruhe und Frieden zu finden. Wie ihre Kinder gelernt hatten, die unterschiedlichen Bomben anhand ihres Geräusches auseinanderzuhalten. Wie sie gelernt hatten einzuschätzen, aus welcher Richtung sie abgefeuert wurden.

Eines Tages waren wir draußen unterwegs und unterhielten uns mit ein paar Kindern. Immer mehr kamen hinzu, und bald hatten sich etwa 25 Kinder um uns versammelt. Plötzlich sahen wir schwarzen Rauch am Himmel, der direkt auf uns zukam. Es ging unglaublich schnell. Plötzlich war das Flugzeug nur noch ein paar Hundert Meter von uns entfernt, es flog in niedriger Höhe. Wir wussten nicht, wohin wir flüchten oder wo wir uns verstecken sollten. Die Kinder schrien. Der Pilot flog so niedrig, dass ich sein Gesicht erkennen konnte. Zu unserem Glück hatte er uns zu spät gesehen. Er sah uns erst, als er direkt über uns war, dann begann er, seine Waffen abzufeuern. Die Schüsse haben uns alle verfehlt. Es besteht aber kein Zweifel daran, dass er gesehen hatte, dass das da am Boden nur Kinder waren.

Nach sechs Tagen entschlossen wir uns, nach Hause zurückzukehren. Es war für uns zu gefährlich, länger zu bleiben. Nicht nur wegen der Kämpfe, sondern auch wegen der Gefahr, entführt zu werden.

Irgendwo auf halbem Wege zwischen Yabrud und Arsal in Libanon wurden wir an einem Checkpoint angehalten. Drei Männer mit Maschinengewehren zwangen uns aus dem Auto. Sie schossen auf uns und verletzten unseren Fahrer. Wir wurden anschließend zu einem Haus gebracht und in einen Raum eingesperrt. Nach einer Woche versuchten wir zu fliehen, doch sie entdeckten uns und begannen, auf uns zu schießen. Ich wurde ins Bein getroffen, dann brachten sie uns in das Haus zurück. Später wurden wir zu einem anderen Versteck gebracht und in einem dunklen Keller gefangen gehalten. Erst nach fast sieben Wochen wurden wir freigelassen. Es war die schlimmste Zeit meines Lebens. Ich musste die ganze Zeit an meine Familie denken. Und daran, ob ich meine Kinder je wiedersehen würde.

War es das wert? Fragt man meine Familie: Nein. Fragt man mich: Ich hoffe es. Wir haben es geschafft, unsere Computer außer Landes zu bringen, und konnten so unsere Geschichte in schwedischen Zeitungen veröffentlichen. Ich denke, es war gut, um auf das Leid der Menschen aufmerksam zu machen. Doch der Preis für mich und meine Familie war sehr hoch.

Niclas Hammarström ist Fotograf und lebt in Schweden. Für seine Bildreportage über das Leben der Kinder in Syrien erhielt er Anfang 2014 den Preis »UNICEF-Foto des Jahres«.

www.unicef.de/foto

2 Kinder in bewaffneten Konflikten schützen – Fortschritte und Herausforderungen

Leila Zerrougui

© UNICEF/NYHQ2012-1583/El Baba

Jedes Jahr zerstört Krieg in aller Welt das Leben von Millionen von Kindern und ihren Familien. Die Kinder, denen ich in Konfliktgebieten begegne, haben eines gemeinsam: Sie brauchen Jahre, wenn nicht sogar ihr ganzes Leben, um ihr Kriegstrauma zu überwinden. Sie tragen körperliche, psychische, emotionale und soziale Wunden davon.

Das Amt des Sonderbeauftragten des UN-Generalsekretärs für Kinder und bewaffnete Konflikte wurde 1996 von der UN-Generalversammlung geschaffen – nachdem Graça Machel ihren Bericht über die Auswirkungen bewaffneter Konflikte auf Kinder veröffentlicht hatte. Ihre Studie machte deutlich, dass Kinder unverhältnismäßig stark unter Kriegen leiden, sogar die Hauptopfer bewaffneter Konflikte sind. Der Bericht vermittelte der Weltöffentlichkeit auch ein umfassendes Bild über Kinder, die als Soldaten missbraucht werden. In der Folge setzte sich die internationale Gemeinschaft dafür ein, dem Schutz von Kindern vor den Folgen von Krieg die Beachtung zu geben, die er verdient, und entsprechende Schutzmechanismen zu verstärken.

Seit 1999 engagiert sich der UN-Sicherheitsrat systematisch für den Schutz von Kindern vor den Folgen bewaffneter Konflikte und hat ihn in den Mittelpunkt seiner Friedens- und Sicherheitsagenda gestellt. In den letzten 15 Jahren wurde ein solides Handlungsgerüst entwickelt. Der UN-Sonderbeauftragte für Kinder und bewaffnete Konflikte wurde mit Instrumenten ausgestattet, um Übergriffe auf Kinder zu verurteilen und darauf zu reagieren.

Zunächst wurden sechs schwerwiegende Kinderrechtsverletzungen ermittelt, unter denen Kinder in Konflikten leiden:

- Töten und Verstümmeln von Kindern
- Sexuelle Gewalt gegenüber Kindern
- Entführung von Kindern
- Rekrutierung und Missbrauch von Kindern als Soldaten
- Angriffe auf Schulen und Krankenhäuser
- Verweigerung des Zugangs zu humanitärer Hilfe

Der UN-Sicherheitsrat hat die Vereinten Nationen in mehreren Resolutionen dazu aufgefordert, genaue Informationen darüber zu sammeln und zu überprüfen, wo und wie genau Kinder durch bewaffnete Konflikte betroffen sind. Auf dieser Grundlage legt der UN-Generalsekretär dem UN-Sicherheitsrat jedes Jahr einen Bericht vor. Dieser listet unter anderem Konfliktparteien auf, die mindestens eine von vier schwerwiegenden Kinderrechtsverletzungen begehen: Rekrutierung und Missbrauch von Kindern als

Soldaten, Töten und Verstümmeln von Kindern, sexuelle Gewalt gegenüber Kindern oder Angriffe auf Schulen und Krankenhäuser.
Der UN-Sicherheitsrat hat die Vereinten Nationen darüber hinaus aufgefordert, mit Regierungen und mit den im Bericht genannten bewaffneten Gruppierungen Gespräche zu führen und Aktionspläne zu erarbeiten, die Gewalt gegenüber Kindern stoppen und verhindern sollen. Der UN-Sonderbeauftragte und die UN-Teams in den von Konflikten betroffenen Ländern verpflichten die genannten Parteien dazu, Aktionspläne aufzustellen und zu unterzeichnen. Diese Verpflichtungen sind darauf ausgerichtet, Kinderrechtsverletzungen zu beenden, Kinder zu befreien und zu ihren Familien zurückzuführen, aber auch Mechanismen zu schaffen, die schwere Kinderrechtsverletzungen künftig verhindern und die Rechenschaftspflicht verbessern sollen.

Konkrete Aktionspläne gegen Rekrutierung und Einsatz

Eine Vereinbarung gegen die Rekrutierung und den Missbrauch von Kindern als Soldaten kann die folgenden Handlungsschritte umfassen:

- Militärische Anordnungen erteilen, die die Rekrutierung und den Einsatz von Kindern als Soldaten verbieten
- Die Rekrutierung und den Einsatz von Kindern durch bewaffnete Truppen unter Strafe stellen
- Akteure, die Kinder rekrutieren und als Soldaten missbrauchen, ermitteln und vor Gericht bringen
- Kinderschutzexperten in die Streitkräfte aufnehmen
- Alle Kinder, die in den Reihen der Truppen ausfindig gemacht werden, freilassen
- Programme auflegen, die die Wiedereingliederung von Kindern ins zivile Leben gewährleisten
- Regelmäßigen und ungehinderten Zugang zu Militärlagern und -basen ermöglichen, damit Kinderschutzvertreter überprüfen können, ob sich Kinder unter den Soldaten befinden
- Geburtenregistrierungssysteme verbessern und in die Rekrutie-

rungsverfahren Mechanismen zur Altersüberprüfung aufnehmen
- Nationale Kampagnen entwickeln und umsetzen, um die Rekrutierung von Kindern zu verhindern

Um diesem Auftrag nachzukommen, arbeitet mein Amt eng mit den Unterorganisationen der Vereinten Nationen, zivilgesellschaftlichen Partnern sowie regionalen und lokalen Organisationen zusammen – mit aktiver Unterstützung zahlreicher Länder.

Der Jahresbericht des UN-Generalsekretärs für 2014 erfasst 23 Konfliktsituationen und listet 59 Konfliktparteien auf. Davon sind acht Regierungstruppen und 51 nichtstaatliche Akteure. Von den 23 Konflikten sind mindestens sechs als schwerwiegende Krisen einzustufen. Dazu gehören Krisen in Ländern, in denen Kinder extremer Gewalt durch Gruppen wie den Islamischen Staat (IS) und Boko Haram ausgesetzt sind. Im Nahen Osten haben die Konflikte in Syrien, Irak und Palästina verheerende Folgen für Kinder. Die Situation in Libyen und Jemen ist ebenfalls besorgniserregend. In Afrika leiden Kinder massiv unter den Konflikten in Südsudan, der Zentralafrikanischen Republik und Nigeria. Auch in den chronischen Konflikten in Afghanistan, Somalia, Sudan und der Demokratischen Republik Kongo besteht aus Kinderschutzsicht erheblicher Grund zur Sorge. Trotz leichter Entspannung bleibt auch die Situation in Mali instabil.

Der 25. Jahrestag der Verabschiedung der UN-Kinderrechtskonvention Ende 2014 gibt Anlass, zurückzublicken und uns den langen Weg vor Augen zu führen, den wir gemeinsam für einen besseren Schutz von Kindern im Krieg zurückgelegt haben. Mit der Unterzeichnung der Konvention haben mittlerweile weltweit 194 Länder anerkannt, dass Kinder eigene Rechte haben und dass für ihre Verwirklichung in erster Linie die Regierungen verantwortlich sind.

Im Mai 2015 jährt sich zudem zum fünfzehnten Mal die Verabschiedung des Zusatzprotokolls zur UN-Kinderrechtskonvention über Kinder in bewaffneten Konflikten. Dieses ist inzwischen von 159 Mitgliedstaaten ratifiziert worden. Das Protokoll verpflichtet die Staaten, die Zwangsrekrutierung und den Kampfeinsatz von Jugendlichen unter 18 Jahren zu verbieten und zu unterbinden. Die Unterzeichnerstaaten müssen zudem alle notwendigen Maßnahmen treffen, um die Rekrutierung und den Einsatz von Unter-18-Jährigen auch in nichtstaatlichen bewaffneten Gruppen zu verbieten und zu verhindern.

Dennoch bleiben die in den letzten 25 Jahren erreichten Fortschritte unvollständig. Noch immer werden Kinder in Konflikten getötet und verletzt, von bewaffneten Truppen und Gruppen rekrutiert und missbraucht, haben keinen Zugang zu Gesundheitsversorgung und Bildung. Allen unseren Anstrengungen zum Trotz haben Graça Machels Feststellungen weiter Gültigkeit. Weltweit leiden Kinder noch immer am stärksten unter den Folgen bewaffneter Konflikte.

Vor uns liegen viele Herausforderungen. Doch Jahre konstruktiver Verhandlungen mit den Konfliktparteien, um die Rekrutierung und den Einsatz von Kindern als Soldaten zu beenden, haben sich gelohnt. Wir können heute sagen, dass sich unter den Regierungen weltweit ein Konsens herauszubilden beginnt, dass Kinder in Konflikten nicht an Kampfeinsätzen beteiligt sein dürfen.

Die Kampagne »Kinder sind keine Soldaten«

Auf Grundlage dieses Konsenses habe ich gemeinsam mit UNICEF die Kampagne »Kinder sind keine Soldaten« (»Children, not soldiers«) ins Leben gerufen. Diese hat zum Ziel, die Rekrutierung und den Einsatz von Kindern in Streitkräften bis zum Jahr 2016 zu beenden. Seitdem haben wir erhebliche Fortschritte erzielt: Die Regierung Jemens hat zusammen mit den Vereinten Nationen einen Aktionsplan unterzeichnet, in dem sie sich verpflichtet, keine Kinder in die Armee aufzunehmen. Tschad hat alle Anforderungen seines Aktionsplans umgesetzt und wurde daraufhin von der Liste des UN-Generalsekretärs der Länder genommen, die unter besonderer Beobachtung stehen. Die Regierung Südsudans hat ihren Aktionsplan formal bestätigt, die Rekrutierung und den Einsatz von Kindersoldaten zu beenden. Die Regierung der Demokratischen Republik Kongo hat Fortschritte bei der Umsetzung ihres Aktionsplans gemacht und einen präsidialen Berater für sexuelle Gewalt und die Rekrutierung von Kindern eingesetzt. In Afghanistan wurde ein konkreter Zeitplan erarbeitet, der die Umsetzung des Aktionsplans vorantreiben soll.

Der Schwung und die Fortschritte, die die Kampagne hervorgebracht hat, sind ermutigend. Doch noch immer liegt eine Menge Arbeit vor uns, bis wir das Ziel erreicht haben. Ich bin fest entschlossen, gemeinsam mit den Organisationen der Vereinten Nationen wie UNICEF und anderen Partnern dafür zu sorgen, dass die betroffenen Länder Zugang zu notwendigen Ressourcen und technischer Unterstützung erhalten. Auf diese Weise sollen sie alle in ihren Aktionsplänen vorgesehenen Schritte bis Ende 2016 vollständig umsetzen können.

Es ist möglich, die Rekrutierung von Kindern durch Regierungstruppen im verbliebenen Zeitraum zu beenden – allerdings nur, wenn wir zusammen daran arbeiten und unsere Fachkenntnisse und Ressourcen miteinander teilen. Wir müssen uns aber auch darauf einstellen, Rückschläge zu bewältigen. So wurde in Südsudan ein Großteil der innerhalb der Sudanesischen Volksbefreiungsarmee (SPLA) erzielten Fortschritte in Bezug auf Kindersoldaten durch das Wiederaufflammen des Konflikts im Dezember 2013 zunichtegemacht. Trotz der erneuten Ver-

pflichtungen von Regierung und Opposition, die Rekrutierung von Kindern zu beenden, erreichen uns weiterhin beunruhigende Berichte darüber, dass überall im Land Kindersoldaten rekrutiert werden. Im Juni 2014 habe ich bei einem Besuch in Südsudan einige von ihnen getroffen.

Angriffe auf Schulen und Krankenhäuser stoppen

In den gegenwärtigen bewaffneten Konflikten geraten auch Bildungs- und Gesundheitseinrichtungen zunehmend in die Schusslinie. Schulen und Krankenhäuser werden angegriffen und von den Konfliktparteien für militärische Zwecke missbraucht. Das hat zur Folge, dass Millionen von Kindern in von Konflikten betroffenen Ländern keinen Zugang zu Bildung und Gesundheitsversorgung haben.

Gemeinsam mit UNICEF, der Organisation der Vereinten Nationen für Bildung, Wissenschaft und Kultur (UNESCO) und der Weltgesundheitsorganisation (WHO) habe ich deshalb einen Leitfaden zum Schutz von Schulen und Krankenhäusern herausgegeben (»Protect Schools and Hospitals«, unter: https://childrenandarmedconflict.un.org/publications/AttacksonSchoolsHospitals.pdf). Das Ziel des Leitfadens ist es, die Instrumente umzusetzen, die der Sicherheitsrat der Vereinten Nationen mit der von Deutschland eingebrachten Resolution 1998 sowie der Resolution 2143 geschaffen hat. Der Leitfaden gibt Fachleuten vor Ort Instrumente zur Überwachung und Berichterstattung, für Lobbyarbeit und für Zusammenarbeit mit den Konfliktparteien an die Hand. All das soll helfen, Angriffe auf Krankenhäuser und Schulen zu stoppen und ihnen vorzubeugen.

Damit wir Kinder besser vor Konflikten schützen können, bitte ich Sie um umfassende Unterstützung für die Kampagne »Kinder sind keine Soldaten«. Zusätzlich brauchen wir anhaltende Aufmerksamkeit sowie Ressourcen für die Wiedereingliederung und das Wohl von Kindern, die von bewaffneten Konflikten betroffen sind.

Der Bedarf ist groß für nachhaltige Programme zur Wiedereingliederung, die Kindern wahrhaftig helfen, ihr Leben und ihr soziales Umfeld wiederherzustellen. Der Kampf gegen Straffreiheit ist ebenfalls ein wesentlicher Teil unserer Anstrengungen – nicht nur, um auf schwere Kinderrechtsverletzungen zu reagieren, sondern auch, um diese zu verhindern. Nachhaltige Fortschritte wird es nicht geben, ohne dass die Straftäter zur Rechenschaft gezogen werden.

Angesichts der zahlreichen gegenwärtigen Krisen vergessen wir oft, dass Kinder die Mehrheit der Weltbevölkerung darstellen. Sie können nicht länger auf den Schutz warten, den wir ihnen versprochen haben.

Leila Zerrougui ist Sonderbeauftragte des UN-Generalsekretärs für Kinder und bewaffnete Konflikte

3 Der veränderte Charakter von Konflikten und die Folgen für Kinder

Michael Ashkenazi
Michael Müller

Kriege sind seit den 1990er Jahren zunehmend durch »asymmetrische Kriegsführung« geprägt: In dieser verfügt einer der Akteure über ein großes Arsenal konventioneller Waffen, während der oder die anderen Akteure leicht bewaffnet sind. Letztere setzen einfache Technologien sowie gelegentlich Terrortaktiken ein, um einen »starken« Feind zu schlagen.

Kriege, insbesondere asymmetrische Kriege, werden nicht mehr geführt, um auf dem Schlachtfeld zu siegen, sondern um die Bevölkerung der gegnerischen Seite zu unterwerfen. Entsprechend zielen die Maßnahmen darauf ab, »Herzen und Köpfe zu erobern«.

Was bedeutet das für die Zivilbevölkerung und besonders für die Kinder? Um welche aktuellen Konflikte geht es? Wie lässt sich den modernen asymmetrischen Konflikten begegnen und die Zivilbevölkerung schützen? Um diese Fragen geht es in diesem Beitrag.

Aktuelle akute Konflikte

Syrien

Die Arabische Republik Syrien wird seit 1968 von der Assad-Familie regiert. Nach den Aufständen des Arabischen Frühlings im Jahr 2011 sowie nach inneren, wirtschaftlichen und politischen Unruhen begegnete die Regierung zivilen Protesten mit Beschuss und Verhaftungen. Dies führte zu einem Bürgerkrieg, an dem zahlreiche Rebellengruppen, Banden und Milizen beteiligt sind. Alle Seiten nehmen dabei bewusst Zivilisten ins Visier. Kinder werden angegriffen, zwangsrekrutiert, verhaftet und sogar exekutiert – um Druck auf ihre Familien auszuüben oder wegen vermeintlicher oder umgekehrt vermeintlich mangelnder Regierungstreue der Familie. Ein weiterer Grund für die Verfolgung von Kindern ist der Vorwurf von Gruppierungen wie dem Islamischen Staat (IS)[1], willkürlich erlassene islamische Vorschriften verletzt zu haben.

Rund 10 Millionen Menschen sind zu Flüchtlingen oder Binnenvertriebenen geworden. Unzählige Kinder sind mit ihren Familien innerhalb Syriens oder in die Nachbarländer geflohen. Mädchen werden an reiche Araber in Jordanien und Libanon verkauft und zum Teil noch minderjährig verheiratet. In vielen Regionen Syriens ist der Schulunterricht zum Erliegen gekommen.

Irak

Der Abzug der US-amerikanischen Truppen im Jahr 2011 wurde von wachsenden Konflikten zwischen Schiiten, Sunniten und Kurden begleitet. 2014 erstarkte die radikale Bewegung des IS und brachte weite

Teile im Westen Iraks unter ihre Kontrolle. Mit der Durchsetzung einer extrem strengen Auslegung der islamischen Gesetze erklärte der IS allen anderen Glaubensrichtungen, darunter Schiiten, Jesiden und Christen, den Krieg.
Zahllose Zivilisten wurden getötet – ihre genaue Anzahl ist unbekannt. Jungen und männliche Jugendliche, die verdächtigt werden, gegen den IS zu sein, werden zusammen mit ihren männlichen Familienmitgliedern umgebracht. Frauen und selbst ganz junge Mädchen werden gefangen genommen und unter Berufung auf die Gesetze des Korans als Sexsklavinnen an IS-Kämpfer verkauft. Der Schulunterricht wurde unterbunden. An den einzigen noch geöffneten Schulen findet Islamunterricht statt.

Südsudan
Mitte Dezember 2013 brachen die Spannungen zwischen Präsident Salva Kiir Mayardit und Vizepräsident Riek Machar Teny offen aus. Anhänger beider Seiten griffen zu den Waffen. Seither tobt ein Bürgerkrieg. Seine Fronten haben sich entlang ethnischer Trennlinien zwischen den beiden größten Bevölkerungsgruppen der Dinka und Nuer verhärtet. Die Kämpfe sind eher durch Habgier und Eigeninteressen der politischen Führer denn durch politische Ziele motiviert.
Südsudan hat eine lange Geschichte der Zwangsrekrutierung von Kindern, sei es als Viehhirten für die Herden der Guerilla-Kommandanten oder als Kindersoldaten. Bei den jüngsten Kämpfen haben alle Parteien Kinder für ihre Streitkräfte zwangsrekrutiert. Mangelernährung bei Kindern nimmt zu, es findet kaum noch regulärer Unterricht statt.

Zentralafrikanische Republik
2013 griff die Séléka, eine Koalition bewaffneter, überwiegend muslimischer Kräfte aus dem Norden, die Hauptstadt Bangui an. Sie vertrieb den Präsidenten François Bozizé aus dem Amt und übernahm zeitweilig die Regierung. Der Séléka stehen die nicht-muslimischen Milizen der Anti-Balaka gegenüber. Beide richteten ihre Mord- und Vergeltungsaktionen gezielt gegen Zivilisten. Zunächst standen vor allem Nicht-Muslime im Zentrum der Angriffe. Nach der Vertreibung der Séléka aus der Regierung kam es jedoch im gesamten Süden des Landes zu Vergeltungsschlägen auch gegen Muslime. Diese Aktionen trieben fast eine Million Menschen in die Flucht.

Nigeria
Seit der Unabhängigkeit Nigerias prägen Spannungen zwischen den verschiedenen ethnischen Bevölkerungsgruppen das Land, verschärft durch religiöse Differenzen. 2009 begann eine Gruppierung unter dem Namen Boko Haram (»Westliche Bildung ist Sünde«), gezielt staatliche Einrichtungen, insbesondere Schulen, anzugreifen. Die nigerianische Armee musste durch Hinter-

halte und Stellungskämpfe wiederholt Niederlagen hinnehmen.
Zu den Hauptzielen von Boko Haram, die schätzungsweise 9000 Kämpfer umfasst, gehören Zivilisten – vor allem Christen. Die Angriffe verfolgen eindeutig die Absicht, Angst und Schrecken zu verbreiten: Zivilisten werden massakriert, Häuser und Geschäfte niedergebrannt, Kinder und Frauen entführt.
Im April 2014 entführte Boko Haram etwa 230 vorwiegend christliche Schulmädchen aus einem Internat in Chibok. Anschließend verbreitete Boko Haram die Nachricht, die Mädchen unter ihren Mitgliedern versteigert zu haben. Kinder sind eines der Hauptziele von Boko Haram, da sie als Sexsklaven oder Kindersoldaten missbraucht werden können. Dazu kommt der erklärte Sinn und Zweck der Bewegung, Kinder vom Besuch von Schulen mit westlich geprägtem Lehrplan abzuhalten.

Aktuelle chronische Konflikte

Darfur
In Darfur, einer großen Region im Westen Sudans, lebt eine ethnisch gemischte, muslimische Bevölkerung. Der Konflikt dort begann im Jahr 2003 mit der Rebellion einiger Gruppen im Süden der Region, die der Regierung vorwarfen, die schwarzafrikanische Bevölkerung zu unterdrücken. Die Regierung reagierte mit der Gründung einer Miliz, der Dschandschawid. Zusammen mit der sudanesischen Armee nahm diese ethnische Säuberungen unter den vermeintlichen Anhängern der Rebellen vor.
Die sudanesische Regierung ist in hohem Maße für schwere Gewaltverbrechen an Zivilisten verantwortlich. Dazu gehören Entführung, Mord und Vergewaltigung, die Vernichtung von Viehherden und Feldern, die Bombardierung und das Niederbrennen von Dörfern, Gemeinden und Flüchtlingslagern. Frauen und Zivilisten wurden gezielt ins Visier genommen: So vergewaltigten die Dschandschawid massenhaft Frauen und Mädchen in Dörfern und Flüchtlingslagern. Rund 2,7 Millionen Menschen wurden vertrieben.

Somalia
Mit dem Sturz des Diktators Siad Barre im Jahr 1991 verfiel Somalia in anhaltende Anarchie mit verschiedenen sich bekämpfenden Gegnern, die von lokalen Milizen über Warlords bis hin zu islamischen Gruppen reichen. Zivilisten sind und waren das Hauptziel aller Kriegsbeteiligten. Kinder werden als Kämpfer rekrutiert und leiden unter fehlender Bildung.

Mittelamerika
Nicaragua, Honduras, El Salvador und zu Teilen auch Guatemala leiden seit einem halben Jahrhundert unter ähnlichen Problemen: alle durchlebten Ausbrüche politischer

und ethnischer Gewalt, denen aufgrund des Scheiterns staatlicher Organe häufig längere Phasen der Bandengewalt folgten.
Kriminelle Banden in den Städten rekrutieren in allen vier Ländern gezielt junge Menschen, die in den Banden sowohl Schutz als auch die Möglichkeit zu überleben sehen. Einige Kinder und Jugendliche, die diesem brutalen Leben entkommen wollen, versuchen in die USA auszuwandern – legal oder illegal.

Afghanistan
2001 marschierten Truppen der USA und verbündeter Länder in Afghanistan ein – unter dem Vorwand, die Hintermänner der Anschläge vom 11. September 2001 in New York vor Gericht bringen zu wollen. Eine internationale Truppe mit UN-Mandat unterstützte die neu eingesetzte afghanische Regierung beim Versuch, den zivilen Aufbau des Landes voranzubringen – wenngleich viele lokale Kriegsherren einflussreich blieben. Bis 2014, als die letzten ISAF-Truppen das Land verließen, kämpften die afghanische Regierung und ihre Alliierten gegen die Taliban – ohne nachhaltigen Erfolg.
In diesem Zeitraum wurden 8 Millionen Afghanen zu Flüchtlingen, die meisten davon flüchteten nach Pakistan. Trotz großangelegter Friedensoperationen und des Aufbaus von Straßen, Dämmen, Wasserwerken und Schulen bleibt Afghanistan eines der ärmsten und am wenigsten entwickelten Länder der Welt.
Schon sehr junge Mädchen werden in Afghanistan zwangsverheiratet, um die Armut der Familie zu lindern oder »Schulden« der Brautfamilie zu begleichen. Kleine Jungen müssen älteren Männern in der Armee und in Banden sexuell zu Diensten stehen. Angriffe der Taliban richten sich vor allem gegen die Bildung von Mädchen und Frauen. Dies hat die Armut von Frauen, insbesondere Alleinerziehenden, noch verschärft.

Mali
Im Norden Malis kam es 2012 zu einem Aufstand der Tuareg. Der Konflikt verschärfte sich durch die Einmischung bewaffneter islamistischer Gruppierungen, unter anderem der Al-Qaida im islamischen Maghreb (AQIM), die bis auf drei Stunden Entfernung auf die Hauptstadt Bamako vorrückten. Durch militärische Interventionen Frankreichs und später auch der Afrikanischen Union gelang es, die Rebellen in den Norden zurückzudrängen, wo es jedoch weiterhin zu Angriffen kommt.
Die Islamisten rekrutierten im Norden Malis Hunderte Kinder für ihre Truppen. Westliche Bildung und Unterricht von Mädchen wurden verboten. Frauen wurde es untersagt zu arbeiten. Die verbreitete Armut im gesamten Land verschlimmerte die Situation der Menschen zusätzlich. Die Bevölkerung aus dem Norden floh vor den Kämpfen in benachbarte Provinzen Malis

oder in die Nachbarländer. Nach wie vor kommt es in den Städten Kidal und Gao zu Kämpfen.

Myanmar
Seit seiner Unabhängigkeit im Jahr 1948 ist Myanmar (früher Burma) von ethnischen Konflikten geprägt. Zwischen 1962 und 2011 stand das Land unter Militärherrschaft. Bis 2011 kämpfte die Armee gegen Streitkräfte verschiedener Ethnien sowie gegen Invasionen Chinas. Alle Seiten setzten Kindersoldaten ein. Angriffe auf die Zivilbevölkerung und die Unterdrückung von Regimekritikern waren weit verbreitet. Viele dieser Konflikte sind mittlerweile abgeflaut. Die verschiedenen ethnischen Selbstverwaltungen haben offiziellen Status erhalten oder werden von der Zentralregierung zumindest toleriert.
2012 lösten buddhistische Hetzkampagnen gegen die Minderheit der Rohingya – eine muslimische Volksgruppe – erneut Gewalt im Land aus. Es kam zu Pogromen und massiver Vertreibung. Den Angehörigen der Rohingya werden das Recht auf Staatsbürgerschaft und der Zugang zur Justiz verweigert. Sowohl die nationale Streitkraft Tatmadaw als auch die Rebellen missbrauchten Kinder als Soldaten. Es kam zu gewaltsamen Verschleppungen, Massenvergewaltigungen und sexueller Sklaverei, zum Einsatz von Antipersonenminen und massiver Zerstörung der Lebensgrundlagen.

Palästina
Im dicht besiedelten palästinensischen Gazastreifen kam es bereits im 20. Jahrhundert immer wieder zu Gewaltausbrüchen. Die jüngsten schweren Unruhen wurden durch zunehmende Gewalt im Westjordanland, anhaltende Raketenangriffe der Hamas und anderer bewaffneter Gruppen auf Israel sowie Vergeltungsschläge von israelischer Seite ausgelöst. Die israelische Aufrüstung, die die Palästinenser vom Abfeuern von Raketen abhalten sollte, erwies sich als wirkungslos – wie bereits bei früheren Kämpfen. Zwischen dem 8. Juli und 26. August 2014 eskalierte die Lage: Palästinenser feuerten Raketen auf Israel ab, die israelische Armee marschierte in Gaza ein.
Unter den Todesopfern waren 72 Israelis, hauptsächlich Soldaten, und rund 2200 Palästinenser. Palästinensischen Zählungen zufolge starben während der Kämpfe 527 Kinder. Untersuchungen deuten darauf hin, dass darunter auch Kindersoldaten waren, die sich freiwillig oder erzwungen bewaffneten Einheiten angeschlossen hatten. Die Folgen des Konflikts für Kinder sind auf beiden Seiten dramatisch. Viele leiden unter psychischen Problemen, der regelmäßige Schulunterricht wurde unterbrochen.

Die Zivilbevölkerung schützen

In allen Kriegen wird Zivilisten und zivilen Einrichtungen vorsätzlich oder versehentlich Schaden zugefügt. In den Konflikten des ausgehenden 20. Jahrhunderts waren Zivilisten – entgegen der weit verbreiteten Meinung – jedoch vergleichsweise besser geschützt als je zuvor. Dieser Schutz hängt von drei Faktoren ab:

1. Asymmetrie der Gegner:
»Asymmetrische Kriegsführung« bezeichnet einen gewaltsamen Konflikt zwischen zwei ungleichen Gegnern. Die »starke« Seite ist in ihrer kämpferischen Ausrichtung in hohem Maße strukturiert und stützt sich auf Technologie und hierarchische Organisation. Der »schwache« Gegner ist nur locker strukturiert und hat weniger technische Ressourcen. Er ist aber hoch motiviert und verletzt oder ignoriert allgemeine Konventionen der Kriegsführung.[2] Die »schwache« Seite greift vorsätzlich Zivilisten der gegnerischen Seite an. Sie sind direktes Ziel und zugleich ein Objekt, das es indirekt zu beeinflussen gilt – um auf die öffentliche Meinung einzuwirken und so die Kampfkraft der gegnerischen »starken« Truppen zu untergraben. Kinder werden als Kämpfer rekrutiert. Bilder und Berichte von Opfern werden Teil einer Strategie, die den Gegner schwächen und politische Verbündete gewinnen bzw. für die Sache mobilisieren soll.

2. Technologie und Kriegsführung:
Waffen lassen sich nach verschiedenen Kriterien einteilen. Für unsere Zwecke sind drei Eigenschaften von Bedeutung: Reichweite, Wirkung und Handlichkeit. Reichweite bedeutet die Schussweite, in der die tödliche Schlagkraft der Waffe noch wirksam ist. Wirkung bezeichnet das Ausmaß des Schadens, den eine Waffe verursachen kann. Handlichkeit beschreibt die Mischung aus leichter Bedienbarkeit und Transportfähigkeit einer Waffe. Mit größerer Reichweite, höherer Wirkung und Handlichkeit von Waffen wächst die Gefahr für Zivilisten, ihnen zum Opfer zu fallen.
Computergesteuerte Waffensysteme, folglich der Einsatz von Drohnen für Angriffe, sind jedoch ein Beispiel für eine Verbindung von großer Reichweite, hoher Wirksamkeit mit geringer Handlichkeit. Drohnen mit Sprengladungen entfalten ihre Wirkung weit entfernt von den Menschen, die sie bedienen. Sie sind komplex in der Handhabung und erfordern hohe Investitionen. Über moralische Aspekte hinaus müssen wir uns fragen, ob der Einsatz solcher Waffen für Zivilisten und Kinder gefährlicher ist als die Nutzung anderer Waffen mit großer Reichweite, hoher Wirksamkeit und geringer Handlichkeit. So führen Waffen wie Kampfflugzeuge oder Artillerie vermutlich zu mehr zivilen Opfern, einschließlich Kindern.
Die Hauptursache für Verletzungen sind Klein- und Leichtwaffen – Pis-

tolen, Granaten, Gewehre und Ähnliches. Sie treffen Zivilisten und Kämpfende gleichermaßen. Leicht zu tragen und zu verbergen, preiswert, robust und sehr handlich, gehören sie zur Grundausrüstung aller bewaffneten Truppen weltweit – der »starken« Akteure ebenso wie der »schwachen«. Mit diesen Waffen können schon Kinder töten und als Kindersoldaten missbraucht werden.

3. Zivil-militärische Beziehungen: Ziviles und militärisches Personal treffen eher auf menschlicher denn auf organisatorischer oder administrativer Ebene aufeinander. Ihre Interaktion kann von Unterstützung und wechselseitigem Vertrauen bis hin zu gegenseitigem Hass und Erniedrigung reichen – und sich im Zuge der Geschehnisse auch verändern. Oft ist die Beziehung chaotisch und schwer vorhersagbar.
Je mehr Spannungspunkte zwischen Zivilisten und Militär bestehen, je weniger humanitäres und rechtliches Mitgefühl (als angelernte Reaktionen) es auf beiden Seiten gibt, desto schlechter sind die Beziehungen zwischen Militär und Zivilisten. Je größer die wirtschaftlichen und politischen Machtunterschiede, desto schlechter die zivil-militärischen Beziehungen. Je schlechter diese Beziehungen wiederum sind, desto eher werden Zivilisten schikaniert, angegriffen und als Zielobjekt betrachtet.

Mehr als eine Frage des Rechts

Die genannten drei Faktoren – Asymmetrie, Technologie und zivilmilitärische Beziehungen – entscheiden darüber, ob Zivilisten geschützt sind oder zu Opfern werden. Meist sind die Konfliktbeteiligten umso eher bereit, unterschiedslos wirkende Kurzstreckenwaffen einzusetzen, je angespannter die zivil-militärischen Beziehungen sind. Für Zivilisten wächst die Gefahr, Opfer des Konflikts zu werden, je weniger organisiert die Konfliktparteien sind und je weniger sie äußerem Einfluss zugänglich sind.
Die drei Faktoren machen auch Kinder verletzlicher: Als Zivilisten sind sie von fehlgeleiteter Gewalt im Krieg zum einen ganz genauso betroffen wie Erwachsene. Sie werden aber zum anderen auch eher selbst zu Tätern: Kleinwaffen, Waffen mit wahlloser Wirkung sowie Waffen mit großer Reichweite machen Kinder, die seit Menschengedenken »Kanonenfutter« waren, nun zu »nützlichem Kanonenfutter«. Ein Kind könnte nur schwerlich ein Schwert handhaben, es kann aber einen Knopf drücken, um Raketen abzuschießen, eine Bombe tragen oder ein Sturmgewehr abfeuern. Kinder müssen erst einen eigenen moralischen Kompass entwickeln und sind auf die Orientierungshilfe durch Erwachsene – im guten wie im schlechten Falle – angewiesen. So verwundert es wenig, dass skrupellose Erwachsene Kinder nur allzu

gern als Kämpfer missbrauchen. Oder wie es ein ehemaliger Kindersoldat, heute 30 Jahre alt, einmal sagte: »Ein Kindersoldat wie ich es war, der nichts zu verlieren hat, keine Vorstellung von den Konsequenzen und kein anderes Vorbild als seinen Kommandeur, ist eine furchterregende Sache. Ich hätte mir selbst im Alter von 13 Jahren nicht begegnen wollen.«[3]

Der zynische Einsatz und die Zurschaustellung von Kindern als Opfer macht diese zu Objekten politischer Propaganda. Überall auf der Welt gehören zu diesem Grundwerkzeug Bilder von toten und zu Krüppeln gemachten Kindern – ob im Zusammenhang, aus ebendiesem gerissen oder schlicht gefälscht. Viele Akteure, insbesondere die »schwachen« Parteien in asymmetrischen Konflikten, schrecken nicht vor einer Instrumentalisierung zurück und verschärfen so das Leid von Kindern im Krieg.

Wenn Angriffe auf Zivilisten zur Strategie gehören

Asymmetrische Kriegsführung führt auf beiden Seiten fast unvermeidlich zu mehr Brutalität gegenüber Zivilisten. Dennoch wird selbst die »schwache« Seite zumindest graduell durch die Globalisierung beschränkt. Mächtige nationale Akteure müssen zumindest zu einem gewissen Grad und öffentlich darauf bestehen, dass ihre Klientel, also »starke« wie »schwache« Parteien, sich an gewisse Prinzipien hält.

Die weltweit akzeptierten moralischen Prinzipien sind in den Vereinbarungen des internationalen humanitären Völkerrechts sowie in Institutionen wie den Vereinten Nationen und dem Internationalen Strafgerichtshof verankert – so unzureichend deren Wirkung auch sein mag. Das Problem besteht seit jeher in der praktischen Umsetzung allgemeingültiger moralischer Grundsätze. Es muss nun darum gehen, von der weltweiten Akzeptanz zur weltweiten Umsetzung zu gelangen.

Seit etwa 2012 haben sich neue Gruppierungen formiert, die ein Problem wiederaufleben lassen, welches die meisten längst für überwunden hielten. So stellen beispielsweise der IS in Syrien und Irak und Boko Haram in Nigeria eine moralische und ideologische Gefahr dar, die durch die Allgemeine Erklärung der Menschenrechte und die Globalisierung ein für alle Mal bezwungen schien.

Der IS bedroht die Prinzipien des humanitären Völkerrechts massiv. Ob wir ein Kalifat für die richtige oder falsche Auslegung des Islam halten, steht dabei nicht zur Debatte. Der ausschlaggebende Punkt ist, dass ein politisch-militärischer Akteur eine Alternative zu dem aufstellt, was wir alle bisher für eine weltweit gültige Moral gehalten haben.

Der Umgang mit andersartigen moralischen Prinzipien

Wie stark die Wertvorstellungen des IS von den allgemeingültigen humanitären Idealen abweichen zeigt nachfolgende Tabelle, die einige der ideologischen Differenzen nebeneinander stellt:

Tabelle: **Moralische Prinzipien im Vergleich**

	Internationales Völkerrecht	**Islamischer Staat**
Geltungsbereich	Universelle Menschenrechte	Beschränkt auf Anhänger einer bestimmten Richtung des Islam
Frauen	Eindeutig in allen Bereichen Männern gleichgestellt	Beschränkt auf den häuslichen Bereich und dem Mann untergeordnet
Kinder	Recht auf Schutz als Kinder	»Kleine Erwachsene« und ausbeutbar
Sklaverei	Verboten	Gestattet und gefördert
Gewalt	Verabscheut, zu begrenzen und zu kontrollieren	Zulässig und gefördert gegenüber allen, die nicht Anhänger einer bestimmten Richtung des Islam sind
Schutz vor Gewalt	Überall, wo immer möglich	Beschränkt auf Anhänger einer bestimmten Richtung des Islam

Quelle: Internationales Konversionszentrum Bonn (BICC)

Die Ideologien unterscheiden sich erheblich und in einer Weise, die sich nicht ohne weiteres überbrücken lässt, da die Unterschiede zugleich zum Wesenskern der jeweiligen Weltanschauung gehören. Wenngleich die Prinzipien des IS nicht allgemeingültig sind, werden sie dennoch weithin akzeptiert – das belegt die Zahl der Menschen in aller Welt, die sich der Bewegung anschließen. Sicherlich werden nicht alle durch die moralischen Ansichten motiviert, doch sie scheuen vor diesen Aspekten auch nicht zurück oder beziehen dagegen Stellung. Es gibt viele Gründe, sich dem IS anzuschließen. Diese reichen von einem vergleichsweise hohen Sold über Abenteuerlust bis hin zum Zusammengehörigkeitsgefühl, das die Bewegung verspricht. Solange humanitäre Werte eine Gesellschaft nicht vollständig durchdringen und nicht

vollauf in das von ihr vermittelte Gedankengut integriert sind (durch das Bildungssystem, die Medien oder selbst Spiele), ist ihre weltweite Gültigkeit bedroht.
Ideologien wie die des IS locken junge Menschen gerade deshalb an, weil diese in einem jungen Alter sind. Derartige Bewegungen versprechen Aufregung, soziale Nähe und das Gefühl, Grenzen überwinden zu können, die Jugendlichen im Alltag auferlegt werden. Sie erlauben es jungen Menschen, sich wichtig zu fühlen, das Weltgeschehen zu beeinflussen und der Welt ihre Ideen aufzwingen zu können. Unter normalen Umständen würden Jugendliche für all diese Erfahrungen ein oder zwei Jahrzehnte benötigen.
Die Ideologie des IS in Syrien und Irak macht zwei Dinge deutlich. Erstens: Allgemeine Prinzipien wie Kinderschutz und Menschenrechte sind oberflächlich, da sie bestenfalls von außen auferlegt werden können. Zweitens: Diejenigen, die sich weltweit aktiv – oder wie die meisten Regierungen nur passiv – für die Einhaltung des humanitären Völkerrechts einsetzen, haben dabei offenkundig versagt. Es muss deshalb entweder ein systematischer Plan entwickelt werden, um ganzen Gesellschaften humanitäre Prinzipien zu vermitteln, oder wir werden uns von diesen Idealen verabschieden müssen. Die Prinzipien internationaler Tribunale und opferorientierter Justiz treffen allgemein auf Zustimmung. Doch sie wurden und werden nur punktuell, politisch und öffentlich schwer nachvollziehbar angewendet, ohne auf der untersten Ebene durch kontinuierliche Bildung verankert zu sein.
Phänomene wie der IS machen deutlich, dass allgemeine humanitäre Prinzipien nicht automatisch Bestandteil menschlicher Traditionen sind. Sie werden es auch nie sein, da diese Prinzipien in Kriegszeiten vielen Instinkten zuwiderlaufen. Der einzige Weg dafür zu sorgen, dass sie Bestandteil des Denkens jedes Einzelnen werden – ob als Zivilist, potenzieller Kämpfer, Kämpfer oder Entscheidungsträger –, sind die Auseinandersetzung mit und die Schulung in humanitären Werten.

Drei Anknüpfungspunkte für Eingriffe

Vertreter eines rechtlichen Ansatzes zum Schutz von Zivilisten und insbesondere von Kindern argumentieren, dass das humanitäre Völkerrecht bereits rechtliche Regelungen enthalte, die lediglich besser durchzusetzen seien. Doch trotz gelegentlicher »Schauprozesse« ist dies aufgrund der genannten moralischen Probleme so lange nicht möglich, wie mächtige Akteure ausschließlich auf Basis ihrer eigenen Interessen handeln. Für den Schutz von Kindern bieten sich drei Anknüpfungspunkte an – organisatorische, technische und menschliche:

Organisatorische Eingriffe: Die meisten »schwachen« Organisationen lassen sich beeinflussen – seien es Banden in El Salvador, die egozentrischen politischen Machthaber in Südsudan oder die ethnische Minderheit der Karen in Myanmar. Voraussetzung ist, dass Dritte mit ausreichender Motivation und Verständnis für den Konflikt bereit sind, die notwendigen Ressourcen zu investieren. Jugendbanden in Mittelamerika würden sich rasch auflösen und an Einfluss verlieren, wenn die Armut beseitigt würde, es Jobs und Freizeitmöglichkeiten und insgesamt bessere Zukunftschancen gäbe.

In einigen Fällen ist es gelungen, Verhaltensregeln zu etablieren, die »schwache« wie »starke« Parteien dazu nötigen, ihre Aktivitäten im Interesse der Kinder zu mäßigen. Doch sind diese »Spielregeln« unzureichend: Jeder Seite müssen (idealerweise) positive oder (häufig weniger erfolgreiche) negative Anreize geboten werden, um ihnen das Gefühl zu geben, dass sie von einer Einhaltung des Völkerrechts profitieren können.

Technische Eingriffe: Der Großteil der Waffenproduktion liegt in der Hand relativ weniger nationaler Akteure. Vielleicht noch bedeutsamer ist, dass Munition, darunter auch sogenannte intelligente Munition wie zum Beispiel Lenkflugkörper, von einer begrenzten Zahl von Produzenten hergestellt wird. Produktion, Handel und Einsatz bestimmter Waffen einzuschränken hat nachweislich Erfolge gebracht: Die Abkommen über das Verbot von Antipersonenminen (Ottawa-Konvention)[4] und Streumunition[5] haben sehr wahrscheinlich beträchtlich dazu beigetragen, die Zahl der zivilen Todesopfer weltweit zu senken – selbst Staaten, die die Abkommen nicht unterzeichnet haben, halten sich in den meisten Fällen an sie. Die Kontrolle von Klein- und Leichtwaffen, ein umstrittenes und schwieriges Themenfeld, muss nun in ähnlicher Weise umgesetzt werden.

Einschränkungen des privaten Waffenbesitzes reduzieren die Zahl der Todesopfer durch Schusswaffen.[6] Dafür gibt es auf nationaler Ebene, trotz des ideologisch geprägten Widerstandes der USA, eindrucksvolle Belege. In symmetrischen Konflikten (ohne »starke« und »schwache« Gegner) schwächt eine eingeschränkte Verfügbarkeit von Kleinwaffen bzw. Munition die Intensität des Konflikts ab und senkt die Zahl der Todesopfer.

In asymmetrischen Konflikten lassen sich die Zahl der zivilen Todesopfer und der Schaden für Kinder erfolgreich senken, indem auf die »starke« Seite international wirtschaftlicher, politischer und öffentlicher Druck ausgeübt wird. Auf die »schwache« Seite haben Waffen- und Munitionsembargos, eingeschränkte finanzielle und politische Unterstützung und Ähnliches eine entsprechende Wirkung. Beide Vorgehensweisen haben am ehesten Erfolg, wenn sie ausgewogen und differenziert erfolgen. Sie sollten sich auch nicht darauf konzentrieren, den Konflikt zu lösen oder bewaffnete Gewalt an sich beenden zu wollen. Es geht darum sicherzustellen, dass die Parteien die völkerrechtlichen Standards zum Schutz von Zivilisten einhalten.

Viele auf den Schutz von Zivilisten gerichtete Interventionen vermengen Maßnahmen zur Vermeidung, Lösung oder Begrenzung von Konflikten mit Zielen des humanitären Völkerrechts. Während es bei Konflikten meist um wesentlich umfassendere Probleme geht, zielt das Völkerrecht auf spezifische Verhaltensänderungen ab. Eine Vermischung beider ist deshalb ein großer Fehler und ein wesentlicher Grund dafür, dass Versuche, Zivilisten durch das »Lösen« oder die »Begrenzung« von Konflikten zu schützen, sich als untauglich erweisen.

Menschliche Eingriffe: Je mehr Reibungspunkte es in einem Konfliktgebiet zwischen Zivilisten und Militär gibt und je weitreichender die Verflechtungen sind, desto mehr zivile Todesopfer gibt es in der Regel. Mindestens zwei Aspekte der Moderne können sich hier als nützlich erweisen. Erstens leben wir in einer zunehmend vernetzten Welt: Radio, Fernsehen, Internet und Telefonie erreichen nahezu jeden. Zweitens leben wir in einer Welt, in der sich – zum Teil durch die genannten Kommunikationsmedien – Unterricht und Schulungen zielorientierter und umfassender umsetzen lassen als je zuvor. Es ist möglich und wünschenswert, jeden Konfliktbeteiligten zu erreichen, und es ist notwendig, ein Mindestmaß an völkerrechtlich konformen Verhaltensstandards zum Allgemeinwissen zu machen. Dieses wird kaum über das Verhalten der Akteure entscheiden, kann aber zumindest einen Prozess in Gang setzen, der eine Verbindung zwischen Kämpfern und ihren potenziellen Opfern herstellen und auf diese Weise Widerstände gegenüber dem humanitären Völkerrecht abbauen kann.

Humanitäres Verhaltenstraining notwendig

Humanitäres Training muss, um einen Ausdruck aus der Militärsprache aufzugreifen, »auf ganzer Linie« gefördert werden. Die meisten Länder, besonders jene mit häufig auftretenden bewaffneten Konflikten, werden bei der militärischen Ausbildung von entwickelteren Staaten unterstützt. Die Bürger der Geberländer sollten durch öffentliche Kampagnen und entsprechendes Wahlverhalten dafür sorgen, dass zur Ausbildung von ausländischem oder lokalem Sicherheitspersonal immer auch eine angemessene, öffentlich überwachte, standardisierte Schulung zu Menschenrechten gehört.

Das Ziel nationaler und internationaler Gremien, die sich mit dem Verhalten bewaffneter Truppen im Kontakt mit Zivilisten befassen, sollte die Entwicklung und Kontrolle praxisnaher Weiterbildungen sein. Die Umsetzung der Standards sollte im Anschluss an die Ausbildung durch gut ausgebildete Experten evaluiert werden.

Einige »schwache« Kampfverbände wie der IS sind dem direkten Einfluss Dritter nicht zugänglich. Auf ideologischer Ebene gibt es nur wenige kompetente Dritte, die auf diese Gruppe Einfluss ausüben können. Finanziell ist der IS durch Plünderungen und den Verkauf von Rohöl aus besetzten Erdölfeldern unabhängig. Ethisch basiert die Gruppe auf der vollkommenen Einhaltung einer extremen und verzerrten Form des Islam. Gewaltakteure, die sich auf andersartige Moralkonzepte stützen, sind aufgrund ihrer Wesensart externem Druck nicht zugänglich. Daher scheint es zurzeit keine Einflussmöglichkeiten auf den IS zu geben.

Der IS wirkt sozial und ideologisch gefestigt. Die Motive, sich derartigen Organisationen anzuschließen, bleiben undurchsichtig. Interne Differenzen werden hinter äußerer Geschlossenheit versteckt. Eine Antwort auf diese ideologische Bedrohung ist daher nicht mit militärischen Mitteln möglich, sondern nur durch Zersetzung. Das heißt, durch ein Abzielen auf den Zusammenhalt des IS, eine Abtrennung von seinen Einkommensquellen und ein schrittweises Abwerben seiner Mitglieder – wie es die ugandische Armee bei den Rebellen der Lord's Resistance Army mehr oder weniger erfolgreich praktiziert hat.[7] Ein anderer Ansatz ist es, den IS eine verträglichere Form seiner Selbst entwickeln zu lassen, indem er sich mit den realen Problemen des Regierens auseinandersetzen muss. Keine dieser Lösungen ist wünschenswert oder funktioniert einwandfrei, und keine von ihnen wird das Leben der Menschen retten, die gegenwärtig geköpft, vergewaltigt oder vertrieben werden.

Der Schutz von Zivilisten ist ein komplexes Problem, das eine effektivere Reaktion erfordert als den derzeitigen Fokus auf Gesetze und Strafverfolgung. Es bedarf des Eingeständnisses der Komplexität, einer sorgfältigen Analyse der Zusammenhänge und eines Bündels nicht weniger vielschichtiger Antworten.

Selbst in asymmetrischen Konflikten gibt es mindestens drei Ansatzpunkte, um die Zahl der zivilen Opfer zu senken: Druck auf die Akteure des Konflikts, Kontrolle ihres Zugangs zu Waffen und Material sowie eine gründliche Schulung über die Rechte von Unbeteiligten. International brauchen wir dafür ein Bekenntnis der Staaten zum humanitären Völkerrecht. Dieses muss jedoch unparteiisch angewendet werden, ohne auch nur den Hauch politischer Interessen – was derzeit offenkundig nicht der Fall ist.

In den direkten Beziehungen zwischen Staaten sollten die Geberländer dafür sorgen, dass die Sicherheitskräfte der Empfängerstaaten die Regeln zum Schutz von Zivilisten einhalten, den Einsatz von Kindersoldaten ächten und die Rechte aller, auch der Gegner, respektieren. Dies gilt für die Unterstützung »starker« ebenso wie »schwacher« Akteure. Auf nationaler Ebene braucht es Gesetze, die Zivilisten und insbesondere Kinder davor schützen, Opfer von Gewalt oder selbst zu Gewalttätern zu werden. Auf kommunaler und individueller Ebene muss die Durchsetzung des Schutzes von Zivilisten in die Ausbildungspläne von Militär- und Sicherheitspersonal, von Staatsbediensteten und Politikern aufgenommen werden.

Kriege mögen im Zusammenleben von Menschen unvermeidbar sein. Zweifellos aber kann die Zahl ziviler Opfer verringert werden, wenn wir die notwendigen Schritte ergreifen.

Dr. Michael Ashkenazi ist wissenschaftlicher Mitarbeiter und
Michael Müller studentische Hilfskraft am
Internationalen Konversionszentrum Bonn (BICC)

Anmerkungen

1 Im Arabischen auch »Daesh« genannt

2 Vgl. Tira, R.: »The Struggle over the Nature of War«, Institute for National Security Studies (INSS), Tel Aviv 2008

3 Ashkenazi, M.: Interview aus Feldforschung in Südsudan zu Rückkehr und Wiedereingliederung, 2010

4 Übereinkommen über das Verbot des Einsatzes, der Lagerung, der Herstellung und der Weitergabe von Antipersonenminen und über deren Vernichtung. Unter: http://www.un.org/Depts/mine/UNDocs/ban_trty.htm

5 Übereinkommen über Streumunition. Unter: http://www.unog.ch/80256EE600585943/%28httpPages%29/F27A2B84309E0C5AC12574F70036F176?OpenDocument

6 Chapman, S. et al.: »Australia's 1996 Gun Law Reforms: Faster Falls in Firearm Deaths, Firearm Suicides, and a Decade Without Mass Shootings«. In: Injury Prevention 12/6 (2006), S. 365–372

7 Veale, A./Stavrou, A.: »Former Lord's Resistance Army Child Soldier Abductees: Explorations of Identity in Reintegration and Reconciliation«. In: Peace and Conflict: Journal of Peace Psychology 13/3 (2007), S. 273–292

4 Von Milch und Lebertran zu integrierter Nothilfe- und Entwicklungsarbeit

Christian Salazar-Volkmann

© UNICEF Iraq/2014/Wathiq Khuzaie

Kinder vor den Auswirkungen des Krieges zu schützen ist der Gründungsgedanke von UNICEF. Die UN-Generalversammlung schuf UNICEF im Jahr 1946 als Kinderhilfswerk der Vereinten Nationen zum Schutz von Kindern und Jugendlichen, die Opfer von Kriegsgewalt waren. Das neu gegründete Hilfswerk begann seine Arbeit zur Linderung des Leids von Kindern nach dem Zweiten Weltkrieg mit einem Ernährungsprogramm – mit Milch, Lebertran und anderen Nahrungsmitteln für Kinder sowie Sonderprogrammen für stillende Mütter und schwangere Frauen in 13 europäischen Ländern. Dies waren die ersten von zahlreichen UNICEF-Hilfsprogrammen. Sie lieferten die Vorlage für viele nachfolgende Nothilfeprogramme. In den 1950er Jahren wurde das UNICEF-Portfolio um die Entwicklungshilfe erweitert.

Für seine auf die Bedürfnisse von Kindern und Frauen spezialisierten Entwicklungs- und Nothilfeprogramme wurde UNICEF 1965 mit dem Friedensnobelpreis geehrt. In seiner Dankesrede betonte der damalige UNICEF-Exekutivdirektor Henry R. Labouisse: »Für alle von uns bei UNICEF ist diese Auszeichnung ein großartiger Ansporn, uns noch mehr als bisher im Namen des Friedens einzusetzen. Sie gibt uns neue Kraft. Sie bestärken uns in dem festen Glauben, dass wir bei jedem Einsatz von UNICEF, Kindern die Chance des Heranwachsens zu tüchtigen und glücklichen Bürgern zu geben, auch dazu beitragen, einen Teil der Ursachen für Spannungen in der Welt und künftige Konflikte zu beheben.«

Obwohl die Entwicklungsarbeit rasch zunahm, half UNICEF auch weiterhin intensiv in humanitären Notsituationen. So leistete UNICEF Ende der 1960er Jahre während des Vietnamkrieges Soforthilfe sowohl für Nord- als auch für Südvietnam. Zehn Jahre später übernahm UNICEF angesichts der dramatischen Situation in Kambodscha die Führungsrolle bei der Nothilfe der Vereinten Nationen.

Die humanitären Hilfsprogramme von UNICEF waren zumeist das Ergebnis einer sorgfältigen Kombination aus Hilfslieferungen und humanitärer Diplomatie. So geschehen beispielsweise 1985 in El Salvador. Hier konnte UNICEF einen dreitägigen Waffenstillstand aushandeln. Die Kampfhandlungen wurden eingestellt, und 250 000 Kinder konnten geimpft werden. Im Jahr 1987 erreichte man einen ähnlichen humanitären Waffenstillstand in Libanon. In Sudan wurden 1989 angesichts einer dramatischen Hungersnot sogenannte Friedenskorridore vereinbart. Auf diese Weise konnten Millionen von Menschen in dem vom Krieg zerrütteten Land mit Lebens-

mitteln und Medikamenten versorgt werden.
In ähnlicher Weise bemühte sich UNICEF, das öffentliche Bewusstsein für das Thema Schutz von Kindern in bewaffneten Konflikten zu schärfen. So lenkte UNICEF beispielsweise 1989 mit dem Bericht »Kinder zwischen den Fronten« die internationale Aufmerksamkeit auf die Kinder, die im südlichen Afrika unter Apartheid und Krieg litten.

Gravierende Kinderrechtsverletzungen im Krieg

Ebenfalls im Jahr 1989 erweiterten die UN-Kinderrechtskonvention sowie das nachträgliche Zusatzprotokoll über Kinder in bewaffneten Konflikten den Bezugsrahmen für die humanitäre Arbeit von UNICEF und die Entwicklungsbemühungen. All dies fand zu einer Zeit schwerer Menschenrechtsverletzungen statt: In zahlreichen blutigen Konflikten rund um die Welt, zum Beispiel in Jugoslawien oder Ruanda, verübten die Konfliktparteien massive Gewaltakte gegen Kinder.
UNICEF half angesichts der humanitären Katastrophen in Ruanda und Jugoslawien mit Impfstoffen und anderen medizinischen Hilfsgütern, mit Trinkwasser und sanitären Einrichtungen, Schulmaterial sowie Unterstützung für Waisen und unbegleitete Kinder. Aufgrund dieser Erfahrungen und aus tiefer Sorge über die Gewalt, der Kinder in Konfliktregionen ausgesetzt waren, formulierte UNICEF 1995 seine Anti-Kriegs-Agenda – ein Zehn-Punkte-Plan für Sofortmaßnahmen zum Schutz von Kindern vor Krieg und Gewalt. Zu den darin dargelegten Themen gehörten Soforthilfe, Prävention und Rehabilitation, der Einsatz von Sanktionen und die Rechenschaftspflicht für Kriegsverbrechen gegen Kinder sowie das Thema Friedenserziehung. Im Vorwort zu der Anti-Kriegs-Agenda von UNICEF heißt es: »Das Leiden der Kinder im Krieg widerspricht nicht nur jeglicher menschlicher Sorge um ihr Wohlergehen, sondern auch den angeblichen Überzeugungen und rechtlichen Verpflichtungen der Verantwortlichen (…) Wir sind der Überzeugung, dass der Einsatz für die Rechte der Kinder eine der besten Möglichkeiten ist, um den grundlegenden humanitären Werten wieder Geltung zu verschaffen (…) Die Kinderrechtskonvention ist die treibende Kraft hinter der Anti-Kriegs-Agenda, und wir sind fest entschlossen, dazu beizutragen, dass jegliche Konfliktparteien sich dessen bewusst sind und verpflichtet werden, sich an die in der Konvention vorgesehenen Maßnahmen zum Schutz der Kinder zu halten.«
Der Einsatz für die Kinderrechte hat die humanitäre Arbeit komplizierter gemacht. Das Spannungsfeld, das bis heute existiert, besteht zwischen der Notwendigkeit, den Zugang zu den betroffenen Kindern aufrechtzuerhalten, sich aber zugleich aktiv

für den Schutz der Kinderrechte durch die Konfliktparteien zu engagieren und Kinderrechtsverletzungen nicht stillschweigend hinzunehmen. Deutlich wurde dies zunächst in Afghanistan: Die UNICEF-Exekutivdirektorin Carol Bellamy beschloss im Herbst 1995, die Bildungsprogramme von UNICEF in von den Taliban kontrollierten Gegenden Afghanistans abzubrechen. Denn unter den Taliban waren Schulbesuche von Mädchen verboten worden.

Mehr Aufmerksamkeit für das Leiden von Kindern

Ein Meilenstein im Kampf um Menschenrechte war 1996 Graça Machels Studie über Kinder im Krieg. Diese lieferte einen umfassenden weltweiten Einblick in das Ausmaß und die Bandbreite des Leidens von Kindern in bewaffneten Konflikten. In ihrer Studie empfahl die Autorin die Ernennung eines unabhängigen Sonderbeauftragten zum Thema Gewalt gegen Kinder in bewaffneten Konflikten. Der UN-Generalsekretär stellte die Studie auf der Generalversammlung der Vereinten Nationen vor und unterstrich, dass sie »die grundlegende Bedeutung dieser Themen für die internationale Agenda in Sachen Menschenrechte, Frieden und Sicherheit sowie Entwicklung aufzeigt. Die Studie sollte ein Beitrag zur Ergreifung sofortiger und entschlossener Maßnahmen durch die internationale Gemeinschaft sein, um das Leid von Kindern in bewaffneten Konflikten zu lindern.« Ein Jahr später ernannte er den ersten Sonderbeauftragten des UN-Generalsekretärs für Kinder und bewaffnete Konflikte, den ugandischen Diplomaten Olara Otunnu.

Der Menschenrechtsansatz für die Nothilfe- und Entwicklungsprogramme von UNICEF führte dazu, dass sich die Rolle von UNICEF auch nach Konflikten erweiterte. In der zweiten Hälfte der 1990er Jahre begann UNICEF damit, die Wahrheitskommissionen in Guatemala, Sierra Leone, Liberia und Südafrika zum Thema gravierende Verletzung von Kinderrechten zu unterstützen – durch Beratung und Know-how. Im Jahr 1999 erlaubte UNICEF zum ersten Mal einem Mitarbeiter, vor einem internationalen Gericht zum Thema Verletzung von Kinderrechten auszusagen. Die Aussage war Teil eines Verfahrens vor dem Interamerikanischen Gerichtshof für Menschenrechte über die Ermordung von fünf Straßenkindern durch guatemaltekische Sicherheitskräfte.

Ebenfalls 1999 reagierte auch der UN-Sicherheitsrat auf die sich ändernde Sichtweise in Bezug auf Kinder (und ihre Rechte) und verabschiedete seine erste Resolution über Kinder in bewaffneten Konflikten. In der Resolution 1261 verurteilte der UN-Sicherheitsrat aufs Schärfste »den Missbrauch von Kindern als Ziel in bewaffneten Konflikten, einschließlich Tötung, Verstümmelung, sexueller Gewalt, Entführung, Vertreibung, Rekrutierung und Einsatz von Kindern in bewaffneten Konflikten sowie militärische Angriffe auf Orte, die vor allem von Kindern genutzt werden, wie zum Beispiel Schulen oder Krankenhäuser«. Die Resolution forderte sämtliche Parteien zur Beendigung derartiger Praktiken auf und erinnerte sie an ihre Verpflichtungen im Rahmen des humanitären Völkerrechts sowie der UN-Kinderrechtskonvention. Der UN-Sicherheitsrat verwies dabei auf das Rom-Statut des Internationalen Strafgerichtshofs, in dem das »Einziehen bzw. Rekrutieren von Kindern unter 15 Jahren in nationale Armeen bzw. deren aktiver Einsatz in Kampfhandlungen als Kriegsverbrechen angesehen wird«. Ungefähr zur gleichen Zeit, im Jahr 1998, formulierte UNICEF seine ersten »zentralen Verpflichtungen« gegenüber Kindern in Notsituationen, ausdrücklich im Sinne der UN-Kinderrechtskonvention sowie des humanitären Völkerrechts. Die »Core Commitments for Children in Humanitarian Action« wurden 2004 überarbeitet und beschreiben den Kern der wichtigsten und bis heute gültigen Maßnahmen und Hilfsprogramme von UNICEF. Dazu gehören lebensrettende medizinische Maßnahmen für Schwangere, Neugeborene und Kinder; Nahrungsmittel für Kinder, Schwangere und Stillende; Zugang zu sauberem Wasser und sanitären Einrichtungen und fortlaufende Bereitstellung von Medikamenten für HIV-positive Frauen und Kinder. Darüber hinaus verpflichtet sich UNICEF, Kindern auch in Notsituationen weiterhin den Schulbesuch zu ermöglichen. Dazu kommen umfassende Schutzmaßnahmen, zum Beispiel die Suche nach Familienangehörigen, Hilfe für Opfer sexueller Gewalt, Minenaufklärung, Überwachung von Kinderrechtsverletzungen sowie psychosoziale Unterstützung. UNICEF koordiniert des Weiteren sämtliche humanitären Akteure in sogenannten Clustern für die Bereiche Wasser, sanitäre Einrichtungen und Ernährung. Ferner leitet UNICEF gemeinsam mit Save the Children den »Bildungs-Cluster« sowie die Untergruppe »Kinderschutz« innerhalb des vom UN-Flüchtlingshilfswerks (UNHCR) geführten Clusters zum Schutz der Zivilbevölkerung.

Bedeutung von Bildung und Kinderschutz wächst

Es ist bemerkenswert, wie Bildung und Kinderschutz in der humanitären Hilfe in den vergangenen Jahren an Bedeutung gewonnen haben, parallel zu den klassischen, »lebensrettenden« humanitären Aufgaben in Bereichen wie Gesundheit, Ernährung, Wasser und sanitäre Einrichtungen. Ursprünglich spielte Bildung bei der UNICEF-Nothilfe in

Konfliktregionen in Lateinamerika, Asien und Afrika keine große Rolle – auch wenn UNICEF in einigen Fällen den Wiederaufbau von Schulen unterstützte. Dies begann sich in den 1990er Jahren zu ändern, nachdem Graça Machels Studie aufgezeigt hatte, wie umfassend und anhaltend bewaffnete Konflikte das Leben von Kindern beeinflussen. Die Studie unterstrich die massiven Auswirkungen von bewaffneten Konflikten auf die kindliche Entwicklung, einschließlich ihrer Bildung und seelischen Gesundheit, und belegte dies mit einer Reihe von Fallstudien aus verschiedenen Ländern.

Die Erfahrungen von UNICEF aus den Programmen der 1990er Jahre zeigten, wie wichtig es war, Bildung während und unmittelbar nach Konflikten und Katastrophen zu gewährleisten. Bildung vermittelt Kindern auch in schwersten Krisen ein Gefühl der Normalität. Fortlaufendes Lernen auch während bewaffneter Konflikte kann verhindern, dass die Bildung ganzer Generationen aufs Spiel gesetzt wird. Beispiele für die Integration von Bildung in die humanitäre Hilfe von UNICEF zu jener Zeit sind die während der humanitären Krisen in Ruanda und Jugoslawien ins Leben gerufene »UNICEF-Schule in der Kiste« mit Schulmaterial sowie die Initiative »Schulen als Friedenszonen«.

Seit Ende der 1990er Jahre ist Bildung fester Bestandteil der UNICEF-Nothilfeprogramme. Es war jedoch nicht leicht, Spender im Bereich der humanitären Hilfe von der Wichtigkeit der Bildung in Konfliktsituationen zu überzeugen. Die finanziellen Mittel für den Bildungsbereich bleiben mit einem Anteil von weniger als 2 Prozent an der gesamten humanitären Hilfe weiterhin äußerst gering. Aus diesem Grund bemüht sich UNICEF auf jede nur erdenkliche Weise um die Aufstockung der finanziellen Mittel für Bildung in Notsituationen. So fordert UNICEF zum Beispiel Investitionen von einer Milliarde Dollar für Bildung, Kinderschutz und Friedensförderung in Syrien und den Nachbarländern – als Teil der internationalen Initiative »No Lost Generation«.

Das Recht auf Bildung auch in Krisen- und Konfliktzeiten ist zu einem Dauerthema auf der globalen Friedens- und Sicherheitsagenda geworden. Im Jahr 2011 nahm der UN-Sicherheitsrat Angriffe auf Schulen gemäß seines Überwachungs- und Berichtsystems (»Monitoring and Reporting Mechanism«/MRM) in die Liste der »sechs schweren Kinderrechtsverletzungen in bewaffneten Konflikten« auf. In seiner Resolution bezog sich der UN-Sicherheitsrat dabei auf Artikel 28 der UN-Kinderrechtskonvention zum Recht auf Bildung und zeigte sich »zutiefst besorgt« über den schweren Verstoß gegen dieses Recht durch Angriffe auf Schulen sowie deren Schließung.

Kinderfreundliche Zonen werden Standard

Ähnlich wie das Thema Bildung hat auch der Schutz von Kindern im Rahmen der UNICEF-Nothilfe bei Konflikten und Katastrophen über die Jahre deutlich an Gewicht gewonnen. Ein Beispiel dafür ist die psychosoziale Betreuung kriegstraumatisierter Kinder. Die »psychosozialen Dienste« werden oft an sogenannten kinderfreundlichen Orten bereitgestellt. Hier finden Kinder in Not – häufig in Zelten oder auf eigens dafür eingerichteten Plätzen – einen geschützten Ort zum Spielen, zum sich Erholen und Lernen. Betreuer kümmern sich um sie. Jedes Jahr erhalten so rund 2,5 Millionen Kinder mit Hilfe von UNICEF Unterstützung an sicheren, kinderfreundlichen Orten. Die UNICEF-Nothilfe beinhaltet bereits in 41 Ländern umfassende Programme für die psychosoziale Unterstützung von Kindern und ihren Eltern oder Betreuern unter anderem in Irak, Jordanien, Libanon, den Philippinen, Palästina (mit Schwerpunkt Gaza), Südsudan, Syrien und der Zentralafrikanischen Republik.
Sehr wichtig für die Arbeit von UNICEF zum Schutz von Kindern ist auch der UN-Mechanismus zur Überwachung von Kinderrechtsverletzungen in bewaffneten Konflikten. Der MRM-Mechanismus ist das neueste Instrument der internationalen Gemeinschaft zum Schutz von Kindern in bewaffneten Konflikten. Über das System werden Daten und Informationen über Kinderrechtsverletzungen in bewaffneten Konflikten an den UN-Generalsekretär geliefert, der diese dann jedes Jahr in einem öffentlichen Bericht dem UN-Sicherheitsrat vorstellt. Der Bericht enthält zwei Anhänge. Diese listen Konfliktparteien auf, die unter besonderer Beobachtung des UN-Sicherheitsrats stehen. Einige von ihnen werden für mehrere bzw. sogar alle der im Folgenden aufgeführten sechs schweren Verstöße gegen Kinderrechte verantwortlich gemacht: Töten und Verstümmeln von Kindern, sexuelle Gewalt gegenüber Kindern, Entführung von Kindern, Rekrutierung und Missbrauch von Kindern als Soldaten, Angriffe auf Schulen und Krankenhäuser sowie Verweigerung des Zugangs zu humanitärer Hilfe.
Um wieder von der Liste gestrichen zu werden, müssen bewaffnete Konfliktparteien einen Aktionsplan unterzeichnen, der die sofortige Beendigung sowie die künftige Prävention dieser schweren Verstöße gegen die Kinderrechte vorsieht.
UNICEF unterstützt die Umsetzung dieser Aktionspläne zum Schutz von Kindern in vielen von Konflikten betroffenen Ländern. Zwei Beispiele: In Tschad wurde die militärische Besetzung von Schulen systematisch kontrolliert und über diese berichtet. Dadurch konnte UNICEF öffentlich für den Schutz des Kinderrechts auf Bildung eintreten und

von der Armee die Abschaffung dieser Praxis verlangen. In einem instabilen und politisch sensiblen Umfeld wie in Afghanistan zeigte die Überwachung des Tötens und Verstümmelns von Kindern durch Minen und Blindgänger durch den MRM-Mechanismus, dass die Opfer überwiegend Jungen im Alter von neun bis 14 Jahren waren. Sie sind besonders gefährdet, weil viele Jungen Altmetall sammeln, statt zur Schule zu gehen, und mit dem Verkauf des Altmetalls ihre Familien unterstützen. Auf diese Weise entstand ein Aufklärungsprogramm über die Gefahr durch Minen, das gezielt dieser Gruppe von Kindern wirksam helfen konnte. Auch dieses Beispiel zeigt einmal mehr, dass die Überwachung mit Hilfe des MRM-Mechanismus das Leben von Kindern, die von bewaffneten Konflikten betroffen sind, konkret verbessern kann.

Die nächsten Schritte

Heutzutage scheint es fast, als kehrten wir in die Gründungszeit von UNICEF zurück. Wir sind Zeuge einer der schlimmsten Phase von Konflikten seit dem Ende des Zweiten

Abbildung: **Die zehn größten UNICEF-Nothilfeeinsätze 2014**

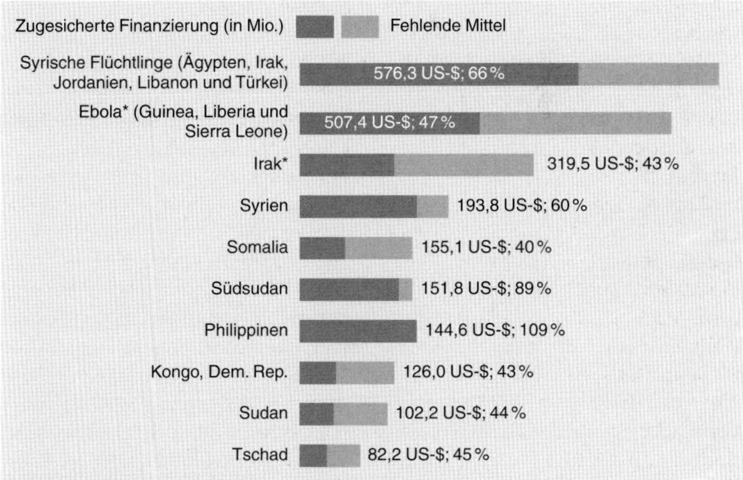

* Die zugesagten Mittel beziehen sich auf 2014 und 2015.

Quelle: UNICEF Humanitarian Action for Children, Januar 2015

Weltkriegs. Im Jahr 2014 leisteten UNICEF und seine Partner in 98 Ländern und 294 Einsätzen Nothilfe, oftmals unter extrem gefährlichen Bedingungen. Weltweit zwangen Konflikte mehr als 50 Millionen Menschen, im eigenen oder in anderen Ländern Zuflucht zu suchen, mehr als je zuvor. Mehr als die Hälfte dieser Flüchtlinge sind Frauen und Kinder. Und als wäre die Situation noch nicht schlimm genug, nehmen auch die Fälle schwerer Gewalt gegen Mädchen und Jungen im Krieg dramatisch zu, wie die Berichte des UN-Generalsekretärs an den UN-Sicherheitsrat zur Situation von Kindern in bewaffneten Konflikten zeigen.

Die große Zahl an Konflikten und Katastrophen erzeugt einen nie dagewesenen Bedarf an Nothilfe. Die Situation wirkt sich aber auch gravierend auf die globalen Entwicklungsziele aus. Über eine Milliarde Kinder unter 18 Jahren leben derzeit in »fragilen« Situationen – mehr als ein Sechstel der Weltbevölkerung. Ihr Risiko, nicht zur Schule gehen zu können, ist dreimal so hoch wie in anderen, nicht »fragilen« Ländern; ihr Risiko, vor Erreichen des fünften Lebensjahres zu sterben, sowie die Wahrscheinlichkeit, keinen Zugang zu sauberem Wasser zu haben, ist doppelt so hoch. Acht der zehn Länder mit der höchsten Sterblichkeitsrate von Kindern unter fünf Jahren sind sogenannte »fragile Staaten«. Konflikte und Katastrophen stellen mittlerweile eine entscheidende Barriere für die Umsetzung der Millenniums-Entwicklungsziele (MDGs) dar. Auch Fortschritte beim Erreichen künftiger Nachhaltiger Entwicklungsziele (SDGs) sowie die konkreten Resultate des UNICEF-Strategieplans in den kommenden Jahren (2014 bis 2017) hängen damit zu großen Teilen von der Fähigkeit ab, die Lage der Kinder in von Konflikten und Katastrophen geprägten Regionen zu verbessern.

Das Hauptaugenmerk von UNICEF wird deshalb in den nächsten Jahren darauf liegen, wie das Kinderhilfswerk der Vereinten Nationen seinem Mandat für Kinder in Konfliktgebieten und Katastrophenszenarien gerecht werden kann. UNICEF wird Gemeinden und Familien in Krisen- und Katastrophengebieten verstärkt dabei helfen, die Grundbedürfnisse von Kindern zu gewährleisten. Dazu ist es erforderlich, die humanitäre Hilfe effektiver mit der Entwicklungshilfe zu verzahnen und beide flexibel auf die sozialen Folgen des Klimawandels, der zunehmenden Naturkatastrophen und von Konflikten einzustellen. Überdies werden in den kommenden Jahren gezielt technische, pädagogische und organisatorische Innovationen gefördert und systematisch in die Programme einbezogen werden.

Diese Neuausrichtung der Programmarbeit geht einher mit weitreichenden institutionellen Maßnahmen. Seit August 2014 sind der Programmbereich und der Bereich für Nothilfe erstmals seit 1998 wieder in einem gemeinsamen Organisationsbereich vereint. Beide Abteilungen werden von einem gemeinsamen stellvertretenden UNICEF-Exekutivdirektor geleitet. Dadurch sollen die Verbindung der humanitären Arbeit mit den Entwicklungsprogrammen von UNICEF verstärkt und die Zusammenarbeit zwischen beiden Bereichen gefördert werden. Es wird wohl in den kommenden Jahren eine der größten Herausforderungen für UNICEF und seine Partner sein, die Hilfe so zu gestalten, dass Gesundheit, Bildung und Schutz von Kindern selbst unter schwierigsten Einsatzbedingungen gewährleistet werden können.

Dr. Christian Salazar-Volkmann, Stellvertretender Programmdirektor, UNICEF New York

5 Frieden schaffen – aber wie? Die Rolle von Kindern beim »peacebuilding«

Christoph Strässer

Das Jahr 2014 war weltweit durch eine wachsende Anzahl von Krisen und Konflikten geprägt. Syrien, die Ukraine, Irak, Gaza, Libyen, die Zentralafrikanische Republik, Südsudan oder der Osten der Demokratischen Republik Kongo sind nur einige Beispiele. In den bewaffneten Konflikten der heutigen Zeit sind Zivilisten die Hauptleidtragenden.

Krieg und Konflikt bedeuten für Kinder oftmals Vertreibung, Trennung von ihren Familien, Zwangsrekrutierung für Streitkräfte oder andere bewaffnete Gruppen, sexuelle Gewalt und Ausbeutung, mangelnde Ernährung oder fehlenden Zugang zu Gesundheitseinrichtungen und Bildung. Unter dem Begriff »Kinder« sind hier selbstverständlich auch Jugendliche bis zum Alter von 18 Jahren zu verstehen.

Die Auswirkungen von Kriegen und Konflikten hinterlassen bei jedem Menschen tiefe Spuren. Bei Kindern können sie die weitere Entwicklung maßgeblich beeinflussen und mitentscheidend dafür sein, wie sich zukünftige Gesellschaften langfristig entwickeln. Der Situation von Kindern während und nach Konflikten kommt deshalb eine besondere Bedeutung zu.

Post-Konfliktsituationen sind zumeist durch ein hohes Maß an Fragilität gekennzeichnet. Das Ruhen der unmittelbaren Feindseligkeiten ist oftmals nur vorübergehend oder regional beschränkt. Staatliche Institutionen sind zerstört oder dysfunktional. Staatliche Leistungen wie die Aufrechterhaltung der Sicherheit oder der Zugang zu ärztlicher Versorgung und Bildung können nicht gewährleistet werden. Das wirtschaftliche Leben kommt durch den Konflikt zum Erliegen. Wichtige Infrastruktur ist durch den Konflikt zerstört worden, für den Wiederaufbau mangelt es an finanziellen Mitteln. Den Menschen fehlen Beschäftigung und Einkommen. Ohne funktionierende Institutionen kann der Staat keine Einnahmen generieren, weshalb der (Wieder-)Aufbau der essenziellen staatlichen Einrichtungen nicht in Schwung kommt.

In dieser Ausgangslage, die in vielen Post-Konfliktländern anzutreffen ist, leiden vor allem die Kinder. Verschärft wird diese Entwicklung dadurch, dass es sich beim größten Teil der bewaffneten Auseinandersetzungen mittlerweile um sogenannte asymmetrische Konflikte handelt. Diese betreffen nicht (mehr) Auseinandersetzungen zwischen Staaten, die um Macht und Einfluss kämpfen. Die heutigen Konflikte lassen häufig jede Rücksicht auf zivile Strukturen in den jeweils vom Feind beherrschten Regionen des Landes vermissen. Klassische Beispiele für solche Entwicklungen waren 2014 die Ereignisse in der Zentralafrikanischen Republik und in dem seit kurzem unabhängigen Staat Südsudan, auf dessen Werdegang viele Hoffnungen ruhten – zu Unrecht, wie wir heute wissen.

Kinder brauchen eine Perspektive

Die Kinderrechte, die im Übereinkommen der Vereinten Nationen über die Rechte des Kindes festgeschrieben sind, können von Post-Konfliktstaaten nicht gewährleistet werden. Doch gerade nach Beendigung eines Konfliktes brauchen Kinder ein sicheres Umfeld und staatlichen Schutz, um das Erlebte einigermaßen verarbeiten zu können. Sie brauchen Zugang zu Bildung, ärztlicher Versorgung und zu allem, was sie für das tägliche Überleben benötigen. Und sie bedürfen einer Perspektive, die sie motiviert und ihnen Kraft gibt, sich für sich und ihre Zukunft einzusetzen. Wenn dies alles fehlt, hat der Konflikt bereits den Samen für den nächsten Konflikt gesät. Er hat eine »verlorene Generation« herangezüchtet, die ihren einzigen Ausweg im erneuten Griff zur Waffe sehen wird. Es besorgt mich zutiefst, dass wir Gefahr laufen, Generationen von Kindern an den Krieg zu verlieren. Für bewaffnete Gruppen, zunehmend auch solche mit terroristischem Hintergrund, ist es auf dieser Basis ein Leichtes, weitere willige Kämpfer für ihre Zwecke zu rekrutieren. Gerade in den langanhaltenden Konflikten unserer Zeit, etwa im Nahostkonflikt oder im Hinblick auf Irak oder Sudan, macht der Begriff der »verlorenen Generation« die Runde. Unsere Aufgabe muss es sein, keine Generation, kein einziges Kind zu »verlieren«. Wie heißt es doch so schön: Wir dürfen kein Kind zurücklassen! Fürwahr – aber das darf nicht nur für Kinder gelten, die in Deutschland oder in Europa geboren worden sind.
Kindern kommt deshalb eine entscheidende Rolle bei Konfliktbewältigung und Friedenskonsolidierung nach Konflikten zu. Nur wenn es gelingt, sie in den Prozess der Friedenskonsolidierung sinnvoll einzubeziehen, kann dauerhafter Frieden entstehen und gesichert werden.

Friedenskonsolidierung ist Krisenprävention

Bevor auf die Rolle von Kindern und ihre Einbeziehung in die Friedenskonsolidierung näher eingegangen wird, möchte ich kurz den allgemeinen Rahmen der Friedenskonsolidierung nach Konflikten (engl.: peacebuilding) skizzieren, um das Umfeld abzustecken, in das sich entsprechende Maßnahmen für und mit Kindern einfügen müssen.
Friedenskonsolidierung ist ein langwieriger und aufwendiger Prozess. Hauptziel aller »peacebuilding«-Aktivitäten ist es, ein Wiederaufflammen des Konflikts zu verhindern und eine nachhaltige Friedensordnung sowie den Schutz der

Menschenrechte zu schaffen bzw. zu stärken. Friedenskonsolidierung ist folglich immer auch Krisenprävention, oder salopp gesagt: »nach der Krise ist vor der Krise«.

Die traurige Realität ist, so zeigen es Statistiken, dass in etwa 50 Prozent aller Fälle bewaffnete Konflikte in den ersten fünf Jahren nach ihrer Beendigung erneut ausbrechen. Der Bedarf und die Herausforderungen für effektives »peacebuilding« sind daher sehr groß und umso wichtiger, um aus der »Spirale der Gewalt« einen Ausweg zu finden.

Erfolgreiche Fälle von Friedenskonsolidierung zeigen, dass ein inklusiver politischer Prozess, der alle Gruppierungen einschließt, und der Aufbau legitimer, effektiver und den Bürgern zugänglicher sowie Verantwortung übernehmender staatlicher Institutionen die Kernelemente erfolgreichen »peacebuildings« sind. Nur wenn alle gesellschaftlichen Gruppen in einen Friedenskonsolidierungsprozess eingebunden sind, kann eine tragfähige Grundlage für Frieden gelegt werden. Die Bedeutung der Inklusion zeigt sich besonders in der Aufarbeitung der heutzutage bei weitem häufigsten Konfliktart – den innerstaatlichen Konflikten. Gerade in sehr unübersichtlichen Konfliktszenarien, beispielsweise im Osten der Demokratischen Republik Kongo, in Syrien, Jemen oder Südsudan, etwa mit einer Reihe verfeindeter Volksgruppen, können Konflikte nur gelöst werden, wenn alle Konfliktparteien miteinander reden und jede Seite in den Friedensprozess einbezogen wird.

Meine Reisen in besonders fragile Regionen der Welt zeigen immer wieder sehr deutlich: Der Missbrauch von Kindern, zum Beispiel als Kindersoldaten, raubt den Kindern nicht nur – was ja für sich schon schlimm genug wäre – ihr soziales Umfeld. Er raubt ihnen durch den gezielten Einsatz von Drogen und Psychopharmaka ihre Entscheidungsfähigkeit und macht sie so zu willenlosen Instrumenten in den Händen ihrer Peiniger. Hinzu kommt, dass die Kinder, die es schaffen, aus dieser Spirale der Gewalt zu entfliehen, häufig von ihren Familien verstoßen werden.

Massenweise ist uns dies vor Augen geführt worden in den Konflikten in der Acholi-Region im Norden Ugandas. Hier unterjochten die unter der bizarren Bezeichnung Lord's Resistance Army (LRA) agierenden Terrorbanden des Joseph Kony Hunderte, ja Tausende Kinder und machten sie sich gefügig, um so ihre grausamen Ideen mit Gewalt umzusetzen. 10 000 Kinder wanderten in jener Zeit Nacht für Nacht zum Teil über viele Kilometer in die großen Städte wie Gulu und Kitgum, um dort in Turnhallen oder anderen öffentlichen Gebäuden zumindest die Nacht unter Aufsicht in Sicherheit verbringen zu können. Morgen für Morgen ging es dann wieder zurück. Viele schafften es nicht und wurden gekidnappt und teilweise im Kampf gegen ihre eigenen Familien eingesetzt. Diejenigen, die es schafften, aus dem Zirkel der Gewalt auszubrechen, erlebten dann oft das nächste Grauen, weil ihre eigenen Familien ihnen die Wiederaufnahme verweigerten – zum Teil durchaus auch aus Sorge, Ziel von Übergriffen der LRA zu werden.

Das Wichtigste für diese Kinder ist es, dass sie Stellen finden, die ihre Reintegration vorbereiten. Inklusive Beratungsstellen kirchlicher und zivilgesellschaftlicher Gruppen haben sehr wichtige Aufgaben zu erfüllen, oft gelingt ihnen dies auch. Diese Stellen dürfen wir nicht sich selbst überlassen, weder in Kitgum in Uganda noch in Bukavu im Osten der Demokratischen Republik Kongo oder anderen Teilen der Welt.

Die wichtige Rolle der Zivilbevölkerung

Die Bedeutung der Inklusion zeigt sich darüber hinaus noch anhand eines anderen Phänomens. Einen Friedensprozess erfolgreich zu gestalten gelingt nur, wenn nicht nur die verfeindeten Konfliktparteien miteinander reden, sondern auch die (hauptsächlich betroffene) Zivilbevölkerung Gehör und Stimme erhält. Wenn etwa ehemals verfeindete Gruppen und ihre Mitglieder wieder in die Gesellschaft zu integrieren sind, ist dies nur möglich, wenn die betroffene Zivilbevölkerung gewillt ist, sie aufzunehmen. Eine aktive und gut organisierte Zivilgesellschaft kann dabei helfen, strukturelle Konfliktursachen zu reduzieren und im Idealfall auch frühzeitig zu entschärfen. Deshalb ist die Einbindung der Zivilgesellschaft in die Friedenskonsolidierung so wichtig. Nur die Zivilgesellschaft kann Wahrheits- und Versöhnungskommissionen auf den Weg bringen, wie die, die in den letzten Jahren in vielen Post-Konfliktgesellschaften durchaus erfolgreiche Prozesse angestoßen haben – beispielsweise in Ruanda, Südafrika, Kolumbien oder Timor-Leste. Fragwürdig bleiben sie allerdings dort, wo dem Wahrheits- und Versöhnungsprozess nicht auch eine strafrechtliche Aufarbeitung folgt. Straflosigkeit für die Täter ist nach wie vor ein starkes Hindernis für die Schaffung von dauerhaften friedenschaffenden Lösungen, wenn die Opfer den Eindruck gewinnen, durch den Verzicht auf Strafverfolgung ein zweites Mal nicht ernst genommen und erneut verhöhnt zu werden.

In den letzten Jahren hat sich deshalb in einer Reihe von Konflikt- und Post-Konfliktstaaten, beispielsweise in Jemen, Sudan oder Nepal, das Phänomen der »Nationalen Dialoge« etabliert. In Jemen etwa waren rund 1000 Vertreterinnen und Vertreter verschiedener Volksgruppen, Parteien und gesellschaftlicher Gruppen im Rahmen des Nationalen Dialogs in einen monatelangen Verhandlungs- und Dialogprozess über die Zukunft ihres Landes eingebunden. Diese Art von Vermittlungs- und Dialogprozess unter Beteiligung möglichst großer Teile der Bevölkerung erscheint als sinnvolles Modell für friedenskonsolidierende Prozesse der Zukunft.

Die gegenwärtigen Entwicklungen in Jemen zeigen jedoch, dass es mehr als nur eines Nationalen Dialogs bedarf. Ohne den politischen Willen und die Unterstützung in der Schaffung und Stärkung staatlicher Strukturen sind Konflikt- und Post-Konfliktstaaten extrem fragil und können jederzeit in alte Schemata kriegerischer Handlungen und Gewalt »zurückfallen«. Die Friedenskonsolidierung ist kein »Selbstläufer«. Sie muss ständig und mit viel Ausdauer von allen Betroffenen und Beteiligten gepflegt werden, bis sich ein gewisses Vertrauen der Konfliktparteien und der Zivilgesellschaft in den (neuen) Staat einstellt und Entwicklungen stattfinden können.

Die Einbeziehung von Kindern – entscheidend für die Friedenskonsolidierung

Die Notwendigkeit der Einbeziehung von Kindern in friedenskonsolidierende Prozesse wurde bereits betont. Welche Rolle können Kinder dort einnehmen?

Zunächst sind Kinder natürliche »agents of change«. Sie machen Entwicklungsprozesse durch, die es ihnen erleichtern, mit Veränderungen umzugehen und sie anzunehmen. Als Erwachsene von morgen können sie gerade für zukunftsgerichtete langfristige Prozesse, die die meisten Fälle von Friedenskonsolidierung sind, »ownership« entwickeln und damit Verantwortung für eine langfristige Friedenssicherung übernehmen.

Wie können Kinder konkret in Friedenskonsolidierung einbezogen werden, und was ist dabei zu beachten? Das Vorbild ist die Resolution 1325 des UN-Sicherheitsrates, die erstmals die Schlüsselrolle von Frauen in Friedenskonsolidierungsprozessen hervorhob. Die Vereinten Nationen verabschiedeten darüber hinaus im April 2014 eine Reihe von Empfehlungen: die »Guiding Principles on Young People's Participation in Peacebuilding«. Diese richten sich sowohl an Staaten, in denen Friedenskonsolidierung erfolgt, als auch an internationale Organisationen und Nichtregierungsorganisationen, die aktiv friedenskonsolidierend in einem Land tätig sind. Die Leitlinien unterstreichen einmal mehr die Notwendigkeit, Kinder während aller Etappen der Friedenskonsolidierung und auf allen Ebenen einzubeziehen. Dabei ist die Prämisse, dass die große Mehrheit von Kindern oft nur Gewalt erfahren hat – die Erfahrung von Frieden, die Werte von Bildung und Ausbildung als bessere Alternative zum Einsatz von Gewalt und Waffen müssen erst vermittelt werden. Nur wenn dies gelingt, werden Kinder den Frieden wollen und sich für den

Frieden auch einsetzen. Dabei lehrt uns die UN-Kinderrechtskonvention, dass es darauf ankommt, die Kinder selbst zu Wort kommen zu lassen, nicht nur über sie zu reden und über sie zu entscheiden. Besonders wichtig ist die Beteiligung von Kindern auf lokaler Ebene. Kinder sollen die Bedeutung »ihres« Gemeinwesens erkennen und sich dort engagieren. Dabei kommt Eltern, Lehrern, Dorfältesten etc. die Aufgabe zu, die Einbeziehung von Kindern aktiv zu fördern. Oft genug entspricht dies nicht den Gepflogenheiten, Traditionen und der Kultur und benötigt daher viel Überzeugungsarbeit.

Auf regionaler und nationaler Ebene setzt sich diese Verantwortung entsprechend fort. Zivilgesellschaftliche Organisationen, die Kinder vertreten und/oder Organisationen, in denen Kinder vertreten sind, sollten mit den Kinder-Aktivisten auf lokaler Ebene vernetzt werden. Bei der Einbeziehung von Kindern sollte ihr soziales und kulturelles Umfeld berücksichtigt, auf ihre Erfahrungen und Ängste eingegangen und insgesamt ein sicheres Umfeld geschaffen werden, in dem sie ihre Erfahrungen austauschen können. Gerade der Aspekt des sicheren Umfelds ist in fragilen Staaten und unter den oben beschriebenen Bedingungen eine der größten Herausforderungen der Friedenskonsolidierung. Weiterhin regen die Leitlinien dazu an, die Fähigkeiten von Kindern zu stärken, sich aktiv an Verhandlungsprozessen zu beteiligen. Kinder sollen lernen, als Mediatoren auftreten oder Vorschläge für politische Gestaltungsprozesse abgeben zu können. Natürlich wird all dies nicht von heute auf morgen umzusetzen sein, aber der Verzicht auf den Versuch wird langfristig weitere Generationen von »lost children« produzieren. Schließlich – und dies ist für die betroffenen Staaten in der Regel die größte Herausforderung – soll Kindern eine wirtschaftliche Zukunftsperspektive eröffnet werden. Dies bedeutet etwa die erfolgreiche Reintegration ehemaliger Kindersoldaten, meint aber auch den Zugang zu Bildung und Beschäftigung.

Beispiele für konkrete Maßnahmen – von Kolumbien bis Somalia

Es gibt vielfältige konkrete Maßnahmen, um Kinder in Post-Konfliktstaaten und ihre Teilhabe am Prozess der Friedenskonsolidierung zu fördern. Eine Reihe von Maßnahmen zielt auf die Unterstützung zivilgesellschaftlicher Organisationen ab, die die Einbeziehung von Kindern in Friedensprozesse vorantreiben. So unterstützt die deutsche Bundesregierung etwa in Kolumbien ein Projekt, das die Zusammenarbeit zwischen Staat und Zivilgesellschaft beim Friedensprozess fördern soll und dabei besonderes Augenmerk auf die Einbeziehung von Frauen und Kindern legt. In der Kaukasusregion werden Nachwuchskräfte für zivilgesellschaftliche Organisationen aus Armenien, Aserbaidschan, Georgien, Russland und der Türkei bei Schulungen in Friedensarbeit unterstützt. Ein anderes Beispiel ist die Förderung der Netzwerkbildung junger Frauen aus Guatemala, Kolumbien, Südsudan, Burundi, Kenia, Afghanistan, Nepal und den Philippinen, die auf höchster Ebene an Friedensverhandlungen teilgenommen haben. Eine andere Form der Unterstützung ist die für Nationale Dialoge. So bestärkt Deutschland durch Projekte, wie auch über die Vereinten Nationen, den Nationalen Dialog in Jemen oder Sudan. Die Reintegration ehemaliger Kindersoldaten und die Reform des Sicherheitssektors insgesamt sind Maßnahmen, die vor allem im multilateralen Rahmen, etwa durch die Vereinten Nationen oder die Europäische Union, wichtiger Teil der Friedenskonsolidierung sind. Deutschland fördert Reintegrationsmaßnahmen etwa in der Demokratischen Republik Kongo oder in Somalia.

In Somalia, einem der Staaten, die am dauerhaftesten unter der kompletten Abwesenheit staatlicher Strukturen leiden, entwickelt sich eine Zivilgesellschaft, die, was den Schutz von Frauen und Kindern angeht, großartige Arbeit leistet. Ihre Akteure sind mutig und wissen, dass jede Aktivität in hohem Maße persönliche Risiken nach sich ziehen kann. Eine dieser großartigen Frauen aus Somalia ist kürzlich zu Recht mit dem Menschenrechtspreis der Friedrich-Ebert-Stiftung ausgezeichnet worden: Fartuun Adan. Sie setzt sich nicht nur für Frauen ein, die Opfer von (sexueller) Gewalt geworden sind, sondern ist auch bei der Reintegration ehemaliger Kindersoldaten sehr engagiert. Damit gibt sie den Betroffenen wieder Hoffnung und macht Mut auf eine Zukunft.

Ein weiterer wichtiger Maßnahmenschwerpunkt ist die Förderung von Bildung bzw. des Zugangs zu Bildung. Bildung dient der Vermittlung der Werte Toleranz, Achtung der Menschenrechte und Freiheit. Die Bundesregierung unterstützt und berät Partnerregierungen dabei, Aspekte eines konfliktsensiblen Bildungssystems, wie interkulturelles Lernen, Friedenspädagogik und Menschenrechte, in die Lehr- und Lernmaterialien zu integrieren. Aber auch der konkrete Zugang von Kindern zu Bildungseinrichtungen, unter anderem für ehemalige Kindersoldaten, wird gefördert.

Maßnahmen der Entwicklungszusammenarbeit konzentrieren sich etwa darauf, die Beschäftigungschancen von Kindern in ländlichen Regionen zu verbessern. Dabei liegt ein besonderer Fokus auf Post-Konfliktstaaten. Ein Beispiel ist die Förderung von Kindern in ländlichen Regionen Malis, um ihnen eine Alternative zur Zugehörigkeit zu einer bewaffneten Gruppierung zu eröffnen.

Der Beitrag der deutschen Außenpolitik

Deutsche Außenpolitik ist Friedenspolitik. Friedenskonsolidierung ist ein wichtiger Teil einer auf Konfliktprävention ausgelegten und zivile Instrumente einsetzenden Außenpolitik. Das primäre Ziel ist es, gewaltsame Konflikte im Vorfeld ihres Entstehens bzw. das Wiederaufflammen von Konflikten zu verhindern.

Ich setze mich persönlich für die Stärkung unserer friedenspolitischen Instrumente ein. Die im Jahr 2014 begonnene Debatte über die Frage, ob Deutschland mehr außenpolitische Verantwortung übernehmen sollte, kann dabei eine wichtige Rolle spielen. Dabei sollte und darf »mehr« Verantwortung nicht gleichgesetzt werden mit einer höheren Bereitschaft zu militärischen Interventionen. Das wäre die exakt falsche Schlussfolgerung aus diesem nach meiner Meinung längst überfälligen Diskurs. Deutschlands Außenpolitik hat andere Qualitäten, die behutsam, aber konsequent ausgebaut und eingesetzt werden müssen. Im Übrigen immer häufiger auf Wunsch von und im Einvernehmen mit den Staaten, die diesen Weg der Friedenskonsolidierung tatsächlich gehen wollen.

Im Aktionsplan »Zivile Krisenprävention, Konfliktlösung und Friedenskonsolidierung« aus dem Jahr 2004 hat sich die Bundesregierung eine Reihe von Maßnahmen und Zielen gesetzt, die auch im Zusammenhang von Kindern und »peacebuilding« einschlägig sind. So sollen friedenskonsolidierende Prozesse inklusiv sein, friedensschaffende Instrumente innerhalb von Gesellschaften gefördert werden. Post-Konfliktstaaten sollen mit geeigneten Maßnahmen unterstützt und stabilisiert werden. Gerade die Unterstützung beim Aufbau staatlicher Institutionen, etwa im Justizsektor oder bei der Reform des Sicherheitssektors, besonders aber bei der Reintegration ehemaliger Kämpfer, kommt hier in Betracht.

Andere Aspekte der Thematik berühren Grundprinzipien der deutschen Menschenrechtspolitik, etwa die Förderung des Rechts auf Bildung oder den Schutz von Kinderrechten, welche in alle Bereiche unserer Politik durchdringen müssen. Der Zugang zu Bildung, Grundversorgung und Beschäftigung ist bereits Teil langfristig angelegter Entwicklungszusammenarbeit.

Vieles von dem, was hier beschrieben wurde, scheint noch Zukunftsmusik zu sein. Doch wir können unsere Glaubwürdigkeit beim Schutz der Menschenrechte und insbesondere der Kinderrechte nur behalten, wenn wir beim Ziel der Friedenskonsolidierung außenpolitisch konsequent vorangehen.

Christoph Strässer, Beauftragter der Bundesregierung für Menschenrechtspolitik und Humanitäre Hilfe im Auswärtigen Amt; unter Mitarbeit von *Gregor Schotten* und *Thomas H. Rohland*

6 Wege der Heilung für Kindersoldaten

Alcinda Honwana

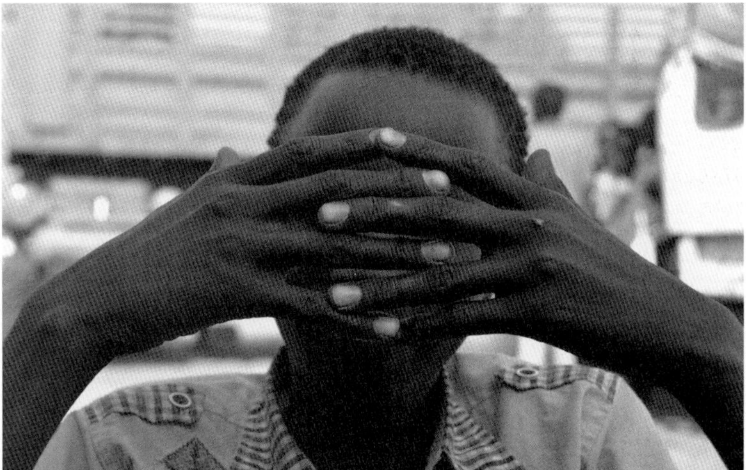

Quelle: United Nations: Children and armed conflict. Report of the Secretary-General, Mai 2014

Samuel war gerade einmal neun Jahre alt, als er bei einem bewaffneten Angriff auf sein Dorf von Rebellen der Resistência Nacional Moçambicana (RENAMO) entführt wurde. Beladen mit einem Sack Reismehl musste er vier Tage lang zum Lager der Kämpfer marschieren. Die folgenden drei Monate wurde der Neunjährige an der Waffe ausgebildet. Dann musste er den Rebellen zwei Jahre lang als Soldat dienen. Nach dem Ende des Bürgerkriegs in Mosambik konnte Samuel zu seiner Familie zurückkehren. Seine Verwandten brachten den Jungen zum Ndumba, dem Haus der Geister. Samuels Großvater dankte den Ahnengeistern, dass sie seinen Enkel heil zurückgebracht hatten.

Einige Tage später lud die Familie einen Heiler ein, um ihnen beim Reinigungsritual für Samuel zu helfen – einer Reihe symbolischer Handlungen mit dem Ziel, die Bande zu seinen traumatischen Kriegserlebnissen zu durchtrennen. Samuels Uniform wurde verbrannt, der Junge mit Kräuteressenzen des Heilers gereinigt. Erst nach diesem Ritual konnte er sich wieder frei unter seinen Angehörigen und den anderen Mitgliedern der Gemeinschaft bewegen.

Samuels Geschichte steht stellvertretend für viele andere Schicksale nach den Kriegen in Mosambik und in Angola. Nach Jahren verheerender Konflikte bemühten sich die Menschen, wieder Normalität in ihr Leben zu bringen. Traditionelle Wiedereingliederungs- und Reinigungsrituale im festen Glauben an die Macht der Geister waren eine der Methoden, um die Wunden des Krieges zu heilen. Im Folgenden sollen die kulturspezifischen Aspekte seelischer Gesundheit sowie die Prozesse der Heilung und Wiedereingliederung nach den Kriegen in beiden Ländern behandelt werden.

Kultur und seelische Gesundheit

Kultur wird beschrieben als eine »Reihe von Richtlinien (sowohl ausdrücklich als auch stillschweigend), die ein Individuum als Mitglied einer bestimmten Gesellschaft erbt und die ihm vorgeben, wie es die Welt sehen und emotional erfahren soll und wie es sich gegenüber anderen Menschen, übernatürlichen Kräften beziehungsweise Göttern und der natürlichen Umgebung zu verhalten hat«.[1] Dieser Definition zufolge ist Kultur ein »Muster verschiedener Bedeutungen«.[2] Dieses Muster verleiht menschlichen Erfahrungen eine Form und bildet den Rahmen für Erkenntnisse und Überzeugungen, die dem Handeln zugrunde liegen. Der Begriff der Kultur beschreibt die Regeln und Normen einer Gesellschaft sowie die Art und Weise, wie diese erlassen, erfahren und übertragen werden.

Die Weltgesundheitsorganisation (WHO) definiert Gesundheit als einen Zustand des vollständigen körperlichen, geistigen und sozialen Wohlergehens und nicht nur als das Fehlen von Krankheit oder Gebrechen. Diese Definition greift weiter als die traditionelle biomedizinische Sichtweise in westlichen Ländern, die zwischen Körper und Geist unterscheidet. Ihr liegt die Annahme zugrunde, dass bestimmte Leiden rein physikalischer Natur sind, also den Körper betreffen, und andere wiederum rein psychologisch bedingt sind, folglich den Geist betreffen. Diese Zweiteilung hat eine lange Geschichte, die bis ins 17. Jahrhundert zu René Descartes zurückreicht. Dieser unterschied einen greifbaren Körper als Domäne der Wissenschaft und einen immateriellen Geist als Domäne der Theologie.[3] In anderen Kulturen gibt es diese Zweiteilung nicht, Gesundheit und Heilung werden ganzheitlicher betrachtet. Die seelische bzw. geistige Gesundheit wird nicht getrennt vom Körper und der Umgebung wahrgenommen. Gesundheitliche Probleme, die sich auf körperlicher Ebene zeigen können, aber nicht müssen, gelten als gesellschaftliches Phänomen. Die Definition der WHO beinhaltet auch diese soziokulturellen Aspekte und widerspricht somit der reinen Leib-Seele-Dichotomie nach Descartes. Auch in der Biomedizin werden zunehmend ganzheitlichere Ansätze entwickelt, der Rückhalt für die Zweiteilung schwindet.

Die seelische Gesundheit ist eng verbunden mit der Kultur. Denn die Art und Weise, wie wir unsere Leiden ausdrücken, erfahren und mit Bedeutung versehen, ist fest in unseren jeweiligen gesellschaftlichen und kulturellen Kontext eingebunden. Seelische Not und Traumata haben eine soziale und kulturelle Dimension. Die Art, wie wir unsere Leiden begreifen, hängt stark davon ab, was wir für deren Ursache halten. Diese Überzeugungen spielen bei der Entwicklung angemessener Therapien zur Linderung oder Beseitigung von Leiden eine wesentliche Rolle. In den verschiedenen Kulturen herrschen unterschiedliche Überzeugungen bezüglich der Ursache und Behandlung gesundheitlicher Probleme vor. Die Folge sind Unterschiede bei der Definition von bzw. dem Umgang mit körperlicher und seelischer Gesundheit.

Die grundlegenden Paradigmen bei der Entwicklung von Hilfsprogrammen und -missionen in afrikanischen Konflikten wurden maßgeblich von in der westlichen Welt vorherrschenden, biomedizinischen Begriffen der Gesundheit und Krankheit beeinflusst. Immer wieder wurden diese Denkweisen dabei Gesellschaften mit völlig anderen Weltbildern und soziokulturellen Mustern auferlegt.[4] Seelische Gesundheit ist kein universelles Phänomen. Deshalb gilt es, sich lokales Wissen anzueignen. Die biomedizinische und psychotherapeutische Sichtweise seelischer Probleme und Traumata ist ein Konstrukt »westlicher« Gesellschaften und Kulturen. In Kontexten mit anderen kulturellen Überzeugungen und Sichtweisen wird diese oft nicht hinreichend verstanden, noch ist sie dort wirksam. Für Begriffe wie Diagnose, Heilung, seelisches Leid und Trauma ist der kulturelle Aspekt jedoch sehr bedeutsam.

Jenseits der Posttraumatischen Belastungsstörung

Die Posttraumatische Belastungsstörung (»post-traumatic stress disorder«; PTSD) bezeichnet eine Reaktion auf Traumata und deren psychologische Folgen. Der Begriff kam erstmals in den USA der 1980er Jahre auf und entstand aus dem Versuch, die Erfahrungen und Probleme US-amerikanischer Vietnam-Veteranen zu verstehen.[5] PTSD wurde als Mittel zum Umgang mit psychologischen Leiden bei Menschen verstanden, die eine Situation relativer »Normalität« verließen, traumatische Ereignisse durchlebten und anschließend wieder in die »Normalität« zurückkehrten. Daher die Vorsilbe »post« (lat.: nach). Zahlreiche Autoren haben diese neue Art der psychischen Störung und die Anwendbarkeit des Konzeptes in nicht-westlichen Gesellschaften untersucht.[6]

In Mosambik und Angola, aber auch in anderen Konfliktgebieten, insbesondere in Afrika, Südasien und Mittelamerika, haben die meisten Erwachsenen und Kinder den Großteil ihres Lebens in Konflikten und einem Zustand gesellschaftlicher

Unruhe verbracht. Verschiedene Autoren weisen darauf hin, dass der Gewaltbegriff auch Aspekte jenseits militärischer Angriffe und anderer unmittelbarer Kriegs- und Krisensituationen umfasst. Dazu gehören das alltägliche Erleben von Armut, Hunger, Vertreibung und der Verlust der Menschenwürde.[7] Ehemalige Kindersoldaten sind demzufolge auch nach Ende des Krieges in Mosambik und Angola noch immer Gewalt und potenziell traumatischen Umständen ausgesetzt. Viele von ihnen kehrten in völlig verwüstete Dörfer zurück. Häuser und Felder waren verbrannt, Schulen, Krankenhäuser, Fabriken, Straßen und Eisenbahngleise zerstört. Vielen fehlen weiterhin grundlegende Dinge zum Leben wie Nahrung und Trinkwasser, Kleidung, Arbeit oder Bildung. Um westliche Modelle der Psychotherapie wie das PTSD an den spezifischen Bedürfnissen anderer Gesellschaften und Kulturen ausrichten zu können, muss man sich zunächst lokaler Besonderheiten und Sichtweisen gewahr werden.

Ein weiterer Punkt betrifft die daraus folgenden Heilmethoden: In der modernen Psychotherapie ist das Sprechen über bzw. die sprachliche Erinnerung an das traumatische Ereignis ein wesentlicher Baustein, um dieses zu bewältigen. In anderen Kulturen hat sich jedoch das abermalige Durchleben des Ereignisses in einem Gespräch nicht immer als wirksam herausgestellt.[8] Der Einzelne wird als Teil einer Gruppe empfunden, weshalb die Beschäftigung mit seinen individuellen psychischen Problemen nicht ausreicht, um das Problem zu überwinden. Das gilt umso mehr, wenn angenommen wird, dass die Ursachen des Leidens außerhalb der Person angesiedelt sind. Deshalb sollten sich Behandlungsmethoden nicht nur auf psychische Probleme des Einzelnen konzentrieren, sondern auch Personen oder Umstände einbeziehen, die als Ursache des Problems angesehen werden.

In Mosambik und Angola ist es üblich, derlei Leiden eher mit Hilfe der Familie oder gemeinschaftlicher Rituale zu behandeln als durch Einzeltherapie. Dem liegt die Überzeugung zugrunde, dass die Geister der im Krieg Getöteten ohne ein angemessenes Begräbnis nicht in der Lage sind, ihren Platz in der Welt der Ahnengeister zu finden. Diese ruhelosen Geister können ihre Mörder oder Peiniger heimsuchen. Für die seelische Gesundheit von Kindersoldaten spielt es daher eine große Rolle, die Geister der Getöteten zu besänftigen. Sobald sie nach dem Krieg zurück zu Hause sind, müssen sie entsprechende Rituale durchlaufen. Diese sollen die Geister besänftigen und diese an den für sie vorgesehenen Platz in der Geisterwelt führen. Die Rituale sollen zudem dabei helfen, Leiden der Menschen, die den Kriegsereignissen ausgesetzt waren, zu heilen oder zu verhindern.

Heilung von Kindersoldaten: Rituale in Familie und Gemeinschaft

Nach den Kriegen in Mosambik und Angola erfreuten sich die Rituale insbesondere in ländlichen Gegenden großer Beliebtheit. Trotzdem wurden sie nicht von allen ehemaligen Kindersoldaten in Anspruch genommen. Für die Auswahl von Heilmethoden spielten verschiedene Faktoren eine Rolle: dazu zählten die Nähe des Einzelnen oder der Familie zu ihren kulturellen Wurzeln, die Verfügbarkeit anderer Heilmethoden sowie religiöse und politische Zugehörigkeiten.[9] Es gab die unterschiedlichsten Rituale zur Reinigung, Wiedereingliederung und Heilung vom Krieg betroffener Kinder: Einige zielten auf die Probleme der Gemeinschaft als Ganzes ab – beispielsweise die Reinigung eines Ortes, an dem Kampfhandlungen stattgefunden hatten. Andere richteten sich auf die Reinigung bestimmter Personen und Familien vom »Schmutz des Krieges« und ihre Wiedereingliederung in die Gesellschaft. Ich konzentriere mich im Folgenden auf Rituale zur Heilung ehemaliger Kindersoldaten sowie auf Versuche, mit den gesellschaftlichen Wunden des Krieges umzugehen.[10]

Die Heilung ehemaliger Kindersoldaten bestand überwiegend aus Läuterungs- oder Reinigungsritualen, bei denen die begangenen Gräueltaten zugegeben werden mussten – gefolgt von einem rituellen Bruch mit der Vergangenheit. Gemeinsam mit der Familie und der Dorfgemeinschaft wurde ein Kind von der »Kontamination« durch Krieg und Tod gereinigt, von Sünde, Schuld und den rächenden Geistern derer, die es als Kindersoldat getötet haben mochte.

Die Zeremonien sind voller Riten und Symbolik, deren Details die jeweilige ethnolinguistische Zugehörigkeit bestimmen. Die übergreifenden Themen sind jedoch allen Gruppen gemeinsam.[11] Dazu vier Fallstudien:

Erster Fall:

Die erste Fallstudie ist die eingangs beschriebene Geschichte von Samuel aus Mosambik. Der Heiler nahm den Jungen mit in den Busch, wo eine kleine Hütte aus trockenem Gras gebaut wurde. Mit den schmutzigen Kleidern, die er aus dem Rebellenlager mitgebracht hatte, kroch der Junge in die Hütte und zog sich aus. Die Hütte wurde in Brand gesetzt, dann half ein erwachsener Verwandter dem Jungen heraus. Die Hütte, die Kleider und alles andere, was der Junge aus dem Camp mitgebracht hatte, mussten verbrannt werden. Anschließend wurde den Geistern der Ahnen ein Huhn geopfert und das Blut rund um die Ritualstelle verteilt. Danach verbrannte man heilende Kräuter, deren Rauch der Junge einatmen musste, und badete ihn mit in Wasser aufgelösten heilenden Essenzen.

Dieses Heilungsritual enthält einige symbolische Bedeutungen, die die Verbindung des Kindes zur Vergangenheit – zum Krieg – durchtrennen sollen. Im Gegensatz zu westlicher Psychotherapie, die durch das Aussprechen der traumatischen Erinnerungen heilen will, wird hier die Vergangenheit symbolisch weggeschlossen – zum Beispiel durch das Verbrennen der Hütte und die Reinigung des Körpers. Es wird nicht zwangsläufig als heilend oder schmerzlindernd angesehen, die Vergangenheit noch einmal im Gespräch zu durchleben. Häufig gilt dies sogar als gefährlich, weil es den bösen Kräften erneut Raum geben könnte.

Zweiter Fall:
Die zweite Fallstudie kommt aus Uíge (Angola): Wenn das Kind oder der junge Mann nach dem Krieg nach Hause zurückkehrt, muss er am Rand des Dorfes warten. Die älteste Frau der Gemeinde wirft Maismehl auf ihn und reibt seinen Körper mit dem Blut eines Huhns ein. Erst danach darf er das Dorf betreten und seine Familie begrüßen. Nach der Begrüßung muss er ein Huhn töten, das dann gekocht und der Familie serviert wird. Die ersten acht Tage nach seiner Rückkehr darf er nicht in seinem eigenen Bett schlafen, sondern nur auf einer Binsenmatte auf dem Fußboden. Während dieser Zeit wird er zum Fluss geführt und mit Wasser übergossen. Er bekommt Maniok zu essen. Wenn er den Ort des Rituals verlässt, darf er nicht zurückblicken, sondern den Blick nur nach vorn richten.
Dieser Fall betont die Bedeutung der Nicht-Interaktion mit Familie und Freunden vor der rituellen Säuberung. Das Kind muss außerhalb des Dorfes bleiben, bis das Ritual vollzogen ist. Es darf niemanden vorher begrüßen und nicht in seinem Bett schlafen. Zwar kommt es vor, dass Kinder im Laufe der Behandlung über ihre Kriegserfahrungen befragt werden, dies ist aber keine grundlegende Bedingung für eine Heilung. Das Ritual dient vor allem der symbolischen Reinigung und Befreiung des Kindes von der traumatischen Vergangenheit, die es quält. Besonders deutlich wird die Symbolik des »Nicht-Zurückblickens« nach der Reinigung im Fluss. Die Strömung des Flusses soll den »Schmutz« des Krieges fortspülen. Bestimmte Nahrungsmittel sind tabu, und dem Kind werden eine Reihe ritueller Beschränkungen auferlegt. So ist beispielsweise in Uíge acht Tage lang Cassava die einzige rituelle Nahrung. Auch danach muss die gereinigte Person für einige Monate auf Fisch und Geflügel verzichten.

Dritter Fall:
Das Okupiolissa-Ritual aus der Provinz Huíla in Angola macht die aktive Teilnahme der Gemeinschaft an den Ritualen besonders deutlich und betont den Aspekt der Säuberung von »Verunreinigungen«: Die Gemeinschaft und die Familienmitglieder sind für gewöhnlich aufge-

regt und glücklich, wenn jemand heimkehrt. Die Frauen bereiten sich für eine Begrüßungszeremonie vor. Etwas von dem Mehl, mit dem sich die Frauen die Stirn bestreichen, wird auf das Kind geworfen. Eine geachtete ältere Frau des Dorfes wirft ihm eine mit Asche gefüllte Kalebasse vor die Füße. Gleichzeitig wird das Kind zum Zeichen der Reinigung mit Wasser übergossen. Die Frauen des Dorfes tanzen um das Kind herum und gestikulieren dabei mit Armen und Händen, um unerwünschte Geister oder Einflüsse abzuwehren. Dann berührt jede von ihnen das Kind vom Kopf bis zu den Füßen, um es von Unreinheiten zu säubern. Der Tanz ist bekannt als Ululando-w-w-w. Nach Beendigung des Rituals wird das Kind ins Dorf geführt, die Bewohner feiern seine Rückkehr. Im Anschluss präsentieren die Eltern das Kind formell den Dorfoberhäuptern. Das Kind setzt sich neben diese, trinkt und spricht mit ihnen – dieser Akt kennzeichnet den Wandel seines Status in der Dorfgemeinschaft.

Vierter Fall:
Nzinga ist eine 55-jährige Heilerin aus Malanje in Angola. Als ihr 19-jähriger Neffe Pedro nach über sieben Jahren in Diensten der União Nacional para a Independência Total de Angola (UNITA) aus dem Krieg zurückkehrte, führte sie ein Ritual für ihn durch. Danach gefragt, sagte sie: »Ohne die rituelle Reinigung hätte ich ihn nicht bei uns bleiben lassen können. Er brauchte dieses Ritual, da er ansonsten möglicherweise weiter geraubt, geschlagen und gemordet hätte. (...) Ohne diese Behandlung hätten ihm die Geister der Toten keine Ruhe gelassen. Ich wusste nicht, was in seiner Zeit dort passiert war, obwohl er mir versicherte, nichts Schlimmes getan zu haben. (…) Junge Leute lügen leider manchmal. (…) Ich beschloss, ihn umfassend zu behandeln, da er ansonsten hätte verrückt werden oder sogar sterben können ...«
Das von Nzinga beschriebene Ritual wird von vielen angesehenen Heilern durchgeführt. Es dauert vier Tage und findet auf dem Gelände des jeweiligen Heilers statt. Man braucht dafür ein Huhn, eine Luando-Matte und etwas Wein oder traditionelles Bier. Nzinga brachte Pedro in die Hütte der Ahnengeister, die sogenannte Mwanza, und legte ihm die Matte zum Schlafen hin. Dann streute sie etwas Heilpulver – Ditondo und Dikezo – unter die Matte sowie in sein Essen und Trinken. Pedro musste drei Tage lang in der Mwanza bleiben. Am Morgen des vierten Tages wurde Pedro zur Waschung an den Fluss gebracht. Auch hier wurde ihm (wie im vorhergehenden Fall) gesagt, er dürfe nicht zurückblicken. Wieder zu Hause angelangt, öffnete Nzinga ein Ei, streute ein wenig Zucker und Heilpulver hinein und sprach dabei folgende Worte: Ihr bösen Geister, hier habt ihr, was ihr wolltet. Und nun lasst uns in Frieden. Danach

wurden ein rituelles Essen (das Huhn) und Getränke zusammen mit einer Handvoll pflanzlicher Arzneimittel zubereitet. Pedro aß und trank von den so vorbereiteten Dingen. Pedros Familienangehörige waren die ganze Zeit anwesend und sangen, klatschten und tanzten, um gemeinsam die Geister zu bitten, ihr Kind zu beschützen.

In all diesen Ritualen spiegelt sich der Glaube an eine gesellschaftliche »Verunreinigung« durch Blutvergießen und die rastlosen Geister des Krieges, die die Kindersoldaten aus dem Krieg mit nach Hause bringen könnten. Entsprechend gilt es, sie davon so schnell wie möglich zu reinigen, damit sie mit ihren Angehörigen und dem Rest der Gemeinschaft wieder ungehindert zusammenleben können. Die Menschen sind davon überzeugt, dass ein verunreinigtes Mitglied ihrer Gemeinschaft auch die anderen Mitglieder verderben kann. In allen Fällen wurde daher symbolisch mit der Vergangenheit gebrochen: durch das Waschen des Körpers im Fluss, das Einreiben mit Mehl und Asche, das Verbrennen der Hütte und der im Krieg getragenen Kleider. Ebenfalls interessant ist die Tatsache, dass in allen drei Fällen ein Huhn für die Rituale geopfert wurde – das Blut wurde zum Reinigen genutzt und das Fleisch als Opfermahl. Pflanzliche Arzneien wurden eingesetzt, um den Körper innerlich – durch Einatmen und Trinken – wie äußerlich – durch Baden und Einreiben – zu reinigen.

In den beschriebenen Fällen ergibt die Dichotomie nach Descartes, die zwischen Leib und Seele unterscheidet, keinen Sinn. Denn die Menschen werden als Einheit aus Körper und Geist sowie als Teil eines größeren Ganzen gesehen, weshalb ihr Fehlverhalten sich auch auf ihre Familien auswirken kann. Das erklärt das unmittelbare Miteinbeziehen der Familien, der Lebenden wie der Toten (der Ahnen), in den Reinigungs- und Heilungsprozess. Man glaubt, dass die Ahnen beim Schutz ihrer Angehörigen vor Übel und Unglück eine wichtige Rolle spielen. Deshalb dankten Samuels Angehörige den Ahnengeistern dafür, dass sie ihn heil nach Hause zurückgebracht hatten. Und Nzinga brachte den jungen Pedro in die Hütte der Ahnengeister.

Die genannten Heil- und Schutzrituale beinhalten kein sprachliches Aufarbeiten der Ereignisse. Die Heilung erfolgt vielmehr durch nonverbale, symbolische Prozeduren, die alle Teilnehmenden verstehen. Aus diesem Grund mussten zum Beispiel Kleider und andere Symbole der Vergangenheit verbrannt oder mit der Strömung des Flusses fortgespült werden. Für die zu Heilenden und die Gemeinschaft wurde so ein vollständiger Bruch mit den traumatischen Erfahrungen vollzogen und ein neues Kapitel im Leben aufgeschlagen. Symptome, wie sie bei einer PTSD und ähnlichen Belastungsstörungen auftreten, waren im Anschluss an die Zeremonien deutlich reduziert. Aus dieser Sicht können die gut gemeinten Versuche einer Gesprächstherapie mit Hilfe von Psychotherapeuten als Hilfe für ehemalige Kindersoldaten sogar eher schaden als nützen. Lokale Heiler und Dorfälteste lenken ihre Aufmerksamkeit vielmehr auf die Herstellung langfristiger und vertrauensvoller Beziehungen zwischen dem ehemaligen Kindersoldaten und seinen Familienangehörigen sowie der Gemeinschaft als Ganzes. Ein weiterer Zweck der rituellen Zeremonien ist die Wiederherstellung der spirituellen Harmonie. Die Rituale lassen den Einzelnen Grenzen überwinden und beziehen das Kollektiv mit ein. Familien und Freunde sind ebenso Teil des Rituals wie die Geister der Ahnen, die für eine erfolgreiche Zeremonie angerufen werden. Die Lebenden müssen Rücksicht auf die Toten nehmen, indem sie den Ahnengeistern danken, sie um Vergebung bitten und die rastlosen Geister der Toten besänftigen.

Es besteht kein Zweifel, dass diese Rituale für das Schaffen von Zusammenhalt und Solidarität innerhalb der Familie und der Gemeinschaft eine entscheidende Rolle spielen. Dennoch ist es eine Tatsache, dass die jungen Menschen in ländliche Gegenden zurückkehren, die genauso arm sind wie vor ihrem Weggang, ohne Arbeitsplätze oder entsprechende Ausbildungsmöglichkeiten. Wie bereits erwähnt, können auch solche Umstände zu potenziell traumatischen Erfahrungen werden. Diese Probleme lassen sich mit Hilfe althergebrachter Rituale nicht lösen.

Die Situation von Kindersoldaten in postkolonialen Konflikten Afrikas ist untrennbar verbunden mit der Krise staatlicher Politik hinsichtlich Macht, Identität und Zugang zu Ressourcen. Gemeinschaftliche Mechanismen zur Heilung, gesellschaftliche Wiedereingliederung und Konfliktlösung sind wichtig, können das eigentliche Problem aber nicht lösen. Deshalb müssen mit gemeinschaftlichem Engagement für ehemalige Kindersoldaten immer auch Bildungs- und Ausbildungsprogramme, die Schaffung von Arbeitsplätzen sowie Strategien zur Armutsbekämpfung und für nachhaltige Entwicklung einhergehen. Nur so lässt sich den vom Krieg betroffenen Kindern eine bessere Zukunft ermöglichen.

Alcinda Honwana ist Gastprofessorin für Internationale Entwicklung
an der Open University (Großbritannien)

Anmerkungen

1 Helman, C.: »Culture, Health and Illness: An Introduction for Health Professionals«, Oxford 1994

2 Geertz, C.: »The Interpretation of Cultures«, New York 1973

3 Swartz, L.: »Culture and Mental Health: A Southern African View«, Kapstadt 1998

4 Honwana, A.: »Sealing the Past, Facing the Future: Trauma Healing in Mozambique«, Accord No. 3, Special Edition on the Mozambican Peace Process, London 1997; Dawes, A./Honwana, A.: »Children Culture and Mental Health: Interventions in Conditions of War«. In: Children, War and Prosecution – Rebuilding Hope. Proceedings of the Congress in Maputo, Maputo 1996

5 Bracken, P./Giller, J./Summerfield, D.: »Psychological Responses to War and Atrocity: The Limitations of Current Concepts«. In: Social Science and Medicine 40 (1995), S. 1073–1082

6 Young, A.: »The Harmony of Illusions: Inventing Post-Traumatic Stress Disorder«, Princeton 1995; Bracken, P./Giller. J./Summerfield, D.: »Psychological Responses to War and Atrocity: The Limitations of Current Concepts«. In: Social Science and Medicine 40 (1995), S. 1073–1082

7 Nordstrom, C.: »A Different Kind of War Story«, Philadelphia 1997

8 Marrato, J.: »Superando os efeitos sociais da guerra em Moçambique: mecanismos e estratégias locais«. Vorgestellt beim 4. Kongress der Lusophone Social Sciences, Rio de Janeiro 1996

9 Honwana, A.: »Okusiakala Ondalo Yokalye: Let us Light the New Fire. Local Knowledge in the Post-War Healing and Reintegration of War-affected Children in Angola«. Unveröffentlichter Bericht für Christian Children's Fund (CCF), 1998; Honwana, A.: »Negotiating Post-War Identities: Child Soldiers in Mozambique and Angola«. In: CODESRIA Bulletin 1–2 (1999); Honwana, A.: »Child Soldiers in Africa«, Philadelphia 2006

10 Honwana, A.: »Negotiating Post-War Identities: Child Soldiers in Mozambique and Angola«. In: CODESRIA Bulletin 1–2 (1999); Honwana, A.: »Child Soldiers in Africa«, Philadelphia 2006

11 Green, E./Honwana, A.: »Indigenous Healing of War-Affected Children in Africa«. In: IK Notes (World Bank) 10 (1999)

7 UNICEF-Perspektiven und -Projekte

© UNICEF/NYHQ2013-1012/Romenzi

Kinderzentren – Orte der Hoffnung

© UNICEF DT/2014/Rudi Tarneden

Nachts hat es gestürmt und geregnet. Knöcheltief sinken die Stiefel in den Matsch zwischen den Zelten. Am Morgen beginnt das Aufräumen. Männer mit Schaufeln graben kleine Rinnen, damit das Wasser abfließen kann. Die Mütter reinigen die Planen, hängen nasse Kleidungsstücke in den feuchtkalten Wind. Dazwischen stehen fröstelnd Trauben von Kindern. Jetzt, wo so viel zu tun ist, ist das Kinderzentrum, das UNICEF in dem provisorischen Lager Khanke in Nordirak eingerichtet hat, noch mehr eine Oase der Ruhe.
Über 10 000 Menschen sind vor dem Terror des Islamischen Staates (IS) hierher geflohen. Khanke liegt etwa eine Stunde Autofahrt westlich von Dohuk. Es sind vor allem Jesiden aus Sindschar hier, eine Minderheit in Irak, die Anfang August 2014 mit äußerster Grausamkeit von der Terrormiliz attackiert wurde. Auch zwei Monate später steht den Menschen die Angst ins Gesicht geschrieben.
»Heute waren fast 400 Kinder hier«, sagt Baidan Madar Khan (25), die zusammen mit ihrem Team im Auftrag von UNICEF das Kinderzentrum im Lager Khanke betreut. Erst erschrickt man etwas, wenn man den hohen Zaun sieht, mit dem das

Areal mit den drei weißen Großzelten vom übrigen Lager abgegrenzt ist. Die Erklärung aber ist einfach: Die Kinder würden ohne ihn das Gelände stürmen. Durch die Umzäunung kommen immer genau so viele hinein, wie dort auch betreut werden können.

»Die Kinder wollen gar nicht mehr weg«

Der Kontrast zur Welt draußen könnte nicht größer sein. Die Jungen und Mädchen hocken auf dem Boden und zeichnen. Ihre Ruhe und Konzentration sind körperlich spürbar. Im Nachbarzelt wird gesungen. »Die Kinder wollen hier gar nicht mehr weg. Am Anfang haben sie immer über den Krieg gesprochen. Sie haben von ihrer Flucht erzählt, wie auf Autos geschossen wurde oder Väter verletzt wurden«, sagt Baidan Madar Khan.

Was Terror und Krieg in den Kindern auslösen, kann man nicht direkt sehen. Aber das Trauma ist trotzdem vorhanden. »Am liebsten habe ich mit meiner Puppe gespielt«, sagt zum Beispiel die fünfjährige Sama. »Aber meine Puppe ist bestimmt kaputt. Ich musste sie zu Hause lassen. IS hat alles kaputt gemacht.«

Je öfter die Kinder in das Kinderzentrum kommen, desto mehr verändern sie sich. Sie sprechen über andere Dinge, malen Blumen und bunte Landschaften. Diese Erfahrung motiviert Baidan Madar Khan, die selbst aus Khanke stammt. »Ich freue mich, wenn ich sehe, wie die Kinder sich wieder freuen können und sich nach und nach von den schrecklichen Erinnerungen entfernen.«

Jetzt geht es darum, das Lager winterfest zu machen. Das ist überlebenswichtig. UNICEF verteilt dort – wie an vielen anderen Orten in Nordirak – Pakete mit warmer Kinderkleidung. Das Kinderzentrum ist als Ort der Hoffnung aber genauso wichtig. Während die Mädchen und Jungen toben, ist im Hintergrund ein leises Grollen zu hören. Einschläge von Raketen, mit denen IS-Stellungen angegriffen werden.

Rudi Tarneden, UNICEF Deutschland

Kongo: Vergewaltigung als Kriegswaffe

© UNICEF Tanzania/Holt

Egal ob kleines Mädchen oder alte Frau: Gegen sie ist in der Demokratischen Republik Kongo eine besonders grausame Waffe im Einsatz. Sie bricht die Selbstachtung von Menschen und reißt Familien auseinander: Vergewaltigung, mit roher, unmenschlicher Gewalt. Mit Messern oder Gewehren. Durch einzelne Täter oder in Gruppen. Selbst Neugeborene gehören zu den Opfern. Die Überfälle sind häufig so brutal, dass die Mädchen und Frauen schwere innere Verletzungen davontragen und mehrfach operiert werden müssen. Die Mädchen, die überleben, wagen es aus Scham oft nicht, eine Vergewaltigung öffentlich zu machen. Denn eine missbrauchte Frau gilt als Schande, wird gesellschaftlich ausgegrenzt – oft für den Rest ihres Lebens. »Viele hier sind noch Kinder«, berichtet Rehema, Betreuerin in einem Zentrum in der Region Masisi in Nord-Kivu. »Sie weinen viel, sie haben Alpträume, können kaum sprechen.«

Hilfe für die Opfer

UNICEF hilft in der Demokratischen Republik Kongo, missbrauchte Mädchen zu versorgen und psychologisch zu betreuen. So trägt UNICEF die Kosten für Operationen, hilft bei der Fortbildung der Ärzte und stellt Medikamente zur Verfügung. Dazu gehören auch Tabletten, die nach einer Vergewaltigung das Risiko einer HIV-Infektion deutlich senken können. Mobile Teams helfen, auch Opfer in entlegenen Regionen zu erreichen. Die Mädchen können an Bildungskursen teilnehmen oder eine Ausbildung machen. In Selbsthilfegruppen unterstützen sich die Betroffenen gegenseitig und bieten anderen eine erste Anlaufstelle.

Dorfkomitees machen sich dafür stark, dass Opfer einer Vergewaltigung nicht stigmatisiert werden und informieren sie über ihr Recht auf eine Anzeige. Das Ziel ist eine Null-Toleranz-Politik gegen Vergewaltigungen als Kriegswaffe – doch eine solche ist nur Schritt für Schritt durchzusetzen: »In einigen Staaten weiß die Polizei nicht einmal, wie man bei einem Sexualverbrechen ermittelt«, sagt Zainab Hawa Bangura, Sonderbeauftragte des UN-Generalsekretärs für sexuelle Gewalt in Konflikten. »Diese Beamten müssen erst ausgebildet werden.«

UNICEF trägt in der Demokratischen Republik Kongo jedes Jahr dazu bei, Tausende vergewaltigte Mädchen und Frauen zu betreuen. So erhielt auch die achtjährige Sifa [Name geändert] Hilfe. Vier Wochen nach dem Angriff hat ihr Heilungsprozess gerade erst begonnen. »Sobald es mir bessergeht, möchte ich nach Hause und wieder zur Schule gehen«, sagt das Mädchen. »Meine Eltern haben nach dem Angriff so viel geweint. Ich möchte, dass sie wieder glücklich und stolz auf mich sein können.«

Vera Mäusbacher, UNICEF Deutschland

»Ich werde nicht ruhen, bis auch der letzte Kindersoldat befreit ist«

Abraham Kur Achiek war erst zwölf Jahre alt, als er Soldat wurde. Gemeinsam mit anderen Jungen war er aus seinem Heimatort Bor in Sudan vor dem Bürgerkrieg geflohen. Soldaten der Sudanesischen Volksbefreiungsarmee (SPLA) versprachen den Jungen Hilfe. Doch tatsächlich wurden sie als Kindersoldaten in den Kampf geschickt. Bewaffnet mit AK-47-Gewehren, mit Macheten und Granaten mussten sie Dörfer überfallen und Menschen töten. »Regierungstruppen schossen auf uns, wir wurden aus der Luft bombardiert«, erinnert sich Abraham. »Wir verdanken es allein Gottes Gnade, dass einige Freunde und ich überlebten.« Im Rückblick nennt er die drei Jahre als Soldat seine »verlorene Kindheit«.

© UNICEF/P26B9632/Holt

Mit 18 Jahren gelang es Abraham Kur Achiek, sich über die Grenze nach Kenia zu retten. »Ich und ein paar andere Jungs hatten gehört, dass man in einem Flüchtlingslager in Kenia eine richtige Schulbildung bekommen könne. Da haben wir beschlossen, dorthin zu gehen – wir liefen mehr als drei Tage durch den Dschungel.« Im Flüchtlingslager Kakuma angekommen, erfuhr er von anderen Flüchtlingen, dass sein Vater bei einem Bombenangriff ums Leben gekommen war. Der Jugendliche sah sich allein auf der Welt – und war umso entschlossener, den verpassten Schulstoff nachzuholen. »Meine einzige Hoffnung bestand darin, die Schule zu beenden und damit meine Chancen auf einen guten Job zu verbessern. Und das tat ich.« Es gelang ihm, seinen Abschluss nachzuholen und in Nairobi Sozialarbeit zu studieren – ein Wendepunkt in seinem Leben. Seinen ersten Job bekam er in seiner Heimatstadt Bor, die nach der Unabhängigkeit heute in Südsudan liegt. Heute ist Abraham Kur Achiek 38 Jahre alt und kümmert sich als Kinderschutzexperte von UNICEF um ehemalige Kindersoldaten.

3000 ehemalige Kindersoldaten werden entlassen

Abraham Kur Achiek hat Hunderte von Kindern davon überzeugt, ihre Waffen niederzulegen – und ihre Kommandanten in Verhandlungen dazu gebracht, sie gehen zu lassen. »Ich verstehe diese Jungen besser als irgendjemand sonst«, sagt der Zwei-Meter-Mann. »Ich sage ihnen, kommt mit mir, geht zur Schule. Sonst habt ihr keine Kindheit, ihr werdet töten – oder getötet werden.« Abraham ist fest entschlossen, seinen Einsatz fortzusetzen – auch wenn in seiner Heimat erneut Kämpfe ausgebrochen sind.

Trotz massiver Zerstörung und Vertreibung gibt es aus dem jüngsten Staat der Welt auch ermutigende Zeichen: In Südsudan helfen UNICEF und seine Partner derzeit, 3000 Kinder aus den Rängen der »Cobra«-Miliz zu befreien – die bisher größte Demobilisierung von Kindersoldaten. Die erste Gruppe von 280 Jungen hat im Januar 2015 im Dorf Gumuruk bei einer feierlichen Zeremonie ihre Waffen und Uniformen abgegeben. Die freigelassenen Kinder sind zwischen elf und 17 Jahre alt, viele haben mehrere Jahre für die »Cobra«-Miliz kämpfen müssen und oft nie eine Schule besucht. Sie werden nun mit Hilfe von UNICEF in Demobilisierungszentren betreut, bekommen Essen und Kleidung, werden medizinisch und psychologisch betreut und erhalten endlich Unterricht. Schätzungen gehen davon aus, dass in Südsudan allein im Jahr 2014 rund 12 000 Kinder, überwiegend Jungen, als Soldaten missbraucht wurden. »Diese Dinge gehören zum Schlimmsten, was ein Mensch erleben kann«, sagt Abraham Kur Achiek. »Aber das Leben geht weiter, und du musst weitermachen, die Dinge positiv sehen. Aufgeben hieße, dass das Leben zu Ende wäre.« Sein persönliches Ziel: »Ich werde nicht ruhen, bis auch der letzte Kindersoldat befreit ist.«

Angela Griep, UNICEF Deutschland

Sport als Friedensstifter

© UNICEF/NYHQ2011-1841/Dormino

»Früher war ich ein richtiger Rabauke, habe niemanden respektiert und bin keinem Konflikt aus dem Weg gegangen«, sagt der 17-jährige Roberto Carlos. Und Konflikte gibt es in seiner Heimat Kolumbien zur Genüge.

Das südamerikanische Land lebt schon seit mehr als 40 Jahren mit der brutalen Gewalt des Bürgerkriegs. Kinder und Jugendliche werden – freiwillig oder unter Zwang – von bewaffneten Gruppen rekrutiert. Überall lauert Gefahr durch Landminen und Blindgänger. Der ständige Terror führt bei vielen Kindern zu Ängsten und Alpträumen. Auch Roberto Carlos' Familie floh aus Angst vor bewaffneten Angriffen und Entführungen aus ihrem Heimatort, so wie viele andere. In ihrer neuen Heimat Sincelejo hatten sie mit neuen Schwierigkeiten zu kämpfen – diesmal finanzieller und sozialer Art. Seine Eltern hatten Probleme, eine feste Arbeit zu finden. In dem Stadtviertel, in dem sie unterkamen, prägte Gewalt zwischen rivalisierenden Jugendbanden den Alltag. Roberto Carlos fand dort zunächst keine Freunde. Auf der Suche nach Anschluss war Roberto Carlos versucht, sich einer der Banden anzuschließen.

El Golombiao – Fußball schafft Gemeinschaft

Vor diesem Schicksal bewahrt hat ihn »El Golombiao«, ein Programm, das UNICEF in Kolumbien landesweit unterstützt. Der Name setzt sich zusammen aus »Gol«, dem spanischen Wort für Tor, und »Colombia« (Kolumbien). Golombiao wird auch Friedensfußball genannt und fördert auf spielerische Weise Toleranz, Dialogfähigkeit und friedliche Konfliktlösung. Denn das Fußballspiel hat eigene Regeln: Das erste Tor muss von einem Mädchen geschossen werden. Aber nicht nur Tore zählen. Schimpfworte und Fouls fallen negativ ins Gewicht. Faires Spiel wird mit Pluspunkten belohnt. Es gibt keinen Schiedsrichter. Die Spielerinnen und Spieler sollen lernen, ihre Konflikte selbst zu regeln. »El Golombiao« hilft so sozial ausgegrenzten und traumatisierten Kindern, sich wieder als Teil einer Gemeinschaft zu fühlen. »Seit ich am Golombiao teilnehme, bin ich ein ganz anderer Mensch. Ich höre anderen zu und habe Freunde gefunden, mit denen ich meine Sorgen besprechen kann«, sagt Roberto Carlos.

Sport unterstützt friedliche Entwicklung

Sport als Teil von Entwicklungsprogrammen ist eine bewährte Strategie. UNICEF verfolgt sie aus guten Gründen: Zum einen hat jedes Kind ein Recht auf Spiel und aktive Erholung – das ist in Artikel 31 der UN-Kinderrechtskonvention festgeschrieben. Zum anderen sind Kinder über Sport und Spiel besonders gut zu erreichen und zusammenzubringen. Sport stärkt Gesundheit und Selbstbewusstsein, fördert Gemeinschaft und vermittelt wichtige Werte. Sportveranstaltungen sind besonders geeignet, um Teilnehmern und Zuschauern wichtige Botschaften zu vermitteln – beispielsweise über den Schutz vor HIV oder über Impfkampagnen. Im Rahmen des Programms »Sport for Development« entwickelt UNICEF weltweit gemeinsam mit Regierungen und weiteren Partnern Strategien, um die Zukunft von Kindern mit Hilfe von Sport zu verbessern. So hilft UNICEF dabei, Ressourcen für den Bau neuer Spiel- und Sportplätze zu mobilisieren und Projekte anzustoßen. UNICEF arbeitet darüber hinaus mit nationalen Sportverbänden zusammen, um Diskriminierung und Gewalt entgegenzutreten.

Eine Spielekiste für Kinder in Not

Auch in der Nothilfe nach Naturkatastrophen oder in Krisengebieten ist Sport ein wichtiges Instrument, um Kindern zu helfen. Viele Mädchen und Jungen haben ihr Zuhause und Angehörige verloren, mussten Gewalt erleben und sind vielleicht selbst verletzt worden. Sport und Spiel sind in einer solchen

Situation zentral für das seelische Gleichgewicht und die Gesundheit. UNICEF richtet daher in Flüchtlingslagern und Notunterkünften Kinderzentren ein und stellt Bälle, Netze, Frisbees, Seile und mehr zur Verfügung. Bei den Spiel- und Sportaktivitäten können die Kinder sich öffnen, Freunde finden und neues Selbstvertrauen entwickeln. UNICEF schult die Betreuer auch darin, die Kinder zu identifizieren, die tiefergehende psychosoziale Betreuung benötigen. Sport ist ein wichtiges Ventil, um Trost- und Perspektivlosigkeit Spaß an Bewegung und Gemeinschaft entgegenzusetzen. Denn viele Kinder in Konfliktgebieten wissen nicht, was die Zukunft bringen mag.

Wiebke Eckau, UNICEF Deutschland

Gefunden! Wie UNICEF Familien wieder vereint

© UNICEF/Noorani

Jede Entfernung kann unüberbrückbar werden, wenn das passende System fehlt. »Ein Kind ist manchmal nur einen Steinwurf von seinen Eltern entfernt, etwa in einem großen Flüchtlingscamp. Unter Umständen ist es aber auch auf einem anderen Kontinent«, sagt Jorge Just, ein Student der New Yorker »Tisch School of the Arts«. Er hat RapidFTR mitentwickelt, UNICEF hat die Entwicklung unterstützt. Seither wird das System ständig verbessert.

Das Glück ist oft überwältigend, wenn Kinder ihre Eltern wiederfinden, von denen sie durch Kriege, Naturkatastrophen oder Flucht getrennt worden sind. Wenn ein Vater seine Tochter in die Arme schließt oder eine Schwester ihren Bruder. In Notsituationen ist die Gefahr groß, dass Kinder von ihren Eltern getrennt werden: Familien müssen plötzlich um ihr Leben rennen, geraten unter Beschuss oder in eine Menschenmenge. Ein Kind rennt panisch weg und findet den Weg nicht zurück. Oder eine Flutwelle reißt eine Familie auseinander. Eine innovative Technologie unterstützt UNICEF dabei, Familien wieder zusammenzuführen: Das digitale Registrierungssystem »Rapid Family Tracing and Reunification« (RapidFTR) hilft, verloren geglaubte Kinder zurück zu ihren Familien zu bringen.

Registrierung per Mobiltelefon

Der 15-jährige Pascal aus der Demokratischen Republik Kongo floh nach Uganda. UNICEF half, ihn mit Hilfe von RapidFTR zu registrieren. Nun hofft er darauf, überlebende Verwandte wiederzufinden. Jedes Kind, das wie er allein auf der Flucht aufgefunden wird, wird systematisch erfasst – mit Foto, Namen und allen Details, die zur Verfügung stehen. Das Foto hilft dabei, ein Kind zu identifizieren, auch wenn es seinen Namen oder seinen Heimatort nicht nennen kann. Die Registrierung funktioniert auch via Mobiltelefon, da in Notsituationen alles möglichst schnell und einfach gehen muss.
RapidFTR ist sicherer und schneller als die bisher üblichen Papierlisten. Das System ist bereits in Südsudan, Uganda und den Philippinen im

Einsatz. UNICEF setzt sich mit Hilfe seiner »Innovation Labs« dafür ein, das System auf einer breiteren Basis bekannt zu machen und besser zu vernetzen – gemeinsam mit Partnern aus der Wissenschaft, anderen Hilfsorganisationen wie dem UN-Flüchtlingshilfswerk (UNHCR) oder Ärzte ohne Grenzen sowie den jeweiligen Regierungen.

Vera Mäusbacher, UNICEF Deutschland

»Aktion Flüchtlingskind«: Kindern eine Stimme geben

© UNICEF DT/2014/Hyou Vielz

»Flüchtlingskinder sind nicht allein durch eine gelungene Flucht nach Deutschland gerettet. Sie haben noch einiges zu bewältigen, bevor sie wieder glücklich und zufrieden leben können«, heißt es auf den Plakaten meiner »Aktion Flüchtlingskind«. Viele Flüchtlingskinder haben mit Einsamkeit, traumatischen Erfahrungen und vor allem Perspektivlosigkeit – nur drei von vielen verschiedenen Problemen – zu kämpfen. Genau auf diese Probleme, auf die Lage der Flüchtlingskinder in Deutschland, macht die »Aktion Flüchtlingskind« aufmerksam. Die Plakate zeigen Gesichter mit einem QR-Code als Mund und verleihen Flüchtlingskindern auf diese Weise eine Stimme. So sollen die Menschen zum Denken und vor allem zum Handeln angeregt werden – und das funktioniert!

Doch wie kam ich auf das Projekt? Es entstand unter dem Namen »Aktion Flüchtlingskind« im Rahmen des UNICEF-JuniorBotschafter-Wettbewerbs. Die Flüchtlingsthematik hatte in meinem Leben immer mehr Gewicht erhalten. Durch Kriege und Umweltkatastrophen sind die Flüchtlingszahlen weltweit gestiegen – und sie steigen immer noch. Dadurch kommen auch immer mehr Flüchtlinge nach Deutschland. Mit der Zeit wurde mir das immer klarer, und ich nahm es auch in meinem Alltag wahr: Ich wollte in Hamburg an einem Basketballspiel teilnehmen. Doch die ursprünglich dafür vorgesehene Halle wurde als Unterkunft für Flüchtlinge gebraucht, wir mussten auf eine andere Halle ausweichen.

Nach diesem ersten direkten Kontakt mit der Flüchtlingsthematik wusste ich: Ich will mich engagieren. Der UNICEF-JuniorBotschafter-Wettbewerb war die perfekte Gelegenheit, um ein Projekt zu entwerfen und durchzuführen. Mein Projekt sollte bei einem verhältnismäßig geringen Aufwand größtmögliche Wirkung entfalten. Nach einem längeren Brainstorming mit einem Bekannten kam uns die Idee: ein Plakat, das auf die Lage von Flüchtlingen und insbesondere Flüchtlingskindern aufmerksam machen soll. Ich machte Fotos von Mitschülerinnen und Mitschülern und nahm die Sprüche auf, die nach dem Scannen des QR-Codes als Film auf dem Handy wiedergegeben werden sollten. Anschließend bearbeitete ein Freund von mir die Bilder und gestaltete ein interaktives Plakat daraus.

Treffen mit Lehrern und Politikern

Nachdem die Plakate fertig waren, ging die Aktion los. Ich traf mich mit Politikern und anderen Menschen, um mich auszutauschen und um Unterstützung zu bitten. Das Projekt gewann langsam, aber sicher immer mehr Unterstützer. Bislang standen dabei Personen mit einer Multiplikator-Rolle im Fokus: Lehrer, Politiker und prominente Persönlichkeiten. Die Aktion wurde an einigen Schulen in Nordrhein-Westfalen, im Wuppertaler Schülerparlament und bei einem Seminarwochenende des START-Stipendienprogramms vorgestellt. Die Plakate hängen nun in verschiedenen Schulen Nordrhein-Westfalens, aber beispielsweise auch im Parteihaus der Kölner SPD.

Dann gewann ich mit »Aktion Flüchtlingskind« den UNICEF-JuniorBotschafter-Wettbewerb. Das Fernsehen berichtete über mein Projekt, Zeitungen schrieben darüber, Radiobeiträge wurden gesendet. Andere UNICEF-JuniorBotschafter interessierten sich für das Plakat und nutzten es ebenfalls, um auf die Situation von Flüchtlingskindern in Deutschland aufmerksam zu machen. Auch andere Schulen und Städte wie Frankfurt oder Krefeld fragten das Plakat an.

Zusammen mit einer Gruppe engagierter Freunde wurde ich von Bundespräsident Joachim Gauck und seiner Lebensgefährtin Daniela Schadt zu einer Diskussion mit anderen Jugendlichen ins Schloss Bellevue eingeladen. Auf dem Forum zum 25. Jahrestag der UN-Kinderrechtskonvention im November 2014 konnte ich die Aktion vorstellen. Ich wurde ins ARD-Morgenmagazin eingeladen und gab weitere Interviews.

Die Aktion wächst weiter

Derzeit baue ich die Aktion langsam immer weiter aus – neben meinen Abiturvorbereitungen und dem Leistungssport. Aus der einmaligen Aktion soll eine dauerhafte Kampagne werden. Zu Beginn sollen neue Plakate angefertigt werden. Denn die bisherigen, selbst erstellten Plakate weisen einige Defizite auf. Die Fotos sollen von einem professionellen Fotografen aufgenommen und anschließend von einem Grafikdesigner zu einer plakatreifen Grafik verarbeitet werden. Wenn möglich, sollen auch Plakate mit den Gesichtern bekannter Persönlichkeiten entstehen.

Außerdem wird es eine Internetseite geben, auf der über das Projekt informiert und zum Aktivwerden aufgerufen werden soll. Social-Media-Plattformen wie Facebook und Twitter sollen dabei helfen, die Kampagne an die Öffentlichkeit zu bringen. Ferner möchte ich mehr Persönlichkeiten und Multiplikatoren für das Projekt gewinnen, um das Thema noch präsenter zu machen.

Für mich ist dieses »soziale Engagement« nicht nur etwas Freiwilliges, etwas Ehrenamtliches. Ich sehe es vielmehr als eine Art große Gelegenheit und Aufgabe, um anderen Menschen zu helfen. Flüchtlinge mit unfassbaren Erfahrungen, die zum Teil Tausende Kilometer hinter sich gebracht haben, kommen bis zu uns nach Deutschland, ganz in unsere Nähe. Sie werden zu einem Teil unserer Gesellschaft und somit auch zu einem Teil unserer Verantwortung. Nur alle miteinander, solidarisch, können wir als Gesellschaft gut funktionieren. Diese Verantwortung tragen alle Menschen zusammen. Deshalb möchte ich so viele Menschen wie möglich erreichen. Denn wie Erich Kästner es schon ausdrückte: »Wir sind nicht nur verantwortlich für das, was wir tun, sondern auch für das, was wir nicht tun.«

Talha Evran ist 18 Jahre alt und lebt in Köln. Für seine »Aktion Flüchtlingskind« wurde er 2014 als »UNICEF-JuniorBotschafter des Jahres« ausgezeichnet.

Daten
zur Situation der Kinder
in der Welt

Allgemeine Hinweise zu den Daten

In den Tabellen auf den folgenden Seiten finden sich die aktuellen Schlüsseldaten zu Überleben, Entwicklung und Schutz von Kindern weltweit, nach Ländern, Gebieten und Regionen unterteilt.

Die in diesen Tabellen gesammelten Daten bieten verlässliche, vergleichbare und umfassende Informationen zur Situation der Kinder in der Welt. Die Datenzusammenstellung unterstützt UNICEF bei seiner Aufgabe, Fortschritte und Ergebnisse im Hinblick auf die international vereinbarten Entwicklungsziele und Vereinbarungen zu den Rechten der Kinder zu erzielen. UNICEF ist federführend verantwortlich für die globale Überprüfung der in der Millenniums-Erklärung sowie in den Millenniums-Entwicklungszielen (MDGs) verankerten Zielvorgaben im Hinblick auf Kinder. UNICEF ist ebenfalls einer der wichtigsten Partner bei der Arbeit der Vereinten Nationen zum Monitoring dieser Ziele und Indikatoren.

Die in diesem statistischen Anhang vorgestellten Zahlen finden sich auch online unter www.unicef.org/publications, www.unicef.org/sowc 2015 sowie www.data.unicef.org. Sämtliche Aktualisierungen, die nach Erstellung dieses Berichts vorgenommen werden, können ebenfalls dort abgerufen werden.

Die Daten in den folgenden Tabellen stammen aus den UNICEF-Datenbanken, die ausschließlich auf international vergleichbaren und statistisch soliden weltweiten Daten basieren. Sie werden durch Zeichenerklärungen sowie Definitionen (s. Seite 257 ff.) und Quellenangaben (s. Seite 265 ff.) ergänzt. Zusätzlich wurden Daten der zuständigen Unterorganisationen der Vereinten Nationen verwendet. Die in diesem Bericht vorgelegten Daten beziehen sich auf ihre Schätzungen, auf repräsentative nationale Erhebungen wie Multiple Indicator Cluster Surveys (MICS) sowie auf Haushaltsbefragungen und Demographic and Health Surveys (DHS) jeweils zum Stand August 2014. Die in den Tabellen dargestellten Daten entsprechen nicht unbedingt der derzeitigen Situation, da die Sammlung, Analyse und Veröffentlichung von repräsentativen Länderdaten zeitlich aufwendig ist. Dies trifft insbesondere auf Länder zu, die gegenwärtig Konflikten ausgesetzt sind und in denen sich die Situation von Kindern und Frauen rapide verschlechtern kann. Weitere Informationen hinsichtlich Methodik und Datenquellen sind unter www.data.unicef.org abrufbar.

Einige der vorliegenden Daten (z.B. Impfschutz, Müttersterblichkeitsrate) unterliegen einer sich weiterentwickelnden Methodik und Anpassungen an zeitliche Abstände. Bei anderen Indikatoren liegen ver-

gleichbare Daten nicht für jedes Jahr vor. Daher lassen sich die UNICEF-Berichte der verschiedenen Jahre nicht ohne weiteres vergleichen.
Dieser Bericht enthält die neuen Schätzungen und Prognosen aus den Publikationen »World Population Prospects: The 2012 Revision« und »World Urbanization Prospects: The 2014 Revision« (Hauptabteilung Wirtschaftliche und Soziale Angelegenheiten der Vereinten Nationen, UN DESA). In Staaten, die in letzter Zeit von Katastrophen betroffen waren, steht mitunter nur wenig verlässliches Datenmaterial zur Verfügung. Dies gilt besonders für Länder, in denen wichtige Infrastruktur zerstört wurde oder in denen größere Bevölkerungsbewegungen stattgefunden haben.

Multiple Indicator Cluster Surveys (MICS)

UNICEF unterstützt seit 20 Jahren Staaten bei der Erhebung verlässlicher und international vergleichbarer statistischer Daten durch die sog. Multiple Indicator Cluster Surveys (MICS). Seit 1995 wurden in rd. 100 Staaten und Gebieten fast 250 dieser Erhebungen durchgeführt. Die fünfte Runde der MICS findet derzeit noch in mehr als 45 Ländern statt. Die von UNICEF unterstützten MICS gehören zu den umfangreichsten Datenquellen, um Fortschritte hinsichtlich der international vereinbarten Entwicklungsziele für Kinder einschließlich der Umsetzung der Millenniums-Entwicklungsziele zu messen. Sie flossen auch in den statistischen Datenanhang dieses UNICEF-Berichts ein. Weitere Informationen sind unter www.data.unicef.org abrufbar.

Schätzungen zur Sterblichkeitsrate

Jedes Jahr veröffentlicht UNICEF Schätzungen zu Kindersterblichkeitsraten. Sie umfassen die Sterblichkeitsraten von Kindern unter 1 Jahr bzw. unter 5 Jahren (SRUJ5) sowie die Zahl der Todesfälle bei unter 5-Jährigen. Die Angaben beziehen sich auf wenigstens zwei Referenzjahre. Diese Daten stellen die jeweils aktuellen Schätzungen dar, die zu dem Zeitpunkt zur Verfügung stehen, und basieren auf Informationen der Inter-agency Group for Child Mortality Estimation (IGME), zu der UNICEF, die Weltgesundheitsorganisation (WHO), die Weltbank und die United Nations Population Division (UNPOP) gehören. Die Gruppe aktualisiert die Daten jedes Jahr und berücksichtigt die jeweils neuen verfügbaren Datensätze, was auch Anpassungen für zurückliegende Jahre zur Folge haben kann. Daher können mitunter Datensätze aus früheren UNICEF-Jahresberichten nicht mit den letzten vorliegenden Daten verglichen und auch keine Tendenzen hinsichtlich der Entwicklung der Kindersterblichkeitsrate über einen bestimmten Zeitraum abgeleitet werden. Landespezifische Sterblichkeitsindikatoren für die Jahre 1970–2013, basierend auf den aktuellen Schätzungen der IGME, sind in Tabelle 10 (s. Seite 204 ff.) enthalten und unter www.data.unicef.org/child-mortality/under-five sowie www.childmortality.org abrufbar.

Statistik

Tabelle 2: Ernährung
UNICEF, WHO und die Weltbank arbeiten daran, die Daten zur Berechnung und Schätzung von regionalen Durchschnittswerten sowie Trendanalysen weiter zu vereinheitlichen. So werden regionale und globale Durchschnittswerte für **Untergewicht, ernährungsbedingte Unterentwicklung, Auszehrung und Übergewicht** anhand eines Modells berechnet (siehe M. de Onis et al., Methodology for Estimating Regional and Global Trends of Child Malnutrition; in: International Journal of Epidemiology, Bd. 33 [November 2004], S. 1260–1270, abrufbar unter www.who.int/nutgrowthdb/publications/methodology_estimating_trends/en/index.html). Vergleichende Aussagen mit früheren UNICEF-Berichten und dem vorliegenden Bericht sind aufgrund unterschiedlicher Datenquellen und Schätzungsmethodik nicht immer möglich.
Hinsichtlich der **Vitamin-A-Gaben** wird in diesem Bericht ausschließlich der Indikator »zwei Gaben« (umfassende Abdeckung) zugrunde gelegt. Damit soll betont werden, wie wichtig es ist, dass Kinder zwei Vitamin-A-Gaben pro Jahr im Abstand zwischen vier und sechs Monaten erhalten. Da es keine direkte Methode gibt, diesen Indikator zu überprüfen, wird der jeweils niedrigere Wert beider Erhebungen pro Jahr als Wert für eine umfassende Abdeckung geschätzt.

Tabelle 3: Gesundheit
Die Angaben zu **Zugang zu sauberem Trinkwasser und sanitären Einrichtungen** stammen aus dem WHO/UNICEF Joint Monitoring Programme for Water Supply and Sanitation (JMP). Es handelt sich dabei um die offiziellen Schätzungen der Vereinten Nationen, mit denen die Fortschritte zur Erreichung des Millenniums-Entwicklungsziels für Trinkwasser und Sanitärversorgung gemessen werden. Das JMP setzt dafür eine lineare Regressionslinie an, die auf die Zahlen zur Versorgung aus allen verfügbaren Haushaltsbefragungen und Erhebungen Bezug nimmt. Da weitere Daten auch zwischen den veröffentlichten Schätzungen zur Verfügung gestellt werden, sind JMP-Schätzungen nicht miteinander vergleichbar. Weitere Informationen zur Methodik des JMP sind unter www.data.unicef.org und www.wssinfo.org abrufbar.
In diesem Report werden die Schätzungen von WHO und UNICEF zum **Impfschutz** in den einzelnen Ländern vorgestellt. Sie stellen die offiziellen Schätzungen der Vereinten Nationen dar, mit denen die Fortschritte des MDG-Indikators zur Impfabdeckung einschließlich Masern gemessen werden. Seit 2000 werden die Schätzungen jedes Jahr

im Juli aktualisiert, nachdem den Ländern vorläufige Berichte zur Prüfung vorgelegt wurden. Frühere Datenveröffentlichungen werden durch die jährliche Überarbeitung und Berücksichtigung neuer empirischer Daten ersetzt. Detaillierte Informationen zum Vorgehen sind unter www.data.unicef.org/child health/immunization abrufbar.

Regionale Durchschnittswerte für die Antigene werden wie folgt berechnet:

- BCG: regionale Durchschnittswerte werden nur für die Länder aufgeführt, in denen BCG in den nationalen Impfplänen berücksichtigt wird.
- Die Impfstoffe für DPT, Polio, Masern, HepB und HiB, PCV (Porzines Circovirus) und Rotaviren, von der WHO allgemein empfohlen, werden in den regionalen Durchschnittswerten aller Länder erfasst.
- Die regionalen Durchschnittswerte für die bei der Geburt vor Tetanus geschützten Neugeborenen beziehen sich nur auf die Länder, in denen Tetanus bei Müttern und Neugeborenen endemisch ist.

Tabelle 4: HIV/Aids

Im Jahr 2013 hat UNAIDS neue weltweite, regionale und länderbezogene Schätzungen zu HIV/Aids – bezogen auf das Jahr 2012 – veröffentlicht. Sie berücksichtigen grundlegende Änderungen, die von der WHO in Bezug auf Vorgaben zur Behandlung HIV-positiver Erwachsener und Kinder sowie zur Prävention von Mutter-zu-Kind-Übertragung vorgenommen worden sind. Außerdem wurde die Methodik verfeinert, und es liegen mittlerweile mehr zuverlässige Daten aus populationsbasierten Studien und erweiterten nationalen Überwachungssystemen sowie Statistiken aus Programmen in mehreren Ländern vor. Infolgedessen hat UNAIDS rückwirkend neue Schätzungen ermittelt zur Verbreitung des HI-Virus, zur Zahl HIV-positiver Menschen und derer, die auf eine Behandlung angewiesen sind, zur Zahl der Sterbefälle aufgrund von Aids, zu neuen HIV-Infektionen sowie zur Zahl der Kinder, deren Eltern u.a. aufgrund von Aids gestorben sind. Für Trendanalysen sollten nur neue Schätzungen herangezogen werden. Die neuen Schätzungen zu HIV/Aids in dieser Tabelle sind auch im Bericht »UNAIDS Report on the Global AIDS Epidemic 2013« veröffentlicht.

Die globalen und regionalen Zahlen im vorliegenden Bericht sind nicht vergleichbar mit früheren Schätzungen. Weitere Informationen zu Schätzungen zu HIV/Aids, Methodik und Aktualisierungen sind unter www.unaids.org abrufbar.

In diesem Report wird aufgrund hoher Nachfrage erstmalig der Indikator **HIV-Tests unter 15–24-Jährigen** eingeführt. Er gibt den prozentualen Anteil der jungen Menschen an, die in den vergangenen zwölf Monaten auf HIV getestet wurden und das Ergebnis des jüngsten letzten Tests erhalten haben. Die Daten stammen aus Erhebungen wie Demographic and Health Surveys (DHS), Multiple Indicator Cluster Surveys (MICS), AIDS Indicator Surveys (AIS) und weiteren nationalen Haushaltsbefragungen.

Tabelle 5: Bildung

Diese Tabelle wurde um den Indikator **Kinder im Grundschulalter, die keine Schule besuchen** ergänzt. Dabei werden die absolute Zahl sowie der prozentuale Anteil der Kinder im Grundschulalter angegeben, die weder eine Grundschule noch eine weiterführende Schule besuchen. Der Besuch einer Vorschule gilt nicht als Schulbesuch. Die Daten stammen von UNESCO Institute for Statistics (UIS).

Tabelle 8: Frauen

Der Indikator **Müttersterblichkeitsrate (bereinigt)** enthält die angepassten Zahlen aus dem Jahr 2013. Diese Schätzungen stammen von der Inter-agency Group for Maternal Mortality Estimation (MMEIG), in der die WHO, UNICEF, der Bevölkerungsfonds der Vereinten Nationen (UNFPA), die Weltbank und die United Nations Population Division (UNPOP) und unabhängige Experten vertreten sind. MMEIG hat einen zweifachen Ansatz zugrunde gelegt, um diese Schätzungen abzuleiten. Dazu gehört die Bereinigung bestehender Schätzungen zu Müttersterblichkeit aus Melderegistern, um falsche Klassifizierungen und Untererfassungen zu korrigieren. Des Weiteren werden modellgestützte Schätzungen für solche Länder erstellt, die nicht über zuverlässige nationale Zahlen zu Müttersterblichkeit verfügen.

Diese »bereinigten« Schätzungen können nicht mit früheren Schätzungen dieser Arbeitsgruppe verglichen werden. Ein umfassender Bericht mit Schätzungen zu einzelnen Ländern und detaillierten Informationen zur Methodik sowie statistischen Tabellen mit neuen auf Länder und Regionen bezogenen Müttersterblichkeitszahlen für die Jahre 1990, 1995, 2000, 2005 und 2013 ist unter www.data.unicef.org/maternal-health/maternal-mortality abrufbar.

Tabelle 9: Kinderschutz

Kinderarbeit: Die in der Tabelle dargestellten Daten weichen zwischen den Ländern stark ab. Die Gründe dafür liegen in den signifikanten Unterschieden in der Erhebungsmethodik, den Inhalten der Fragebögen, nationalen Definitionen sowie Schwellenwerten bei der Ermittlung von Daten. Nur eine begrenzte Anzahl von Ländern verfügt über Daten zu Kinderarbeit, die auf internationalen Standards und Klassifikationen beruhen.

Neue Daten aus der vierten Runde der MICS (2009–2012) wurden im Sinne der länderübergreifenden

Vergleichbarkeit neu berechnet. So werden Tätigkeiten wie Wasserholen oder das Sammeln von Feuerholz jetzt der Kategorie Hausarbeit und nicht mehr wirtschaftlichen Tätigkeiten zugeordnet. Gemäß diesem Ansatz wird ein Kind im Alter zwischen 5 und 14 Jahren dann als Kinderarbeiter angesehen, wenn es für mindestens 28 Stunden pro Woche mit Wasserholen oder dem Sammeln von Feuerholz beschäftigt ist.

Weibliche Genitalverstümmelung/-beschneidung

Die Daten zur Verbreitung von weiblicher Genitalverstümmelung/-beschneidung bei Mädchen bis 14 Jahren wurden aus technischen Gründen neu berechnet und können daher von den Originaldaten der Ländererhebungen abweichen (siehe Female Genital Mutilation/Cutting: A statistical overview and exploration of the dynamics of change, UNICEF, New York 2013). Regionale Schätzungen zu Verbreitung und befürwortender Einstellung basieren ausschließlich auf vorhandenen Daten aus den Ländern, in denen diese Praxis ausgeübt wird. Die Daten spiegeln die Situation der betroffenen Länder innerhalb der Weltregion wider, nicht jedoch der Weltregion an sich, da sich in dieser auch nicht-praktizierende Länder befinden.

Gewaltsame psychische oder physische Bestrafung von Kindern

Die Schätzungen in UNICEF-Publikationen und Ländererhebungen auf Grundlage der MICS basierten bis 2010 auf Haushaltsgewichtungen, bei denen die letzte Stufe des entsprechenden MICS-Moduls nicht berücksichtigt wurde (es wurde nur eine Stichprobe zu einem Kind zwischen 2 und 14 Jahren herangezogen). Im Januar 2010 wurde beschlossen, präzisere Schätzungen einzuführen, die diese letzte Stufe berücksichtigen. Die Daten aus der dritten Runde der MICS wurden in der Folge neu berechnet. Alle nach 2010 veröffentlichten UNICEF-Publikationen gründen auf diesen überarbeiteten Schätzungen.

Tabelle 10: Gradmesser des Fortschritts

Die Sterblichkeitsrate bei Kindern unter 5 Jahren (SRUJ5) (s. S. 104 ff.) dient als zentraler Indikator des Fortschritts beim kindlichen Wohlergehen. Um 1970 starben jedes Jahr 17,3 Millionen Kinder unter 5 Jahren – im Vergleich dazu ist diese Zahl bis zum Jahr 2013 auf 6,3 Millionen Kinder signifikant gefallen.

Dieser Indikator bietet eine Reihe von Vorteilen: Zum einen liefert er ein aussagekräftigeres Bild über den Grad der Entwicklung, als es Einzelfaktoren wie Einschulungsrate, Kalorienaufnahme pro Kopf oder Zahl der Ärzte pro 1000 Einwohner vermögen. Diese Indikatoren sind letztlich nur Mittel zum Zweck. Zum anderen ist bekannt, dass die Sterblichkeitsrate bei Kindern unter 5 Jahren von einer Vielzahl von Faktoren abhängt: Der ernährungsbedingte Gesundheitszustand ist hier genauso von Bedeutung wie das Wissen der Mütter um die Gesundheit der Kinder, die Behandlung mit Antibiotika bei Lungenentzündungen, imprägnierte Moskitonetze zum Schutz vor Malaria, die Impfrate sowie die Anwendung der Oralen Rehydratationstherapie (ORT), der Zugang zu Gesundheitseinrichtungen für Mütter und Kinder (einschließlich der Schwangerschaftsvorsorge), das Einkommensniveau und die Nahrungsmittelversorgung der Familien, der Zugang zu sauberem Trinkwasser und Sanitäreinrichtungen sowie die Sicherheit des Umfelds eines Kindes insgesamt.

Schließlich ist beim Indikator SRUJ5 die Gefahr geringer, dass statistische Durchschnittswerte das Bild verfälschen. Dies ist z.B. häufig beim Bruttonationaleinkommen (BNE) pro Einwohner der Fall. Die SRUJ5 eines Landes lässt sich durch wohlhabende Minderheiten sehr viel weniger beeinflussen, das heißt, ein tausendfach höheres Einkommen führt nicht dazu, dass Kinder tausendfach bessere Überlebenschancen haben. So liefert der Indikator ein verlässlicheres, wenn auch keineswegs vollkommen lückenloses Bild des Gesundheitszustandes der Kinder und damit auch der Gesellschaft als Ganzes.

Die Fortschritte, die bei der Reduzierung der SRUJ5 gemacht werden, lassen sich als durchschnittliche jährliche Senkungsrate messen. Im Unterschied zu den absoluten Zahlen trägt diese Senkungsrate der Tatsache Rechnung, dass eine Senkung der SRUJ5 umso schwieriger wird, je niedriger das bereits erreichte Ausgangsniveau ist. Bei relativ niedrigen Ausgangswerten führt dieselbe Senkung in absoluten Zahlen dementsprechend zu einem sehr viel höheren prozentualen Rückgang. Die Senkungsrate zeigt somit z.B. bei einer Reduzierung um 10 Prozentpunkte ein sehr viel rascheres Fortschrittstempo an, wenn diese Reduzierung ausgehend von einem niedrigeren Ausgangsniveau erfolgt. Ein Rückgang der SRUJ5 um 10 Prozentpunkte von 100 im Jahr 1990 auf 90 im Jahr 2013 stellt einen Rückgang von 10 Prozent dar und entspricht einer jährlichen Senkungsrate von etwa 0,5 Prozent. Bei einem Rückgang von 20 auf 10 Prozentpunkte bewirkt dieselbe Senkung um 10 Prozentpunkte im gleichen Zeitraum eine Reduzierung von 50 Prozent oder eine Senkungsrate von 3,0 Prozent.

In Verbindung mit den Zuwachsraten des Bruttoinlandsprodukts (BIP) pro Einwohner ist die SRUJ5 zusammen mit der Rate ihrer jährlichen Senkung demzufolge ein Gradmesser der Fortschritte, die in einem bestimmten Zeitraum in einer Region oder einem Land im Hinblick auf die Befriedigung der wichtigsten menschlichen Grundbedürfnisse erzielt worden sind.

Wie Tabelle 10 zeigt, besteht kein zwingender Zusammenhang zwischen der jährlichen Senkungsrate der SRUJ5 und der jährlichen Zuwachsrate des BIP pro Einwohner. Vergleiche dieser Art können wichtige Erkenntnisse über den Zusammenhang zwischen wirtschaftlichem und sozialem Fortschritt liefern.

Schließlich führt die Tabelle auch die Fruchtbarkeitsrate in allen Ländern sowie deren durchschnittliche jährliche Senkungsrate auf. Aus diesen Angaben lässt sich ersehen, dass in vielen Ländern, in denen eine spürbare Senkung der SRUJ5 erreicht werden konnte, auch die Fruchtbarkeitsrate beträchtlich zurückgegangen ist.

Sterblichkeitsrate von Kindern unter 5 Jahren (SRUJ5)

Länder nach der Rangfolge ihrer Kindersterblichkeitsrate

In der nachfolgenden Liste werden die Länder in absteigender Reihenfolge gemäß ihrer für 2013 geschätzten Sterblichkeitsrate von Kindern unter 5 Jahren (SRUJ5) aufgeführt, einer der entscheidenden Indikatoren für das Wohlergehen von Kindern. In den nachfolgenden Tabellen sind die Länder und Gebiete alphabetisch sortiert.

Land	Sterblichkeitsrate von Kindern unter 5 Jahren Wert	Rang
Angola	167	**1**
Sierra Leone	161	**2**
Tschad	148	**3**
Somalia	146	**4**
Zentralafrikanische Republik	139	**5**
Guinea-Bissau	124	**6**
Mali	123	**7**
Kongo, Dem. Republik	119	**8**
Nigeria	117	**9**
Niger	104	**10**
Guinea	101	**11**
Elfenbeinküste	100	**12**
Südsudan	99	**13**
Burkina Faso	98	**14**
Lesotho	98	**14**
Afghanistan	97	**16**
Äquatorialguinea	96	**17**
Kamerun	95	**18**
Mauretanien	90	**19**
Simbabwe	89	**20**
Mosambik	87	**21**
Sambia	87	**21**
Pakistan	86	**23**
Benin	85	**24**
Togo	85	**24**
Burundi	83	**26**
Swasiland	80	**27**
Ghana	78	**28**
Komoren	78	**28**
Sudan	77	**30**
Gambia	74	**31**
Haiti	73	**32**
Kenia	71	**33**
Laos	71	**33**
Liberia	71	**33**
Dschibuti	70	**36**
Malawi	68	**37**
Uganda	66	**38**
Äthiopien	64	**39**
Papua-Neuguinea	61	**40**
Kiribati	58	**41**
Gabun	56	**42**
Madagaskar	56	**42**
Senegal	55	**44**
Timor-Leste	55	**44**
Turkmenistan	55	**44**
Indien	53	**47**
Ruanda	52	**48**
Tansania	52	**48**
Jemen	51	**50**
Myanmar	51	**50**
São Tomé und Príncipe	51	**50**
Eritrea	50	**53**

Land	Sterblichkeitsrate von Kindern unter 5 Jahren Wert	Rang
Namibia	50	**53**
Kongo, Republik	49	**55**
Tadschikistan	48	**56**
Botsuana	47	**57**
Südafrika	44	**58**
Usbekistan	43	**59**
Bangladesch	41	**60**
Nepal	40	**61**
Bolivien	39	**62**
Kambodscha	38	**63**
Marshallinseln	38	**63**
Guyana	37	**65**
Nauru	37	**65**
Bhutan	36	**67**
Mikronesien	36	**67**
Aserbaidschan	34	**69**
Irak	34	**69**
Mongolei	32	**71**
Guatemala	31	**72**
Marokko	30	**73**
Philippinen	30	**73**
Salomonen	30	**73**
Indonesien	29	**76**
Tuvalu	29	**76**
Dominikanische Republik	28	**78**
Korea, Dem. Volksrepublik	27	**79**
Kap Verde	26	**80**
Algerien	25	**81**
Niue (Neuseeland)	25	**81**
Fidschi	24	**83**
Kirgisistan	24	**83**
Nicaragua	24	**83**
Vietnam	24	**83**
Ecuador	23	**87**
Suriname	23	**87**
Ägypten	22	**89**
Honduras	22	**89**
Palästina	22	**89**
Paraguay	22	**89**
Trinidad und Tobago	21	**93**
Jordanien	19	**94**
St. Vincent und die Grenadinen	19	**94**
Türkei	19	**94**
Palau	18	**97**
Panama	18	**97**
Samoa	18	**97**
Belize	17	**100**
Iran	17	**100**
Jamaika	17	**100**
Kolumbien	17	**100**
Peru	17	**100**
Vanuatu	17	**100**
Armenien	16	**106**
El Salvador	16	**106**
Kasachstan	16	**106**
Saudi-Arabien	16	**106**
Albanien	15	**110**
Libyen	15	**110**
Mexiko	15	**110**
Moldau	15	**110**
St. Lucia	15	**110**
Syrien	15	**110**
Tunesien	15	**110**
Venezuela	15	**110**
Barbados	14	**118**
Brasilien	14	**118**
Mauritius	14	**118**
Seychellen	14	**118**
Argentinien	13	**122**
Bahamas	13	**122**
China	13	**122**
Georgien	13	**122**
Thailand	13	**122**
Bulgarien	12	**127**

Land	Sterblichkeitsrate von Kindern unter 5 Jahren Wert	Rang
Grenada	12	**127**
Rumänien	12	**127**
Tonga	12	**127**
Dominica	11	**131**
Oman	11	**131**
Uruguay	11	**131**
Brunei Darussalam	10	**134**
Costa Rica	10	**134**
Kuwait	10	**134**
Malediven	10	**134**
Russische Föderation	10	**134**
Sri Lanka	10	**134**
St. Kitts und Nevis	10	**134**
Ukraine	10	**134**
Antigua und Barbuda	9	**142**
Cookinseln (Neuseeland)	9	**142**
Libanon	9	**142**
Malaysia	9	**142**
Chile	8	**146**
Katar	8	**146**
Lettland	8	**146**
Ver. Arabische Emirate	8	**146**
Bosnien und Herzegowina	7	**150**
Mazedonien	7	**150**
Serbien	7	**150**
Slowakei	7	**150**
Ver. Staaten von Amerika	7	**150**
Bahrain	6	**155**
Kuba	6	**155**
Malta	6	**155**
Neuseeland	6	**155**
Ungarn	6	**155**
Großbritannien	5	**160**
Kanada	5	**160**
Kroatien	5	**160**
Litauen	5	**160**
Montenegro	5	**160**
Polen	5	**160**
Weißrussland	5	**160**
Australien	4	**167**
Belgien	4	**167**
Dänemark	4	**167**
Deutschland	4	**167**
Frankreich	4	**167**
Griechenland	4	**167**
Irland	4	**167**
Israel	4	**167**
Italien	4	**167**
Korea, Republik	4	**167**
Monaco	4	**167**
Niederlande	4	**167**
Österreich	4	**167**
Portugal	4	**167**
Schweiz	4	**167**
Spanien	4	**167**
Tschechische Republik	4	**167**
Zypern	4	**167**
Andorra	3	**185**
Estland	3	**185**
Finnland	3	**185**
Japan	3	**185**
Norwegen	3	**185**
San Marino	3	**185**
Schweden	3	**185**
Singapur	3	**185**
Slowenien	3	**185**
Island	2	**194**
Luxemburg	2	**194**
Liechtenstein	–	**–**
Vatikanstadt	–	**–**

Entwicklung der Sterblichkeitsrate von Kindern unter 5 Jahren

	Sterblichkeitsrate von Kindern unter 5 Jahren (SRUJ5) (pro 1000 Lebendgeburten)									
Weltregionen	**1970**	**1975**	**1980**	**1985**	**1990**	**1995**	**2000**	**2005**	**2010**	**2013**
Afrika südlich der Sahara	246	219	201	187	179	172	156	129	103	92
Östliches und südliches Afrika	212	193	188	174	165	157	140	112	85	74
West- und Zentralafrika	279	249	220	205	197	190	175	149	122	109
Naher Osten und Nordafrika	205	165	126	90	70	60	50	42	34	31
Südasien	213	195	171	149	129	112	94	77	64	57
Ostasien und Pazifik	117	94	76	63	58	51	41	30	23	19
Lateinamerika und Karibik	119	102	84	68	54	43	32	25	23	18
Mittel- und Osteuropa, GUS	97	74	69	56	47	48	37	29	22	20
Am wenigsten entwick. Länder	243	230	211	190	174	158	139	113	91	80
Welt	**147**	**129**	**117**	**100**	**90**	**85**	**76**	**63**	**51**	**46**

	Sterblichkeitsrate von Kindern unter 5 Jahren (SRUJ5) (in Millionen)									
Weltregionen	**1970**	**1975**	**1980**	**1985**	**1990**	**1995**	**2000**	**2005**	**2010**	**2013**
Afrika südlich der Sahara	3,2	3,2	3,4	3,6	3,8	4,0	4,1	3,8	3,3	3,1
Östliches und südliches Afrika	1,3	1,4	1,5	1,6	1,7	1,7	1,8	1,5	1,3	1,1
West- und Zentralafrika	1,7	1,8	1,8	1,9	2,0	2,2	2,2	2,1	2,0	1,9
Naher Osten und Nordafrika	1,3	1,1	1,0	0,8	0,6	0,5	0,4	0,4	0,3	0,3
Südasien	5,9	5,7	5,6	5,1	4,7	4,0	3,5	2,8	2,2	2,0
Ostasien und Pazifik	4,8	3,6	2,4	2,5	2,5	1,6	1,2	0,9	0,7	0,6
Lateinamerika und Karibik	1,2	1,1	1,0	0,8	0,6	0,5	0,4	0,3	0,2	0,2
Mittel- und Osteuropa, GUS	0,6	0,5	0,5	0,4	0,4	0,3	0,2	0,2	0,1	0,1
Am wenigsten entwick. Länder	3,3	3,5	3,6	3,6	3,6	3,5	3,4	2,9	2,5	2,3
Welt	**17,3**	**15,5**	**13,9**	**13,3**	**12,7**	**10,9**	**9,7**	**8,2**	**6,9**	**6,3**

Tabellen

Tabelle 1: Grundindikatoren

	Sterblichkeitsrate von Kindern unter 5 Jahren (SRUJ5)			SRUJ5 nach Geschlecht 2013		Säuglings-sterblichkeitsrate (SSR)		Neugeborenen-sterblichkeitsrate 2013
	Rang	1990	2013	männl.	weibl.	1990	2013	2013
Afghanistan	16	179	97	101	94	121	70	36
Ägypten	89	85	22	23	21	63	19	12
Albanien	110	41	15	16	13	35	13	7
Algerien	81	47	25	26	24	40	22	14
Andorra	185	9	3	3	3	8	2	1
Angola	1	226	167	175	159	133	102	47
Antigua und Barbuda	142	26	9	10	8	23	8	5
Äquatorialguinea	17	184	96	101	90	124	69	33
Argentinien	122	28	13	15	12	24	12	7
Armenien	106	50	16	17	14	42	14	10
Aserbaidschan	69	95	34	37	31	75	30	16
Äthiopien	39	205	64	70	58	122	44	28
Australien	167	9	4	4	4	8	3	2
Bahamas	122	24	13	14	12	20	10	7
Bahrain	155	23	6	6	6	20	5	2
Bangladesch	60	144	41	44	38	100	33	24
Barbados	118	18	14	16	13	16	13	8
Belgien	167	10	4	5	4	8	4	2
Belize	100	40	17	18	15	32	14	8
Benin	24	179	85	89	81	108	56	27
Bhutan	67	134	36	40	33	93	30	18
Bolivien	62	123	39	43	35	85	31	18
Bosnien und Herzegowina	150	18	7	7	6	16	6	4
Botsuana	57	50	47	50	43	39	36	25
Brasilien	118	62	14	15	12	51	12	8
Brunei Darussalam	134	12	10	11	9	9	8	5
Bulgarien	127	22	12	13	10	18	10	6
Burkina Faso	14	202	98	103	92	103	64	27
Burundi	26	171	83	89	77	103	55	30
Chile	146	19	8	9	7	16	7	5
China	122	54	13	14	12	42	11	8
Cookinseln (Neuseeland)	142	24	9	10	8	21	8	5
Costa Rica	134	17	10	11	9	14	8	6
Dänemark	167	9	4	4	3	7	3	2
Deutschland	167	9	4	4	4	7	3	2
Dominica	131	17	11	12	10	14	10	8
Dominikanische Republik	78	60	28	31	25	46	24	16
Dschibuti	36	119	70	76	63	92	57	31
Ecuador	87	57	23	25	20	44	19	11
Elfenbeinküste	12	152	100	109	91	104	71	38
El Salvador	106	60	16	17	14	46	14	7

Gesamt-bevöl-kerung in Tsd. 2013	Anzahl der Geburten in Tsd. 2013	Anzahl der Sterbefälle bei Kindern unter 5 Jahren in Tsd. 2013	BNE pro Einw. in US-$ 2013	Lebens-erwartung bei der Geburt in Jahren 2013	Alphabeti-sierungs-rate von Erwachs. in % (2009–2013*)	Einschulungs-rate in der Grundschule in % (bereinigt) (2009–2013*)
30 552	1 042	100	700	61	32	–
82 056	1 901	42	3 160	71	74	97
3 173	41	1	4 700	77	97	–
39 208	952	25	5 290	71	73 x	99
79	–	0	d	–	–	–
21 472	949	153	5 010	52	71	86
90	1	0	12 910	76	99	85
757	27	2	14 320	53	95	62
41 446	694	9	c	76	98	–
2 977	41	1	3 790	75	100	–
9 413	167	6	7 350	71	100	89
94 101	3 113	196	470	64	39 x	–
23 343	308	1	65 520	82	–	97
377	6	0	20 600 x	75	–	98
1 332	20	0	19 560 x	77	95	–
156 595	3 138	129	900	71	59	96
285	4	0	15 080 x	75	–	97
11 104	129	1	45 210	81	–	99
332	8	0	4 660	74	–	99
10 323	376	31	790	59	29 x	95
754	15	1	2 460	68	53 x	92
10 671	275	10	2 550	67	94	87
3 829	34	0	4 740	76	98	–
2 021	48	2	7 730	48	87	84
200 362	2 995	41	11 690	74	91	–
418	6	0	d	79	95	96
7 223	69	1	7 030	74	98	96
16 935	693	64	670	56	29 x	67
10 163	455	35	280	54	87 x	94
17 620	245	2	15 230	80	99	93
1 385 567	18 440	236	6 560	75	95	100 z
21	–	0	–	–	–	97
4 872	74	1	9 550	80	97	93
5 619	64	0	61 110	79	–	98
82 727	702	3	46 100	81	–	100
72	–	0	6 760	–	–	96
10 404	217	6	5 620	73	90	89
873	24	2	b	62	–	58
15 738	328	7	5 510	76	93	97
20 316	745	72	1 380	51	41	62
6 340	128	2	3 720	73	85	95

	Sterblichkeitsrate von Kindern unter 5 Jahren (SRUJ5)			SRUJ5 nach Geschlecht 2013		Säuglings-sterblichkeitsrate (SSR)		Neugeborenen-sterblichkeitsrate
	Rang	1990	2013	männl.	weibl.	1990	2013	2013
Eritrea	53	151	50	55	45	93	36	18
Estland	185	20	3	4	3	17	3	2
Fidschi	83	30	24	26	21	25	20	10
Finnland	185	7	3	3	2	6	2	1
Frankreich	167	9	4	5	4	7	4	2
Gabun	42	93	56	61	51	60	39	23
Gambia	31	170	74	79	69	80	49	28
Georgien	122	47	13	15	11	41	12	10
Ghana	28	128	78	84	72	80	52	29
Grenada	127	22	12	13	11	18	11	6
Griechenland	167	13	4	5	4	11	4	3
Großbritannien	160	9	5	5	4	8	4	3
Guatemala	72	81	31	34	28	60	26	15
Guinea	11	238	101	106	95	140	65	33
Guinea-Bissau	6	225	124	133	114	133	78	44
Guyana	65	61	37	41	32	47	30	20
Haiti	32	145	73	79	67	100	55	25
Honduras	89	59	22	25	20	46	19	12
Indien	47	126	53	51	55	88	41	29
Indonesien	76	84	29	33	26	62	25	14
Irak	69	53	34	37	31	42	28	19
Iran	100	57	17	18	16	44	14	10
Irland	167	9	4	4	3	8	3	2
Island	194	6	2	2	2	5	2	1
Israel	167	12	4	4	4	10	3	2
Italien	167	10	4	4	3	8	3	2
Jamaika	100	30	17	19	15	25	14	10
Japan	185	6	3	3	3	5	2	1
Jemen	50	125	51	55	47	88	40	24
Jordanien	94	37	19	20	18	30	16	11
Kambodscha	63	118	38	42	33	86	33	18
Kamerun	18	136	95	101	88	85	61	28
Kanada	160	8	5	6	5	7	5	3
Kap Verde	80	63	26	28	23	48	22	11
Kasachstan	106	53	16	19	14	45	15	9
Katar	146	21	8	9	7	18	7	4
Kenia	33	99	71	75	66	64	48	26
Kirgisistan	83	66	24	27	21	55	22	13
Kiribati	41	95	58	63	53	69	45	22
Kolumbien	100	35	17	19	15	29	15	10
Komoren	28	125	78	83	72	88	58	31
Kongo, Dem. Republik	8	176	119	126	111	115	86	38
Kongo, Republik	55	92	49	53	45	60	36	19
Korea, Dem. Volksrepublik	79	43	27	30	24	33	22	15

Gesamt- bevöl- kerung in Tsd. 2013	Anzahl der Geburten in Tsd. 2013	Anzahl der Sterbefälle bei Kindern unter 5 Jahren in Tsd. 2013	BNE pro Einw. in US-$ 2013	Lebens- erwartung bei der Geburt in Jahren 2013	Alphabeti- sierungs- rate von Erwachs. in % (2009–2013*)	Einschulungs- rate in der Grundschule in % (bereinigt) (2009–2013*)
6 333	233	11	490	63	70	34
1 287	14	0	17 370	74	100	97
881	18	0	4 430	70	–	99
5 426	61	0	47 110	81	–	99
64 291	792	3	42 250	82	–	99
1 672	53	3	10 650	63	82	–
1 849	79	6	510	59	52	74
4 341	58	1	3 570	74	100	99
25 905	800	62	1 760	61	71	82
106	2	0	7 460	73	–	97
11 128	108	0	22 530	81	97	100
63 136	770	4	39 110	81	–	100
15 468	480	15	3 340	72	78	95
11 745	434	42	460	56	25	76
1 704	64	7	520	54	57	71
800	16	1	3 750	66	85	75
10 317	265	19	810	63	49 x	–
8 098	209	5	2 180	74	85	94
1 252 140	25 595	1 340	1 570	66	63 x	99
249 866	4 691	136	3 580	71	93	95
33 765	1 052	35	6 710	69	79	–
77 447	1 455	25	5 780	74	84	100
4 627	71	0	39 110 x	81	–	100
330	5	0	43 930	82	–	99
7 733	157	1	34 120	82	98	97
60 990	560	2	34 400	82	99	99
2 784	50	1	5 220	74	87	–
127 144	1 062	3	46 140	84	–	100
24 407	760	38	1 330	63	66	87
7 274	193	4	4 950	74	98	97
15 135	389	14	950	72	74	98
22 254	831	75	1 270	55	71	92
35 182	396	2	52 200	81	–	–
499	10	0	3 630	75	85	97
16 441	337	5	11 380	67	100	99
2 169	23	0	85 550	78	97	–
44 354	1 550	106	930	62	72 x	83
5 548	151	4	1 200	68	99	98
102	2	0	2 620	69	–	–
48 321	907	15	7 560	74	94	86
735	26	2	880	61	76	–
67 514	2 889	320	400	50	61 x	–
4 448	167	8	2 660	59	79	92
24 895	358	10	a	70	100 x	–

	Sterblichkeitsrate von Kindern unter 5 Jahren (SRUJ5)			SRUJ5 nach Geschlecht 2013		Säuglingssterblichkeitsrate (SSR)		Neugeborenensterblichkeitsrate 2013
	Rang	1990	2013	männl.	weibl.	1990	2013	2013
Korea, Republik	167	7	4	4	3	6	3	2
Kroatien	160	13	5	5	4	11	4	3
Kuba	155	13	6	7	5	11	5	3
Kuwait	134	17	10	10	9	14	8	5
Laos	33	162	71	77	65	111	54	29
Lesotho	14	86	98	105	91	70	73	44
Lettland	146	20	8	9	8	17	7	5
Libanon	142	32	9	10	9	27	8	5
Liberia	33	248	71	76	66	165	54	26
Libyen	110	42	15	16	13	36	12	9
Liechtenstein	–	–	–	–	–	–	–	–
Litauen	160	17	5	5	4	13	4	3
Luxemburg	194	9	2	2	2	7	2	1
Madagaskar	42	161	56	60	52	98	40	21
Malawi	37	245	68	72	63	143	44	23
Malaysia	142	17	9	9	8	14	7	4
Malediven	134	94	10	11	9	68	8	6
Mali	7	254	123	129	117	131	78	40
Malta	155	11	6	7	6	10	5	4
Marokko	73	81	30	34	27	64	26	18
Marshallinseln	63	50	38	42	33	39	31	16
Mauretanien	19	118	90	98	82	78	67	35
Mauritius	118	23	14	16	13	20	13	9
Mazedonien	150	37	7	7	6	33	6	4
Mexiko	110	46	15	16	13	37	13	7
Mikronesien	67	55	36	40	33	43	30	16
Moldau	110	32	15	17	14	27	13	8
Monaco	167	8	4	4	3	6	3	2
Mongolei	71	108	32	38	26	77	26	13
Montenegro	160	17	5	6	5	15	5	4
Mosambik	21	237	87	92	82	158	62	30
Myanmar	50	109	51	55	45	78	40	26
Namibia	53	74	50	54	46	50	35	22
Nauru	65	58	37	40	33	45	30	20
Nepal	61	142	40	42	37	99	32	23
Neuseeland	155	11	6	7	6	9	5	3
Nicaragua	83	67	24	26	21	51	20	12
Niederlande	167	8	4	4	4	7	3	3
Niger	10	327	104	108	100	138	60	28
Nigeria	9	213	117	124	111	126	74	37
Niue (Neuseeland)	81	14	25	27	22	12	21	12
Norwegen	185	9	3	3	2	7	2	2
Oman	131	39	11	12	10	32	10	7
Österreich	167	10	4	4	3	8	3	2

Gesamt-bevölkerung in Tsd. 2013	Anzahl der Geburten in Tsd. 2013	Anzahl der Sterbefälle bei Kindern unter 5 Jahren in Tsd. 2013	BNE pro Einw. in US-$ 2013	Lebens-erwartung bei der Geburt in Jahren 2013	Alphabeti-sierungs-rate von Erwachs. in % (2009–2013*)	Einschulungs-rate in der Grundschule in % (bereinigt) (2009–2013*)
49 263	472	2	25 920	82	–	99
4 290	41	0	13 330	77	99	99
11 266	107	1	5 890 x	79	100	97
3 369	69	1	44 940 x	74	96	–
6 770	181	13	1 460	68	73 x	96
2 074	57	6	1 550	49	76	82
2 050	23	0	14 060 x	72	100	98
4 822	64	1	9 870	80	90 x	96
4 294	152	10	410	61	43 x	41
6 202	129	2	c	75	90	–
37	–	–	d	–	–	99
3 017	34	0	13 820 x	72	100	98
530	6	0	71 810 x	81	–	95
22 925	797	43	440	65	64	–
16 363	652	41	270	55	61	97
29 717	525	5	10 400	75	93	–
345	8	0	5 600	78	98 x	95
15 302	723	82	670	55	34	73
429	4	0	19 730 x	80	92 x	95
33 008	750	24	3 030	71	67	97
53	–	0	4 200	–	–	100
3 890	133	12	1 060	62	46 x	70
1 244	14	0	9 300	74	89	98
2 107	23	0	4 800	75	98	92
122 332	2 252	33	9 940	78	94	98
104	2	0	3 430	69	–	–
3 487	42	1	2 460	69	99	91
38	–	0	d	–	–	–
2 839	64	2	3 770	68	98	98
621	7	0	7 260	75	98	98
25 834	1 005	83	590	50	51	86
53 259	917	46	a	65	93	–
2 303	60	3	5 840	64	76 x	89
10	–	0	–	–	–	76
27 797	584	23	730	68	57	98
4 506	62	0	35 520 x	81	–	99
6 080	138	3	1 780	75	78 x	93
16 759	179	1	47 440	81	–	99
17 831	890	86	410	58	15	64
173 615	7 173	804	2 760	53	51 x	66
1	–	0	–	–	–	–
5 043	63	0	102 610	82	–	99
3 632	74	1	25 250 x	77	87	97
8 495	81	0	48 590	81	–	–

	Sterblichkeitsrate von Kindern unter 5 Jahren (SRUJ5)			SRUJ5 nach Geschlecht 2013		Säuglingssterblichkeitsrate (SSR)		Neugeborenensterblichkeitsrate
	Rang	1990	2013	männl.	weibl.	1990	2013	2013
Pakistan	23	139	86	89	82	106	69	42
Palästina	89	43	22	24	20	35	19	12
Palau	97	36	18	19	16	31	15	9
Panama	97	31	18	20	16	26	15	8
Papua-Neuguinea	40	89	61	66	57	65	47	24
Paraguay	89	46	22	24	20	37	19	12
Peru	100	80	17	18	15	57	13	8
Philippinen	73	59	30	33	26	41	24	14
Polen	160	17	5	6	5	15	5	3
Portugal	167	15	4	4	3	12	3	2
Ruanda	48	152	52	56	48	93	37	20
Rumänien	127	38	12	13	11	31	11	7
Russische Föderation	134	26	10	11	9	22	9	5
Salomonen	73	39	30	33	27	32	25	13
Sambia	21	193	87	93	82	115	56	29
Samoa	97	31	18	20	16	26	16	8
San Marino	185	11	3	3	3	10	3	1
São Tomé und Príncipe	50	110	51	55	47	70	37	19
Saudi-Arabien	106	44	16	17	14	35	13	9
Schweden	185	7	3	3	3	6	2	2
Schweiz	167	8	4	5	4	7	4	3
Senegal	44	141	55	60	50	71	44	23
Serbien	150	28	7	7	6	24	6	4
Seychellen	118	17	14	15	13	14	12	9
Sierra Leone	2	268	161	169	152	158	107	44
Simbabwe	20	75	89	95	82	50	55	39
Singapur	185	8	3	3	3	6	2	1
Slowakei	150	18	7	8	6	16	6	4
Slowenien	185	10	3	3	3	9	2	2
Somalia	4	180	146	152	139	108	90	46
Spanien	167	11	4	4	4	9	4	3
Sri Lanka	134	21	10	10	9	18	8	6
St. Kitts und Nevis	134	29	10	11	9	23	8	7
St. Lucia	110	23	15	16	13	19	13	9
St. Vincent u. d. Grenadinen	94	25	19	21	17	21	17	12
Südafrika	58	61	44	48	39	47	33	15
Sudan	30	128	77	81	71	80	51	30
Südsudan	13	253	99	104	94	150	64	39
Suriname	87	48	23	25	20	41	20	12
Swasiland	27	74	80	85	75	55	56	30
Syrien	110	37	15	16	13	30	12	8
Tadschikistan	56	108	48	53	42	85	41	22
Tansania	48	167	52	55	48	101	36	21
Thailand	122	37	13	15	11	30	11	8

Gesamtbevölkerung in Tsd. 2013	Anzahl der Geburten in Tsd. 2013	Anzahl der Sterbefälle bei Kindern unter 5 Jahren in Tsd. 2013	BNE pro Einw. in US-$ 2013	Lebenserwartung bei der Geburt in Jahren 2013	Alphabetisierungsrate von Erwachs. in % (2009–2013*)	Einschulungsrate in der Grundschule in % (bereinigt) (2009–2013*)
182 143	4 599	394	1 380	67	55	72
4 326	132	3	2 810 x	73	96	93
21	–	0	10 970	–	100	–
3 864	75	1	10 700	78	94	92
7 321	212	13	2 010	62	63	87
6 802	162	3	4 040	72	94	83
30 376	599	10	6 390	75	94	96
98 394	2 404	71	3 270	69	95 x	89
38 217	413	2	12 960	76	100	97
10 608	92	0	20 670	80	94	99
11 777	414	22	620	64	66	99
21 699	223	3	9 060	74	99	86
142 834	1 686	17	13 860	68	100	97
561	17	1	1 610	68	–	–
14 539	625	51	1 480	58	61 x	98
190	5	0	3 430	73	99	96
31	–	0	d	–	–	93
193	7	0	1 470	66	70 x	97
28 829	561	9	26 200	75	94	94
9 571	115	0	59 130	82	–	99
8 078	84	0	80 950 x	83	–	99
14 133	534	29	1 070	63	52	79
9 511	93	1	5 730	74	98	93
93	2	0	12 530	73	92	94
6 092	223	34	680	46	44	–
14 150	446	39	820	60	84	–
5 412	54	0	54 040	82	96	–
5 450	58	0	17 200 x	75	–	–
2 072	21	0	22 830 x	80	100	98
10 496	461	65	a	55	–	–
46 927	488	2	29 180	82	98	100
21 273	380	4	3 170	74	91	94
54	–	0	13 460	–	–	84
182	3	0	7 090	75	–	83
109	2	0	6 580	72	–	99
52 776	1 099	47	7 190	57	94	90
37 964	1 275	94	1 130	62	73	52
11 296	406	39	1 120	55	–	41
539	10	0	9 260	71	95	92
1 250	37	3	3 080	49	83	–
21 898	532	8	b	75	85	99
8 208	271	13	990	67	100	99
49 253	1 931	95	630	62	68	98 x
67 011	687	9	5 370	74	96	96

	Sterblichkeitsrate von Kindern unter 5 Jahren (SRUJ5)			SRUJ5 nach Geschlecht 2013		Säuglingssterblichkeitsrate (SSR)		Neugeborenensterblichkeitsrate 2013
	Rang	1990	2013	männl.	weibl.	1990	2013	
Timor-Leste	44	172	55	59	50	130	46	24
Togo	24	146	85	91	78	90	56	30
Tonga	127	23	12	13	11	19	10	6
Trinidad und Tobago	93	31	21	23	19	27	19	15
Tschad	3	215	148	155	140	116	89	40
Tschechische Republik	167	15	4	4	3	13	3	2
Tunesien	110	52	15	16	14	41	13	9
Türkei	94	74	19	21	17	56	17	11
Turkmenistan	44	91	55	63	47	73	47	23
Tuvalu	76	57	29	32	26	44	24	13
Uganda	38	179	66	72	60	107	44	22
Ukraine	134	20	10	11	9	17	9	5
Ungarn	155	19	6	6	6	17	5	4
Uruguay	131	23	11	12	10	20	10	6
Usbekistan	59	71	43	48	37	59	37	14
Vanuatu	100	33	17	19	15	27	15	9
Vatikanstadt	–	–	–	–	–	–	–	–
Venezuela	110	30	15	17	13	25	13	8
Ver. Arabische Emirate	146	17	8	9	7	14	7	5
Ver. Staaten von Amerika	150	11	7	8	6	9	6	4
Vietnam	83	51	24	27	20	37	19	13
Weißrussland	160	17	5	6	4	14	4	2
Zentralafrikanische Republik	5	177	139	145	132	115	96	43
Zypern	167	11	4	4	3	10	3	2
Weltregionen								
Afrika südlich der Sahara		179	92	98	86	107	61	31
Östliches und südliches Afrika		165	74	79	69	102	50	27
West- und Zentralafrika		197	109	116	103	115	72	35
Naher Osten und Nordafrika		70	31	33	28	52	24	15
Südasien		129	57	56	57	92	45	30
Ostasien und Pazifik		58	19	21	17	44	16	10
Lateinamerika und Karibik		54	18	20	16	43	15	9
Mittel- und Osteuropa, GUS		47	20	22	17	38	17	9
Am wenigsten entwickelte Länder		174	80	85	75	108	55	29
Welt		90	46	47	44	63	34	20

Definitionen der Weltregionen s. Seite 255 f.

* Werte beziehen sich auf die neuesten verfügbaren Daten aus dem genannten Zeitraum.

a 1 045 US-$ oder niedriger

b zwischen 1 046 und 4 125 US-$

c zwischen 4 126 und 12 745 US-$

d 12 746 US-$ oder mehr

Gesamtbevölkerung in Tsd. 2013	Anzahl der Geburten in Tsd. 2013	Anzahl der Sterbefälle bei Kindern unter 5 Jahren in Tsd. 2013	BNE pro Einw. in US-$ 2013	Lebenserwartung bei der Geburt in Jahren 2013	Alphabetisierungsrate von Erwachs. in % (2009–2013*)	Einschulungsrate in der Grundschule in % (bereinigt) (2009–2013*)
1 133	41	2	3 580	68	58	92
6 817	248	20	530	57	60	93 x
105	3	0	4 490	73	99 x	90
1 341	19	0	15 760	70	99	99
12 825	590	82	1 020	51	37	64
10 702	118	0	18 060	78	–	–
10 997	190	3	4 360	76	80	100
74 933	1 261	25	10 950	75	95	95
5 240	112	6	6 880	65	100	–
10	–	0	6 630	–	–	–
37 579	1 626	102	510	59	73	91
45 239	490	5	3 960	69	100	98
9 955	98	1	12 410 x	75	99	97
3 407	49	1	15 180	77	98	100
28 934	622	26	1 900	68	99	91
253	7	0	3 130	72	83	–
1	–	–	–	–	–	–
30 405	601	9	12 550	75	96	94
9 346	132	1	38 620 x	77	90 x	98
320 051	4 230	29	53 670	79	–	93
91 680	1 424	33	1 730	76	94	98
9 357	103	1	6 720	70	100	94
4 616	158	21	320	50	37	72
1 141	13	0	26 390 x	80	99	98
937 495	35 302	3 113	1 665	57	59	78
453 128	16 005	1 144	1 719	59	66	85
445 530	17 998	1 874	1 657	54	50	73
432 925	10 288	314	6 254	71	79	91
1 671 598	35 361	1 991	1 478	67	61	94
2 090 990	30 918	594	6 343	74	95	95
611 263	10 920	196	9 445	75	92	94
409 403	5 871	114	9 395	70	99	95
898 242	29 626	2 275	848	62	59	82
7 122 691	138 740	6 285	10 449	71	84	91

Definitionen s. Seite 257 ff., Hauptquellen s. Seite 265 ff.

x Daten beziehen sich auf andere Jahre oder Zeiträume. Diese Werte werden nicht bei der Berechnung der regionalen und globalen Werte berücksichtigt.

z Daten stammen vom chinesischen Bildungsministerium.

– keine Daten verfügbar

Tabelle 2: Ernährung

	Anteil der Kinder in % (2009–2013*)					
	mit niedrigem Geburtsgewicht	die unmittelbar nach der Geburt zum ersten Mal gestillt wurden	die im Alter bis zu 6 M. ausschließlich gestillt wurden	die im Alter von 6–8 M. Zusatznahrung erhielten	die im Alter von 6–23 M. ausreichend vielfältige Mahlzeiten erhielten	die im Alter von 20–23 M. noch gestillt wurden
Afghanistan	–	54	–	–	–	54 x
Ägypten	13 x	56 x	53 x	69 x	–	35 x
Albanien	–	43	39	78	–	31
Algerien	6 x	50 x	7 x	–	–	22 x
Andorra	–	–	–	–	–	–
Angola	12 x	55 x	–	–	–	–
Antigua und Barbuda	6	–	–	–	–	–
Äquatorialguinea	13 x	21	7	76	11	5
Argentinien	7	53	33	93	–	29
Armenien	8	36	35	75	32	23
Aserbaidschan	10 x	32 x	12 x	83 x	–	16 x
Äthiopien	20 x	52	52	49	4	82
Australien	6	–	–	–	–	–
Bahamas	12	–	–	–	–	–
Bahrain	10	–	–	–	–	–
Bangladesch	22 x	47	64	62	21	90
Barbados	12	40	20	–	–	–
Belgien	7	–	–	–	–	–
Belize	11	62	15	69	–	35
Benin	15 x	50	33	59	16	68
Bhutan	10	59	49	67	–	66
Bolivien	6 x	64 x	60 x	83 x	–	40 x
Bosnien und Herzegowina	5	42	19	71	–	12
Botsuana	13 x	40 x	20 x	–	–	6 x
Brasilien	9	43 x	39 x	94 x	–	26 x
Brunei Darussalam	12	–	–	–	–	–
Bulgarien	9	–	–	–	–	–
Burkina Faso	14	42	38	57	3	80
Burundi	13	74	69	70	9	79
Chile	6	–	–	–	–	–
China	–	41 x	28 x	–	–	9 x
Cookinseln (Neuseeland)	–	–	–	–	–	–
Costa Rica	7	60	33	86	–	28
Dänemark	5	–	–	–	–	–
Deutschland	7	–	–	–	–	–
Dominica	11	–	–	–	–	–
Dominikanische Republik	11 x	65 x	7	81 x	–	14
Dschibuti	10 x	55 x	1 x	35 x	–	18 x
Ecuador	9	55	40 x	74	–	19
Elfenbeinküste	17 x	31	12	64	5	38
El Salvador	9	33 x	31 x	–	–	54 x
Eritrea	14 x	93	69	40 x	29 y	73

Anteil der Kinder unter 5 Jahren in %, die an ernährungsbedingten Störungen leiden (2009–2013*) (WHO)				Anteil der Kinder (6–59 M.) in %, die 2013 zweimal Vitamin A erhielten▲	Anteil der Haushalte in %, die jodiertes Salz verwenden (2009–2013*)
Untergewicht	Unterentwicklung	Auszehrung	Übergewicht		
moderat u. stark[1]					
33 x	59 x	9 x	5 x	97	20
7 x	31 x	8 x	21 x	–	78 x
6	23	9	23	–	75
4 x	16 x	4 x	13 x	–	61 x
–	–	–	–	–	–
16 x	29 x	8 x	–	48	45 x
–	–	–	–	–	–
6	26	3	10	–	– f
2 x	8 x	1 x	10 x	–	–
5	21	4	17	–	97 x
8 x	27 x	7 x	14 x	87 w	54 x
29	44	10	2	79	20 x,f
–	–	–	–	–	–
–	–	–	–	–	–
–	–	–	–	–	–
37	41	16	2	97	58
–	–	–	–	–	17
–	–	–	–	–	–
6	19	3	8	–	–
20 x	45 x	8 x	11 x	99	86
13	34	6	8	45	– f
5 x	27 x	1 x	9 x	40	– f
2	9	2	17	–	62 x,y
11 x	31 x	7 x	11 x	83	65 x
2 x	7 x	2 x	7 x	–	96 x
–	–	–	–	–	–
2 x	9 x	3 x	14 x	–	92
24	33	11	–	99	34 x,f
29	58	6	3	75	– f
1	2	0	10	–	–
3	9	2	7	–	97 y
–	–	–	–	–	–
1	6	1	8	–	–
–	–	–	–	–	–
1 x	1 x	1 x	4 x	–	–
–	–	–	–	–	–
3 x	10 x	2 x	8 x	–	– f
30	34	22	8	66	0 x
6	25	2	–	–	–
16	30	8	3	99	30 x,f
7 x	21 x	2 x	6 x	–	62 x
39	50	15	2	37	68 x

	Anteil der Kinder in % (2009–2013*)					
	mit niedrigem Geburtsgewicht	die unmittelbar nach der Geburt zum ersten Mal gestillt wurden	die im Alter bis zu 6 M. ausschließlich gestillt wurden	die im Alter von 6–8 M. Zusatznahrung erhielten	die im Alter von 6–23 M. ausreichend vielfältige Mahlzeiten erhielten	die im Alter von 20–23 M. noch gestillt wurden
Estland	5	–	–	–	–	–
Fidschi	10 x	57 x	40 x	–	–	–
Finnland	4	–	–	–	–	–
Frankreich	7	–	–	–	–	–
Gabun	14 x	32	6	82	4	4
Gambia	10	52	34	34	–	31
Georgien	7	69	55	–	–	17
Ghana	11	46	46	75	31	37
Grenada	9	–	–	–	–	–
Griechenland	10	–	–	–	–	–
Großbritannien	7	–	–	–	–	–
Guatemala	11	56	50	–	–	46
Guinea	12 x	17	21	43	4	66
Guinea-Bissau	11	55	38	43	–	65
Guyana	14	43	33	81	–	49
Haiti	23	47	40	87	14	31
Honduras	10	64	31	70	54	43
Indien	28 x	41 x	46 x	56 x	–	77 x
Indonesien	9 x	49	42	91	37	55
Irak	13	43	20	36	–	23
Iran	8	69	53	76	–	51
Irland	5	–	–	–	–	–
Island	4	–	–	–	–	–
Israel	8	–	–	–	–	–
Italien	7	–	–	–	–	–
Jamaika	11	65	24	55	–	31
Japan	10	–	–	–	–	–
Jemen	32	30 x	10	–	–	45
Jordanien	13 x	19	23	92	33	13
Kambodscha	11	66	74	88	24	43
Kamerun	11 x	40	20	70	–	24
Kanada	6	–	–	–	–	–
Kap Verde	6 x	73 x	60 x	–	–	13 x
Kasachstan	6	68	32	49	–	26
Katar	8	–	–	–	–	–
Kenia	8	58	32	85	–	54
Kirgisistan	6	84	56	62	16	37
Kiribati	8	–	69	–	–	82
Kolumbien	10	57	43	86	–	33
Komoren	25 x	34	12	81	6	57
Kongo, Dem. Republik	10	43	37	52	–	53
Kongo, Republik	13 x	24	21	90	–	17
Korea, Dem. Volksrepublik	6	28	69	66	–	22
Korea, Republik	4 x	–	–	–	–	–
Kroatien	5	–	–	–	–	–

Anteil der Kinder unter 5 Jahren in %, die an ernährungsbedingten Störungen leiden (2009–2013*) (WHO)				Anteil der Kinder (6–59 M.) in %, die 2013 zweimal Vitamin A erhielten▲	Anteil der Haushalte in %, die jodiertes Salz verwenden (2009–2013*)
Untergewicht	Unterentwicklung	Auszehrung	Übergewicht		
moderat u. stark[1]					
–	–	–	–	–	–
5 x	8 x	6 x	5 x	–	–
–	–	–	–	–	–
–	–	–	–	–	–
7	18	3	8	–	– f
17	23	10	2	–	22
1	11	2	20	–	100
13	23	6	3	96	35
–	–	–	–	–	–
–	–	–	–	–	–
–	–	–	–	–	–
13	48	1	5	13	– f
19	31	10	4	–	– f
18	32	6	3	97	12
11	20	5	7	–	10
12	22	5	4	13	3 x,f
7	23	1	5	59	–
44 x	48 x	20 x	2 x	53	71
20	36	14	12	82	58
9	23	7	12	–	29
4	7	4	–	–	– f
–	–	–	–	–	–
–	–	–	–	–	–
–	–	–	–	–	–
–	–	–	–	–	–
3	5	4	4	–	–
–	–	–	–	–	–
36	47	13	2	87	30 x
3	8	2	5	–	– f
29	41	11	2	90	– f
15	33	6	7	99	85
–	–	–	–	–	–
–	–	–	–	–	75 x
4	13	4	13	–	85
–	–	–	–	–	–
16	35	7	5	19	93
4	18	3	9	–	76 x
15	–	–	–	–	–
3	13	1	5	–	–
17	32	11	11	–	77 x,f
24	44	9	5	98	59
12	25	6	4	–	73 x,f
15	28	4	–	98	25
1	3	1	7	–	–
–	–	–	–	–	–

	Anteil der Kinder in % (2009–2013*)					
	mit niedrigem Geburtsgewicht	die unmittelbar nach der Geburt zum ersten Mal gestillt wurden	die im Alter bis zu 6 M. ausschließlich gestillt wurden	die im Alter von 6–8 M. Zusatznahrung erhielten	die im Alter von 6–23 M. ausreichend vielfältige Mahlzeiten erhielten	die im Alter von 20–23 M. noch gestillt wurden
Kuba	5	77	49	77	–	17
Kuwait	8	–	–	–	–	–
Laos	15	39	40	52	–	40
Lesotho	11	53	54	68	–	35
Lettland	5	–	–	–	–	–
Libanon	12	–	15	–	–	15
Liberia	14 x	67 x	55	56 x	–	44
Libyen	–	–	–	–	–	–
Liechtenstein	–	–	–	–	–	–
Litauen	5	–	–	–	–	–
Luxemburg	7	–	–	–	–	–
Madagaskar	16	66	42	90	–	83
Malawi	14	95	71	86	19	77
Malaysia	11	–	–	–	–	–
Malediven	11	64	48	91	–	68
Mali	18	57	20	27	–	46
Malta	7	–	–	–	–	–
Marokko	15 x	52 x	31 x	86 x	–	15 x
Marshallinseln	18 x	73 x	31 x	–	–	53 x
Mauretanien	35	56	27	48	–	36
Mauritius	14 x	–	21 x	–	–	–
Mazedonien	6	21	23	41	–	13
Mexiko	9	39	14	95	–	14
Mikronesien	11	–	–	–	–	–
Moldau	6	65	36	62	–	12
Monaco	6	–	–	–	–	–
Mongolei	5	71	66	66	–	65
Montenegro	5	25 x	19 x	–	–	13 x
Mosambik	17	77	43	90	13	52
Myanmar	9	76	24	76	–	65
Namibia	16 x	71 x	24 x	91 x	–	28 x
Nauru	27 x	76 x	67 x	–	–	65 x
Nepal	18	45	70	66	–	93
Neuseeland	6	–	–	–	–	–
Nicaragua	8	76 x	31 x	–	–	43 x
Niederlande	6	–	–	–	–	–
Niger	27 x	53	23	–	6	50
Nigeria	15	33	17	67	10	35
Niue (Neuseeland)	–	–	–	–	–	–
Norwegen	5	–	–	–	–	–
Oman	10	85 x	–	–	–	73 x
Österreich	7	–	–	–	–	–
Pakistan	32 x	18	38	66	15	56
Palästina	9	62	29	61	–	13
Palau	7	–	–	–	–	–

Anteil der Kinder unter 5 Jahren in %, die an ernährungsbedingten Störungen leiden (2009–2013*) (WHO)				Anteil der Kinder (6–59 M.) in %, die 2013 zweimal Vitamin A erhielten▲	Anteil der Haushalte in %, die jodiertes Salz verwenden (2009–2013*)
Untergewicht	Unterentwicklung	Auszehrung	Übergewicht		
moderat u. stark[1]					
3 x	7 x	2 x	–	–	88 x
2	4	2	10	–	–
27	44	6	2	87	– f
14	39	4	7	–	79
–	–	–	–	–	–
4 x	17 x	7 x	17 x	–	71
15	42	3	–	88	–
6 x	21 x	7 x	22 x	–	–
–	–	–	–	–	–
–	–	–	–	–	–
–	–	–	–	–	–
37 x	49	15 x	6 x	94	50
14	48	4	9	90	62
13 x	17 x	–	–	–	–
18	20	10	7	76	44 x
28 x	39 x	15 x	5 x	98	74 x
–	–	–	–	–	–
3	15	2	11	–	21 x
–	–	–	–	–	–
20	22	12	1	99	7
–	–	–	–	–	–
1	5	2	12	–	94 x,y
3	14	2	9	–	91 x
–	–	–	–	–	–
3 x	11 x	6 x	9 x	–	44
–	–	–	–	–	–
5	16	2	11	95	70
1	9	3	22	–	71 x
16	43	6	8	99	25 f
23	35	8	3	–	69
18 x	30 x	8 x	5 x	63	57 x
5 x	24 x	1 x	3 x	–	–
29	41	11	2	99	80
–	–	–	–	–	–
6 x	23 x	2 x	6 x	–	97 x
–	–	–	–	–	–
38	43	19	3	96	19
31	36	18	5	70	80
–	–	–	–	–	–
–	–	–	–	–	–
9	10	7	2	96 w	– f
–	–	–	–	–	–
32	45	11	5	–	69
4	11	3	5	–	77
–	–	–	–	0	–

	Anteil der Kinder in % (2009–2013*)					
	mit niedrigem Geburtsgewicht	die unmittelbar nach der Geburt zum ersten Mal gestillt wurden	die im Alter bis zu 6 M. ausschließlich gestillt wurden	die im Alter von 6–8 M. Zusatznahrung erhielten	die im Alter von 6–23 M. ausreichend vielfältige Mahlzeiten erhielten	die im Alter von 20–23 M. noch gestillt wurden
Panama	8	–	–	–	–	–
Papua-Neuguinea	11 x	–	56 x	–	–	72 x
Paraguay	6	47 x	24 x	–	–	14 x
Peru	7	56	72	82	–	54 y
Philippinen	21 x	54 x	34 x	90 x	–	34 x
Polen	6	–	–	–	–	–
Portugal	9	–	–	–	–	–
Ruanda	7	71	85	79	17	84
Rumänien	8	–	16 x	–	–	–
Russische Föderation	6	–	–	–	–	–
Salomonen	13 x	75 x	74 x	–	–	67 x
Sambia	11 x	57 x	61 x	94 x	–	42 x
Samoa	10	88	51	–	–	74
San Marino	10	–	–	–	–	–
São Tomé und Príncipe	10	45	51	74	–	20
Saudi-Arabien	9	–	–	–	–	–
Schweden	5	–	–	–	–	–
Schweiz	7	–	–	–	–	–
Senegal	19	48	39	67	9	51
Serbien	6	8	14	84	–	15
Seychellen	–	–	–	–	–	–
Sierra Leone	11	45	32	25	–	48
Simbabwe	11	65	31	86	11	20
Singapur	10	–	–	–	–	–
Slowakei	8	–	–	–	–	–
Slowenien	6	–	–	–	–	–
Somalia	–	26 x	9 x	16 x	–	35 x
Spanien	8	–	–	–	–	–
Sri Lanka	17 x	80 x	76 x	–	–	84 x
St. Kitts und Nevis	10	–	–	–	–	–
St. Lucia	10	50	–	–	–	–
St. Vincent u. d. Grenadinen	11	–	–	–	–	–
Südafrika	–	61 x	8 x	–	–	31 x
Sudan	–	–	41	51	–	40
Südsudan	–	48	45	21	–	38
Suriname	14	45	3	47	–	15
Swasiland	9	55	44	66	–	11
Syrien	10	46	43	–	–	25
Tadschikistan	10 x	50	34	49	20	50
Tansania	8	49	50	92	–	51
Thailand	11	46	12	75	–	18
Timor-Leste	12 x	82	52	82	–	33
Togo	11	46	62	44	–	64
Tonga	–	79	52	–	–	30
Trinidad und Tobago	12	41 x	13 x	83 x	–	22 x

Anteil der Kinder unter 5 Jahren in %, die an ernährungsbedingten Störungen leiden (2009–2013*) (WHO)				Anteil der Kinder (6–59 M.) in %, die 2013 zweimal Vitamin A erhielten▲	Anteil der Haushalte in %, die jodiertes Salz verwenden (2009–2013*)
Untergewicht	Unterentwicklung	Auszehrung	Übergewicht		
moderat u. stark[1]					
4 x	19 x	1 x	–	–	–
28	50	14	14	–	92 x
3 x	18 x	1 x	7 x	–	93 y
4	18	1	7	–	88
20	30	8	5	89	45 x
–	–	–	–	–	–
–	–	–	–	–	–
12	44	3	7	0	87 x,f
4 x	13 x	4 x	8 x	–	74 x
–	–	–	–	–	– f
12 x	33 x	4 x	3 x	–	–
15 x	46 x	6 x	8 x	93	64 x
–	–	–	–	–	–
–	–	–	–	–	–
14	32	11	12	67	65
5 x	9 x	12 x	6 x	–	–
–	–	–	–	–	–
–	–	–	–	–	–
17	19	9	2	99	43
2	7	4	16	–	32 x
–	–	–	–	–	–
21	45	9	10	99	63
10	32	3	6	34	– f
3 x	4 x	4 x	3 x	–	–
–	–	–	–	–	–
–	–	–	–	–	–
33 x	42 x	13 x	5 x	–	4 y
–	–	–	–	–	–
26	15	21	1	92	92 x
–	–	–	–	–	– f
3	3	4	6	–	46
–	–	–	–	–	–
9 x	24 x	5 x	–	42 w	–
32	35	16	–	0	10
28	31	23	6	66	45
6	9	5	4	–	–
6	31	1	11	31	52
10	28	12	18	–	79 x
13	27	10	7	93	39
14	35	7	–	92	56
9	16	7	11	–	71
45	58	19	6	40	60 x
17	30	5	2	61	32
–	–	–	–	–	–
4 x	5 x	5 x	5 x	–	28 x

	Anteil der Kinder in % (2009–2013*)					
	mit niedrigem Geburtsgewicht	die unmittelbar nach der Geburt zum ersten Mal gestillt wurden	die im Alter bis zu 6 M. ausschließlich gestillt wurden	die im Alter von 6–8 M. Zusatznahrung erhielten	die im Alter von 6–23 M. ausreichend vielfältige Mahlzeiten erhielten	die im Alter von 20–23 M. noch gestillt wurden
Tschad	20	29	3	46	–	59
Tschechische Republik	8	–	–	–	–	–
Tunesien	7	40	9	27	–	19
Türkei	11 x	39 x	42 x	–	–	22 x
Turkmenistan	5	18 x	13 x	–	–	27 x
Tuvalu	6 x	15 x	35 x	–	–	51 x
Uganda	12	53	63	67	–	46
Ukraine	5	66	20	43	–	22
Ungarn	9	–	–	–	–	–
Uruguay	8	–	–	–	–	–
Usbekistan	5 x	67 x	26 x	47 x	–	38 x
Vanuatu	10 x	72 x	40 x	68 x	–	32 x
Vatikanstadt	–	–	–	–	–	–
Venezuela	9	–	–	–	–	–
Ver. Arabische Emirate	6	–	–	–	–	–
Ver. Staaten von Amerika	8	–	–	–	–	–
Vietnam	5	40	17	50	–	19
Weißrussland	5	53	19	64	–	12
Zentralafrikanische Republik	14	44	34	60	–	32
Zypern	12 x	–	–	–	–	–
Weltregionen						
Afrika südlich der Sahara	13	47	36	65	10	51
Östliches und südliches Afrika	11	60	51	73	–	62
West- und Zentralafrika	14	39	25	60	10	44
Naher Osten und Nordafrika	–	–	34	–	–	36
Südasien	28	39	47	58	–	75
Ostasien und Pazifik	–	44	30	79 **	–	21
Lateinamerika und Karibik	9	49	32	88	–	27
Mittel- und Osteuropa, GUS	6	–	–	–	–	–
Am wenigsten entwick. Länder	14	53	46	62	–	63
Welt	16 **	44	38	65 **	–	49

Definitionen der Weltregionen s. Seite 255 f.

w Länder mit nationalen Vitamin-A-Zusatzprogrammen; angegebener Wert bezieht sich auf beabsichtigte Verabreichung.

x Daten beziehen sich auf andere Jahre oder Zeiträume. Diese Werte werden nicht bei der Berechnung der regionalen und globalen Werte berücksichtigt (ausgenommen Daten aus Indien von 2005–2006 und 2007–2008 sowie aus China von 2008). Schätzungen aus den Jahren vor 2000 sind nicht aufgeführt.

y Daten weichen von der Standarddefinition ab oder beziehen sich nur auf einen Teil des Landes. Diese Werte werden bei der Berechnung der regionalen und globalen Werte berücksichtigt, sofern sie in den angegebenen Referenzzeitraum fallen.

▲ Die vorliegenden Daten beziehen sich nur auf die Länder, in denen vorrangig Vitamin-A-Präparate verabreicht wurden.

– keine Daten verfügbar

Anteil der Kinder unter 5 Jahren in %, die an ernährungsbedingten Störungen leiden (2009–2013*) (WHO)				Anteil der Kinder (6–59 M.) in %, die 2013 zweimal Vitamin A erhielten▲	Anteil der Haushalte in %, die jodiertes Salz verwenden (2009–2013*)
Untergewicht	Unterentwicklung	Auszehrung	Übergewicht		
moderat u. stark[1]					
30	39	16	3	91	54
2 x	3 x	5 x	4 x	–	–
2	10	3	14	–	97 x
2 x	12 x	1 x	–	–	69 x
11 x	28 x	7 x	–	–	75 x,f
2 x	10 x	3 x	6 x	–	–
14	34	5	4	65	87 x,f
1 x	4 x	0 x	–	–	21
–	–	–	–	–	–
4	11	1	7	–	–
4 x	20 x	5 x	13 x	99	53 x
12 x	26 x	6 x	5 x	–	23 x
–	–	–	–	–	–
3	13	4	6	–	–
–	–	–	–	–	–
1	2	1	6	–	–
12	23	4	5	–	45
1 x	5 x	2 x	10 x	–	85
24	41	7	2	40	65
–	–	–	–	–	–
21	37	9	6	73	59
18	39	7	5	67	–
23	36	11	6	85	65
7	18	8	10	–	–
32	38	15	4	60	69
5	12	4	6	85	86
3	11	1	7	–	–
2	11	1	16	–	–
22	37	9	4	81	50
15	25	8	6	69	75

Definitionen s. Seite 257 ff., Hauptquellen s. Seite 265 ff.

* Werte beziehen sich auf die neuesten verfügbaren Daten aus dem genannten Zeitraum.

** Angaben ohne China

1 Regionale Durchschnittswerte für moderates und starkes Untergewicht, moderate und starke ernährungsbedingte Unterentwicklung und Auszehrung sowie für Übergewicht (einschließlich Fettleibigkeit) wurden anhand der statistischen Modellierung der Daten der Joint Global Nutrition Database von UNICEF und WHO geschätzt, Überprüfung von 2013 (abgeschlossen im September 2014). Mehr Informationen: http://data.unicef.org/resources/2013/webapps/nutrition

f In der aktuellen nationalen Erhebung für dieses Land wird eine Definition des Indikators zugrunde gelegt, die nicht dem internationalem Standard entspricht. Sofern vorhanden, wird stattdessen eine frühere Datenquelle genutzt, die auf der Standarddefinition basiert.

Tabelle 3: Gesundheit

	Anteil der Bevölkerung mit Zugang zu sauberem Trinkwasser in % 2012			Anteil der Bevölkerung mit Zugang zu Sanitäreinrichtungen in % 2012			Impfschutz Anteil der Einjährigen in %,				
	gesamt	Stadt	Land	gesamt	Stadt	Land	BCG	DPT1	DPT3	Polio3	MCV1
Afghanistan	64	90	56	29	47	23	75	86	71	71	75
Ägypten	99	100	99	96	98	94	98	97	97	97	96
Albanien	96	97	94	91	95	86	99	99	99	99	99
Algerien	84	85	79	95	98	88	99	99	95	95	95
Andorra	100	100	100	100	100	100	–	98	96	96	95
Angola	54	68	34	60	87	20	85	97	93	80	91
Antigua und Barbuda	98	–	–	–	–	–	–	99	99	98	98
Äquatorialguinea	–	–	–	–	–	–	71	55	3	30	42
Argentinien	99	99	95	97	97	99	99	93	87	87	91
Armenien	100	100	100	91	96	81	99	97	95	96	97
Aserbaidschan	80	88	71	82	86	78	98	95	93	96	98
Äthiopien	52	97	42	24	27	23	71	84	72	70	62
Australien	100	100	100	100	100	100	–	92	91	91	94
Bahamas	98	–	–	92	–	–	–	99	97	97	92
Bahrain	100	–	–	99	–	–	–	99	99	99	99
Bangladesch	85	86	84	57	55	58	99	99	97	97	93
Barbados	100	–	–	–	–	–	–	93	87	88	90
Belgien	100	100	100	100	100	100	–	99	99	99	92
Belize	99	98	100	91	94	88	99	96	95	95	99
Benin	76	85	69	14	25	5	88	85	69	71	63
Bhutan	98	99	97	47	75	31	97	97	97	97	94
Bolivien	88	96	72	46	57	24	99	98	94	95	95
Bosnien und Herzegowina	100	100	99	95	99	92	96	95	92	87	94
Botsuana	97	99	93	64	78	42	99	98	96	96	94
Brasilien	98	100	85	81	87	49	99	99	95	99	99
Brunei Darussalam	–	–	–	–	–	–	99	96	90	90	99
Bulgarien	99	100	99	100	100	100	97	96	95	95	94
Burkina Faso	82	97	76	19	50	7	96	94	88	89	82
Burundi	75	92	73	47	43	48	95	98	96	96	98
Chile	99	100	91	99	100	89	98	92	91	90	90
China	92	98	85	65	74	56	99	99	99	99	99
Cookinseln (Neuseeland)	100	–	–	97	–	–	98	98	98	98	97
Costa Rica	97	100	91	94	95	92	79	98	95	95	91
Dänemark	100	100	100	100	100	100	–	97	94	94	89
Deutschland	100	100	100	100	100	100	–	98	96	95	97
Dominica	–	96	–	–	–	–	97	98	96	96	93
Dominikanische Republik	81	82	77	82	86	74	98	91	83	82	79
Dschibuti	92	100	65	61	73	22	86	87	82	82	80

2013					Anteil der Kinder unter 5 Jahren in % (2009–2013*)					
die folgende Impfungen erhalten haben				Anteil der gegen Tetanus geimpften Neugeborenen in %	Verdacht auf Lungenentzündung		Durchfallerkrankungen	Malaria		
					ärztl. Behandlung	Antibiotika-Gaben	ORT-Behandlung	die Medikamente gegen Fieber erhalten	die unter imprägnierten Moskitonetzen schlafen	Anteil der Haushalte mit wenigstens einem imprägnierten Moskitonetz in %
HepB3	Hib3	Rota	PCV3							
71	71	0	0	65	61	64	53	–	–	–
97	0	0	0	86	73 x	58 x	28 x	–	–	–
99	99	0	99	87	70	60	54	–	–	–
95	95	0	0	90	76	64	34	–	–	–
94	96	0	0	–	–	–	–	–	–	–
93	93	0	9	75	–	–	–	28	26	35
98	99	0	0	–	–	–	–	–	–	–
0	0	0	0	75	54	27	40	33	23	38
87	87	0	81	–	94	45	18	–	–	–
95	95	33	0	–	57	36	33	–	–	–
93	93	0	0	–	36 x	–	21 x	1 x	1 x	–
72	72	0	63	72	27	7	26	26	30	47
91	91	84	91	–	–	–	–	–	–	–
97	97	0	97	99	–	–	–	–	–	–
99	99	97	99	94	–	–	–	–	–	–
97	97	0	0	94	43	87	78	1	–	–
87	87	0	75	–	–	–	–	–	–	–
98	92	86	93	–	–	–	–	–	–	–
95	95	0	0	88	82	71	23	–	–	–
78	78	0	69	93	31	29	50	38	70	80
97	97	0	0	83	74	49	61	–	–	–
94	94	93	0	76	62	64 x	35 x	–	–	–
92	87	0	0	–	87	76	36	–	–	–
96	96	78	65	92	14 x	37 x	49 x	–	–	–
95	95	89	93	93	50 x	–	–	–	–	–
99	90	0	0	95	–	–	–	–	–	–
95	95	0	94	–	–	–	–	–	–	–
88	88	9	0	88	56	47	21	35	47	57
96	96	0	96	85	55	43	38	25	54	63
90	90	0	79	–	–	–	–	–	–	–
99	0	0	0	–	–	–	–	–	–	–
98	98	0	0	–	–	–	–	–	–	–
94	95	0	94	–	77	72	40	–	–	–
0	94	0	90	–	–	–	–	–	–	–
87	94	0	68	–	–	–	–	–	–	–
96	96	0	0	–	–	–	–	–	–	–
80	75	68	0	90	70	42	48	–	–	–
82	82	0	82	79	94	76	94	1	20	32

	Anteil der Bevölkerung mit Zugang zu sauberem Trinkwasser in % 2012			Anteil der Bevölkerung mit Zugang zu Sanitäreinrichtungen in % 2012			Impfschutz Anteil der Einjährigen in %,				
	gesamt	Stadt	Land	gesamt	Stadt	Land	BCG	DPT1	DPT3	Polio3	MCV1
Ecuador	86	92	75	83	86	76	99	99	99	99	97
Elfenbeinküste	80	92	68	22	33	10	84	93	88	87	74
El Salvador	90	95	81	70	80	53	90	97	92	92	94
Eritrea	–	–	–	–	–	4	97	97	94	94	96
Estland	99	100	98	95	96	94	96	96	94	94	94
Fidschi	96	100	92	87	92	82	99	99	99	99	94
Finnland	100	100	100	100	100	100	–	99	98	98	97
Frankreich	100	100	100	100	100	100	–	99	99	99	89
Gabun	92	97	63	41	43	32	92	80	79	77	70
Gambia	90	94	84	60	64	55	98	99	97	96	96
Georgien	99	100	97	93	96	91	95	99	98	94	96
Ghana	87	93	81	14	20	8	98	94	90	91	89
Grenada	97	–	–	98	–	–	–	99	97	98	94
Griechenland	100	100	99	99	99	97	–	99	99	99	99
Großbritannien	100	100	100	100	100	100	–	98	96	96	95
Guatemala	94	99	89	80	88	72	88	97	85	84	85
Guinea	75	92	65	19	33	11	66	76	63	64	62
Guinea-Bissau	74	96	56	20	34	8	94	92	80	78	69
Guyana	98	97	98	84	88	82	98	98	98	98	99
Haiti	62	75	47	24	31	16	83	86	68	67	65
Honduras	90	97	82	80	85	74	87	88	87	87	89
Indien	93	97	91	36	60	25	87	88	72	70	74
Indonesien	85	93	76	59	71	46	98	98	85	86	84
Irak	85	94	69	85	86	82	90	82	68	70	63
Iran	96	98	92	89	93	82	99	98	98	98	98
Irland	100	100	100	99	100	98	42	98	96	96	93
Island	100	100	100	100	100	100	–	97	91	91	91
Israel	100	100	100	100	100	100	–	95	94	94	97
Italien	100	100	100	–	–	–	–	99	97	97	90
Jamaika	93	97	89	80	78	82	93	97	93	86	94
Japan	100	100	100	100	100	100	93	99	98	99	95
Jemen	55	72	47	53	93	34	71	94	88	88	78
Jordanien	96	97	90	98	98	98	98	99	98	98	97
Kambodscha	71	94	66	37	82	25	93	95	92	77	90
Kamerun	74	94	52	45	62	27	82	95	89	88	83
Kanada	100	100	99	100	100	99	–	98	96	96	95
Kap Verde	89	91	86	65	75	47	94	93	93	93	91
Kasachstan	93	99	86	97	97	98	95	99	98	98	99
Katar	100	100	100	100	100	100	98	99	99	99	99
Kenia	62	82	55	30	31	29	79	82	76	82	93

2013					Anteil der Kinder unter 5 Jahren in % (2009–2013*)					
die folgende Impfungen erhalten haben				Anteil der gegen Tetanus geimpften Neugeborenen in %	Verdacht auf Lungenentzündung		Durchfallerkrankungen	Malaria		
HepB3	Hib3	Rota	PCV3		ärztl. Behandlung	Antibiotika-Gaben	ORT-Behandlung	die Medikamente gegen Fieber erhalten	die unter imprägnierten Moskitonetzen schlafen	Anteil der Haushalte mit wenigstens einem imprägnierten Moskitonetz in %
98	99	97	90	85	–	–	–	–	–	–
88	88	0	0	82	38	29	17	18	37	67
92	92	92	92	90	67 x	51 x	58 x	–	–	–
94	94	0	0	94	45	–	43	2	20	71 x
93	94	0	0	–	–	–	–	–	–	–
99	99	85	87	94	–	–	–	–	–	–
0	98	93	0	–	–	–	–	–	–	–
74	98	0	89	–	–	–	–	–	–	–
79	79	0	0	85	68	50	26	26	39	36
97	97	7	96	82	69	70	39	30	33	51
93	93	41	0	–	74 x	56 x	40 x	–	–	–
90	90	87	89	88	41	56	35	53	39	48
97	97	0	0	–	–	–	–	–	–	–
98	94	0	32	–	–	–	–	–	–	–
0	97	0	95	–	–	–	–	–	–	–
85	85	81	0	85	64 x	–	37	–	–	–
63	63	0	0	80	37	38	34	28	26	47
76	76	0	0	80	52	35	19	51	36	53
98	98	94	96	90	65	18	50	6	24	26
68	68	0	0	76	38	46	53	3	12	19
87	87	87	87	94	64	60	60	0	–	–
67	20	0	0	87	69 x	13 x	26 x	8 x	–	–
85	4	0	0	85	75	39	39	1	3 x	3 x
66	68	52	0	72	74	67	23	1 x	0 x	–
99	0	0	0	95	76	63	61	–	–	–
95	95	0	91	–	–	–	–	–	–	–
0	91	0	88	–	–	–	–	–	–	–
98	94	0	92	–	–	–	–	–	–	–
97	96	0	55	–	–	–	–	–	–	–
93	93	0	0	80	82	59	64	–	–	–
0	0	0	0	–	–	–	–	–	–	–
88	88	71	88	70	44 x	38 x	33 x	–	–	–
98	98	0	0	90	77	87	20	–	–	–
92	92	0	0	91	64	39	34	0	4 x	5 x
89	89	0	88	85	30	45	17	23	21	36
75	96	0	77	–	–	–	–	–	–	–
93	93	0	0	92	–	–	–	–	–	–
99	98	0	52	–	81	87	62	–	–	–
99	99	87	99	–	–	–	–	–	–	–
83	83	0	75	73	56	50	39	23	47	56

	Anteil der Bevölkerung mit Zugang zu sauberem Trinkwasser in % 2012			Anteil der Bevölkerung mit Zugang zu Sanitäreinrichtungen in % 2012			Impfschutz Anteil der Einjährigen in %,				
	gesamt	Stadt	Land	gesamt	Stadt	Land	BCG	DPT1	DPT3	Polio3	MCV1
Kirgisistan	88	97	82	92	92	92	98	98	97	97	99
Kiribati	67	87	51	40	51	31	86	95	95	91	91
Kolumbien	91	97	74	80	85	66	85	97	91	91	92
Komoren	–	–	97	–	–	–	78	85	83	82	82
Kongo, Dem. Republik	46	79	29	31	29	33	78	86	72	76	73
Kongo, Republik	75	96	39	15	20	6	92	90	69	67	65
Korea, Dem. Volksrepublik	98	99	97	82	88	73	98	94	93	99	99
Korea, Republik	98	100	88	100	100	100	99	99	99	99	99
Kroatien	99	100	97	98	99	98	99	98	96	96	94
Kuba	94	96	87	93	94	88	99	98	96	98	99
Kuwait	99	99	99	100	100	100	99	99	99	99	99
Laos	72	84	65	65	90	50	82	89	87	86	82
Lesotho	81	93	77	30	37	27	87	97	96	95	92
Lettland	98	100	96	–	–	–	96	96	95	95	96
Libanon	100	100	100	–	100	–	–	84	81	75	79
Liberia	75	87	63	17	28	6	87	97	89	88	74
Libyen	–	–	–	97	97	96	99	99	98	98	98
Liechtenstein	–	–	–	–	–	–	–	–	–	–	–
Litauen	96	99	89	94	99	85	98	97	93	93	93
Luxemburg	100	100	100	100	100	100	–	99	99	99	95
Madagaskar	50	78	35	14	19	11	77	80	74	73	63
Malawi	85	95	83	10	22	8	96	96	89	89	88
Malaysia	100	100	99	96	96	95	99	99	97	97	95
Malediven	99	100	98	99	97	100	99	99	99	99	99
Mali	67	91	54	22	35	15	87	82	74	81	72
Malta	100	100	100	100	100	100	–	99	99	99	99
Marokko	84	98	64	75	85	63	99	99	99	99	99
Marshallinseln	95	93	98	76	84	56	93	73	36	36	70
Mauretanien	50	52	48	27	51	9	95	95	80	80	80
Mauritius	100	100	100	91	92	90	99	99	98	98	99
Mazedonien	99	100	99	91	97	83	97	99	98	98	96
Mexiko	95	96	91	85	87	79	91	90	83	83	89
Mikronesien	89	95	87	57	85	49	70	98	81	81	91
Moldau	97	99	94	87	89	84	96	96	90	92	91
Monaco	100	100	–	100	100	–	89	99	99	99	99
Mongolei	85	95	61	56	65	35	99	98	98	98	97
Montenegro	98	100	95	90	92	87	93	98	94	94	88
Mosambik	49	80	35	21	44	11	93	93	78	78	85
Myanmar	86	95	81	77	84	74	86	90	75	76	86
Namibia	92	98	87	32	56	17	94	94	89	89	82

2013					Anteil der Kinder unter 5 Jahren in % (2009–2013*)					
die folgende Impfungen erhalten haben				Anteil der gegen Tetanus geimpften Neugeborenen in %	Verdacht auf Lungenentzündung		Durchfallerkrankungen	Malaria		
HepB3	Hib3	Rota	PCV3		ärztl. Behandlung	Antibiotika-Gaben	ORT-Behandlung	die Medikamente gegen Fieber erhalten	die unter imprägnierten Moskitonetzen schlafen	Anteil der Haushalte mit wenigstens einem imprägnierten Moskitonetz in %
97	97	0	0	–	62 x	45 x	35	–	–	–
95	95	0	0	–	81	51	62	–	–	–
91	91	87	87	79	64	–	54	–	–	3 x
83	83	0	0	85	38	21	38	27	41	59
72	72	0	26	75	40	42	27	39	38	51
69	69	0	69	83	52	59	28	25	26	27
93	0	0	0	93	80	88	74	–	–	–
99	0	0	0	–	–	–	–	–	–	–
96	96	0	0	–	–	–	–	–	–	–
96	96	0	0	–	97	70	51	–	–	–
99	99	0	99	95	–	–	–	–	–	–
87	87	0	0	90	54	57	42	2	43	50
96	96	0	0	83	66	–	51	–	–	–
95	95	0	88	–	–	–	–	–	–	–
81	81	0	0	–	74 x	–	44 x	–	–	–
89	89	0	0	91	62 x	–	53 x	57	37	50
98	98	0	0	–	–	–	–	–	–	–
–	–	–	–	–	–	–	–	–	–	–
93	93	0	0	–	–	–	–	–	–	–
94	98	89	95	–	–	–	–	–	–	–
74	74	0	92	78	41	33	15	20	77	80
89	89	81	89	89	70	30 x	69	33	56	55
96	97	0	0	90	–	–	–	–	–	–
99	58	0	0	95	22 x	–	57	–	–	–
74	74	0	74	85	42	44	11	32	46	77
94	99	0	0	–	–	–	–	–	–	–
99	99	90	80	89	70	38	22	–	–	–
41	21	45	22	–	–	–	38 x	–	–	–
80	80	0	1	80	43	30	19	20	19	46
98	98	0	0	95	–	–	–	–	–	–
97	97	0	0	–	93 x	74 x	62	–	–	–
82	83	81	84	88	–	–	52	–	–	–
83	68	33	61	–	–	–	–	–	–	–
91	89	65	0	–	79	82	42	–	–	–
99	99	0	0	–	–	–	–	–	–	–
98	98	0	0	–	87	73	31	–	–	–
90	94	0	0	–	89 x	57 x	16 x	–	–	–
78	78	0	45	83	50	12	55	30	36	51
72	72	0	0	87	69	34	61	–	11	–
89	89	0	0	83	53 x	–	63 x	20	34	54

	Anteil der Bevölkerung mit Zugang zu sauberem Trinkwasser in % 2012			Anteil der Bevölkerung mit Zugang zu Sanitäreinrichtungen in % 2012			Impfschutz Anteil der Einjährigen in %,				
	gesamt	Stadt	Land	gesamt	Stadt	Land	BCG	DPT1	DPT3	Polio3	MCV1
Nauru	96	96	–	66	66	–	99	98	79	79	96
Nepal	88	90	88	37	51	34	97	94	92	92	88
Neuseeland	100	100	100	–	–	–	–	93	92	92	92
Nicaragua	85	98	68	52	63	37	98	99	98	99	99
Niederlande	100	100	100	100	100	100	–	99	97	97	96
Niger	52	99	42	9	33	4	49	85	70	63	67
Nigeria	64	79	49	28	31	25	80	63	58	67	59
Niue (Neuseeland)	99	–	–	100	–	–	99	99	99	99	99
Norwegen	100	100	100	100	100	100	–	99	94	94	93
Oman	93	95	86	97	97	95	99	99	98	99	99
Österreich	100	100	100	100	100	100	–	93	83	83	76
Pakistan	91	96	89	48	72	34	85	79	72	72	61
Palästina	82	82	82	94	95	93	99	99	99	99	99
Palau	–	97	–	100	100	100	–	99	99	99	99
Panama	94	97	87	73	80	52	95	93	80	81	92
Papua-Neuguinea	40	88	33	19	56	13	88	88	68	69	70
Paraguay	94	100	83	80	96	53	90	93	86	80	92
Peru	87	91	72	73	81	45	95	97	88	71	85
Philippinen	92	92	91	74	79	69	91	98	94	88	90
Polen	–	100	–	–	96	–	93	99	99	95	98
Portugal	100	100	100	100	100	100	99	99	98	98	98
Ruanda	71	81	68	64	61	64	99	99	98	98	97
Rumänien	–	99	–	–	–	–	98	96	89	88	92
Russische Föderation	97	99	92	70	74	59	96	97	97	98	98
Salomonen	81	93	77	29	81	15	82	88	83	85	76
Sambia	63	85	49	43	56	34	82	86	79	74	80
Samoa	99	97	99	92	93	91	95	99	95	95	99
San Marino	–	–	–	–	–	–	–	72	69	69	74
São Tomé und Príncipe	97	99	94	34	41	23	97	99	97	97	91
Saudi-Arabien	97	–	–	100	–	–	99	98	98	98	98
Schweden	100	100	100	100	100	100	27	99	98	98	97
Schweiz	100	100	100	100	100	100	–	98	96	96	93
Senegal	74	92	60	52	67	40	97	96	92	89	84
Serbien	99	99	99	97	99	96	97	98	95	97	92
Seychellen	96	–	–	97	–	–	99	99	98	98	97
Sierra Leone	60	87	42	13	22	7	99	98	92	92	83
Simbabwe	80	97	69	40	52	32	95	98	95	95	93
Singapur	100	100	–	100	100	–	99	98	97	97	95
Slowakei	100	100	100	100	100	100	90	99	98	98	98
Slowenien	100	100	99	100	100	100	–	98	95	95	94

2013 – die folgende Impfungen erhalten haben: HepB3	Hib3	Rota	PCV3	Anteil der gegen Tetanus geimpften Neugeborenen in %	Anteil der Kinder unter 5 Jahren in % (2009–2013*): Verdacht auf Lungenentzündung – ärztl. Behandlung	Verdacht auf Lungenentzündung – Antibiotika-Gaben	Durchfallerkrankungen – ORT-Behandlung	Malaria – die Medikamente gegen Fieber erhalten	Malaria – die unter imprägnierten Moskitonetzen schlafen	Anteil der Haushalte mit wenigstens einem imprägnierten Moskitonetz in %
79	79	0	0	–	69 x	47 x	23 x	–	–	–
92	92	0	0	82	50	7	39	1	–	–
93	92	0	93	–	–	–	–	–	–	–
98	98	98	98	81	58 x	89	65	2 x	–	–
95	97	0	96	–	–	–	–	–	–	–
70	70	0	0	81	53	11	44	19	20	61
63	46	0	0	60	35	37	34	33	17	50
99	99	0	99	–	–	–	–	–	–	–
0	95	0	93	–	–	–	–	–	–	–
97	98	0	99	91	–	–	–	–	–	–
83	83	61	0	–	–	–	–	–	–	–
72	72	0	66	75	64	42	38	3	–	1
99	99	0	97	–	65	71	31	–	–	–
99	99	99	93	–	–	–	–	–	–	–
80	80	87	48	–	–	–	–	–	–	–
68	68	0	0	65	63 x	–	–	–	–	–
86	86	83	73	85	–	–	–	–	–	–
88	88	86	85	85	59	48	31	–	–	–
94	94	28	0	80	50 x	42 x	55	0 x	–	–
96	99	0	0	–	–	–	–	–	–	–
98	98	0	0	–	–	–	–	–	–	–
98	98	99	98	85	50	13 x	29	12	74	83
96	92	0	0	–	–	–	–	–	–	–
97	18	0	0	–	–	–	–	–	–	–
83	83	0	0	85	73 x	23 x	38 x	19 x	40 x	49 x
79	79	0	0	81	68 x	47 x	60 x	37	57	68
95	95	0	0	–	–	–	68	–	–	–
69	69	0	0	–	–	–	–	–	–	–
97	97	0	97	–	75	60	49	8	56	61
98	98	84	98	–	–	–	–	–	–	–
0	98	0	98	–	–	–	–	–	–	–
0	95	0	75	–	–	–	–	–	–	–
92	92	0	0	91	53	–	17	6	46	73
91	92	0	0	–	90	82	36	–	–	–
99	98	0	0	–	–	–	–	–	–	–
92	92	0	92	87	72	58	85	48	49	64
95	95	0	95	66	48	31	21	2	10	29
97	0	0	0	–	–	–	–	–	–	–
98	98	0	98	–	–	–	–	–	–	–
0	95	0	0	–	–	–	–	–	–	–

	Anteil der Bevölkerung mit Zugang zu sauberem Trinkwasser in % 2012			Anteil der Bevölkerung mit Zugang zu Sanitäreinrichtungen in % 2012			Impfschutz Anteil der Einjährigen in %,				
	gesamt	Stadt	Land	gesamt	Stadt	Land	BCG	DPT1	DPT3	Polio3	MCV1
Somalia	–	–	–	–	–	–	33	52	42	47	46
Spanien	100	100	100	100	100	100	–	98	96	96	95
Sri Lanka	94	99	93	92	83	94	99	99	99	99	99
St. Kitts und Nevis	98	–	–	–	–	–	94	99	96	96	99
St. Lucia	94	99	93	–	–	–	99	99	99	99	99
St. Vincent u. d. Grenadinen	95	–	–	–	–	–	96	96	96	96	99
Südafrika	95	99	88	74	82	62	84	69	65	66	66
Sudan	55	66	50	24	44	13	93	99	93	93	85
Südsudan	57	63	55	9	16	7	52	57	45	50	30
Suriname	95	98	88	80	88	61	–	95	86	86	93
Swasiland	74	94	69	57	63	56	98	99	98	98	85
Syrien	90	92	87	96	96	95	84	55	41	52	61
Tadschikistan	72	93	64	94	94	95	98	98	96	97	92
Tansania	53	78	44	12	25	7	99	99	91	91	99
Thailand	96	97	95	93	89	96	99	99	99	99	99
Timor-Leste	70	95	61	39	69	27	82	86	82	82	70
Togo	61	92	41	11	25	2	97	94	84	84	72
Tonga	99	99	99	91	99	89	99	99	99	99	99
Trinidad und Tobago	–	97	–	92	92	92	–	94	92	94	91
Tschad	51	72	45	12	31	6	62	55	48	56	59
Tschechische Republik	100	100	100	100	100	100	–	99	99	99	99
Tunesien	97	100	90	90	97	77	97	99	98	98	94
Türkei	100	100	99	91	97	75	96	99	98	98	98
Turkmenistan	71	89	54	99	100	98	98	99	98	98	99
Tuvalu	98	98	97	83	86	80	99	99	90	90	96
Uganda	75	95	71	34	33	34	93	89	78	82	82
Ukraine	98	98	98	94	96	89	95	90	76	74	79
Ungarn	100	100	100	100	100	100	99	99	99	99	99
Uruguay	99	100	95	96	96	96	98	98	94	94	96
Usbekistan	87	98	81	100	100	100	99	99	99	99	97
Vanuatu	91	98	88	58	65	55	81	78	68	67	52
Vatikanstadt	–	–	–	–	–	–	–	–	–	–	–
Venezuela	–	–	–	–	–	–	95	90	82	82	85
Ver. Arabische Emirate	100	100	100	98	98	95	94	94	94	94	94
Ver. Staaten von Amerika	99	99	98	100	100	100	–	98	94	93	91
Vietnam	95	98	94	75	93	67	95	83	59	93	98
Weißrussland	100	100	99	94	94	95	99	99	98	98	99
Zentralafrikanische Republik	68	90	54	22	44	7	37	35	23	23	25
Zypern	100	100	100	100	100	100	–	99	99	99	86

2013 – die folgende Impfungen erhalten haben: HepB3	Hib3	Rota	PCV3	Anteil der gegen Tetanus geimpften Neugeborenen in %	Anteil der Kinder unter 5 Jahren in % (2009–2013*): Verdacht auf Lungenentzündung – ärztl. Behandlung	Verdacht auf Lungenentzündung – Antibiotika-Gaben	Durchfallerkrankungen – ORT-Behandlung	Malaria – die Medikamente gegen Fieber erhalten	Malaria – die unter imprägnierten Moskitonetzen schlafen	Malaria – Anteil der Haushalte mit wenigstens einem imprägnierten Moskitonetz in %
34	34	0	0	64	13 x	32 x	13 x	8 x	11 x	12 x
95	96	0	0	–	–	–	–	–	–	–
99	99	0	0	95	58 x	–	50 x	0 x	3 x	5 x
97	97	0	0	–	–	–	–	–	–	–
99	99	0	0	–	–	–	–	–	–	–
96	97	0	0	–	–	–	–	–	–	–
65	65	64	62	77	65 x	–	40 x	–	–	–
93	93	80	30	74	56	66	22	65	30 x	25
0	0	0	0	64	48	33	39	51	25	34
86	86	0	0	93	76	71	42	0	43	61
98	98	0	0	86	58	61	57	2	2	10
71	41	0	0	94	77 x	71 x	50 x	–	–	–
96	96	0	0	–	63	41 x	60	2	1 x	2 x
91	91	85	80	88	71	–	44	54	72	91
99	0	0	0	91	83	45	58	–	–	–
82	82	0	0	81	71	45	71	6	41	41
84	84	0	0	77	32	41	11	34	57	57
99	99	0	0	–	–	–	–	–	–	–
92	92	0	80	–	74 x	34 x	–	–	–	–
48	48	0	0	50	26	31	13	43	10	42
99	99	0	0	–	–	–	–	–	–	–
98	98	0	0	96	60	57	65	–	–	–
97	98	0	97	90	–	–	–	–	–	–
98	97	0	99	–	51 x	–	47 x	–	–	–
90	90	0	0	–	–	–	44 x	–	–	–
78	78	0	0	85	79	47	44	65	43	60
46	83	0	0	–	92	88	59	–	–	–
0	99	0	92	–	–	–	–	–	–	–
94	94	0	93	–	–	–	–	–	–	–
99	99	0	0	–	68 x	56 x	28 x	–	–	–
59	68	0	0	75	72	29	48	5	51	83
–	–	–	–	–	–	–	–	–	–	–
82	82	77	0	75	72 x	–	38 x	–	–	–
94	94	0	94	–	–	–	–	–	–	–
90	93	69	92	–	–	–	–	–	–	–
59	59	0	0	91	73	68	47	1	9	10
98	23	0	0	–	93	77	45	–	–	–
23	23	0	23	66	30	31	16	34	36	47
96	96	0	0	–	–	–	–	–	–	–

	Anteil der Bevölkerung mit Zugang zu sauberem Trinkwasser in % 2012			Anteil der Bevölkerung mit Zugang zu Sanitäreinrichtungen in % 2012			Impfschutz Anteil der Einjährigen in %,				
	gesamt	Stadt	Land	gesamt	Stadt	Land	BCG	DPT1	DPT3	Polio3	MCV1
Weltregionen											
Afrika südlich der Sahara	64	85	53	29	41	23	82	82	74	76	74
Östliches und südliches Afrika	65	88	55	33	52	26	83	87	79	79	79
West- und Zentralafrika	65	84	50	26	34	20	80	77	69	73	68
Naher Osten und Nordafrika	88	94	79	84	92	71	94	94	90	91	89
Südasien	91	95	89	40	61	30	88	88	75	73	75
Ostasien und Pazifik	91	97	85	68	77	58	97	98	93	95	95
Lateinamerika und Karibik	94	97	82	82	87	63	94	95	89	89	92
Mittel- und Osteuropa, GUS	96	99	90	85	87	81	97	97	95	95	96
Am wenigsten entwick. Länder	67	84	60	36	48	31	84	89	80	80	79
Welt	89	96	82	64	80	47	90	91	84	84	84

Definitionen der Weltregionen s. Seite 255 f.

* Werte beziehen sich auf die neuesten verfügbaren Daten aus dem genannten Zeitraum.

** Angaben ohne China

– keine Daten verfügbar

2013: die folgende Impfungen erhalten haben – HepB3	Hib3	Rota	PCV3	Anteil der gegen Tetanus geimpften Neugeborenen in %	Anteil der Kinder unter 5 Jahren in % (2009–2013*): Verdacht auf Lungenentzündung – ärztl. Behandlung	Antibiotika-Gaben	Durchfallerkrankungen – ORT-Behandlung	Malaria – die Medikamente gegen Fieber erhalten	die unter imprägnierten Moskitonetzen schlafen	Anteil der Haushalte mit wenigstens einem imprägnierten Moskitonetz in %
75	72	15	35	75	45	36	33	34	36	54
78	78	21	53	79	52	28	37	34	45	58
71	64	4	19	72	39	38	29	33	28	53
91	57	32	25	84	70	62	36	–	–	–
71	37	0	8	85	65	25	33	7	–	–
93	17	2	0	86 **	74 **	46 **	47 **	1 **	–	–
89	89	73	71	87	60	–	46	–	–	–
93	71	1	28	90	–	–	–	–	–	–
80	80	14	31	80	50	42	41	30	41	56
81	52	14	25	82 **	60 **	35 **	36 **	18 **	–	–

Definitionen s. Seite 257 ff., Hauptquellen s. Seite 265 ff.

x Daten beziehen sich auf andere Jahre oder Zeiträume. Diese Werte werden nicht bei der Berechnung der regionalen und globalen Werte berücksichtigt (ausgenommen Daten aus Indien von 2005–2006 und Brasilien von 2006). Schätzungen aus den Jahren vor 2000 sind nicht aufgeführt.

Tabelle 4: HIV/Aids

	HIV-Infektionsrate bei Erwachsenen (15–49 J.) 2013 in % (Schätzung)	HIV-Infizierte in Tsd. (2013) mittlere Schätzung	niedrige Schätzung	hohe Schätzung	HIV-infizierte Frauen (15 Jahre +), 2013 in Tsd. (Schätzung)	HIV-infizierte Kinder (0–14 Jahre), 2013 in Tsd. (Schätzung)
Afghanistan	<0,1	5	2	17	2	<0,5
Ägypten	<0,1	7	5	12	2	<0,5
Albanien	<0,1	<1	<0,5	1	<0,2	–
Algerien	0,1	25	13	43	12	1
Andorra	–	–	–	–	–	–
Angola	2,4	250	180	340	130	29
Antigua und Barbuda	–	–	–	–	–	–
Äquatorialguinea	–	–	–	–	–	–
Argentinien	–	–	–	–	–	–
Armenien	0,2	4	2	6	<1	–
Aserbaidschan	0,2	9	7	12	3	<0,2
Äthiopien	1,2	790	720	890	370	200
Australien	0,2	28	26	34	3	–
Bahamas	3,2	8	7	8	4	<0,2
Bahrain	–	–	–	–	–	–
Bangladesch	<0,1	10	4	97	3	<0,5
Barbados	0,9	2	1	2	<0,5	–
Belgien	–	–	–	–	–	–
Belize	1,5	3	3	4	1	<0,5
Benin	1,1	74	69	80	39	8
Bhutan	0,1	<1	<0,5	2	<0,5	–
Bolivien	0,3	15	8	33	5	1
Bosnien und Herzegowina	–	–	–	–	–	–
Botsuana	21,9	320	310	340	180	11
Brasilien	0,6	730	660	810	210	–
Brunei Darussalam	–	–	–	–	–	–
Bulgarien	–	–	–	–	–	–
Burkina Faso	0,9	110	100	130	56	18
Burundi	1,0	83	76	91	39	18
Chile	0,3	38	23	59	5	–
China	–	–	–	–	–	–
Cookinseln (Neuseeland)	–	–	–	–	–	–
Costa Rica	0,2	8	5	9	1	–
Dänemark	0,2	6	5	7	2	–
Deutschland	–	–	–	–	–	–
Dominica	–	–	–	–	–	–
Dominikanische Republik	0,7	46	33	59	22	–
Dschibuti	0,9	6	5	8	3	1
Ecuador	0,4	37	26	64	11	<1
Elfenbeinküste	2,7	370	330	410	170	72

HIV-Infektionsrate 2013			Prävention unter 15–24-Jährigen in %: Anteil der umfassend Informierten (2009–2013*)		Verwendung von Kondomen bei wechselnden Sexualpartnern (2009–2013*)		HIV-Tests unter 15–24-Jährigen in % (2009–2013*)		Waisen: durch Aids (0–17 Jahre) 2013 in Tsd. (Schätzung)	insgesamt (0–17 Jahre) 2013 in Tsd. (Schätzung)	Schulbesuchsrate von Waisen (10–14 Jahre) in % (2009–2013*)
gesamt	männl.	weibl.	männl.	weibl.	männl.	weibl.	männl.	weibl.			
<0,1	<0,1	<0,1	–	2	–	–	–	–	–	–	–
<0,1	<0,1	<0,1	18 x	5 x	–	–	–	–	–	–	–
<0,1	<0,1	<0,1	22	36	55	–	1	0	–	–	–
<0,1	<0,1	<0,1	–	13 x	–	–	–	–	–	–	–
–	–	–	–	–	–	–	–	–	–	–	–
0,9	0,6	1,2	32	25	–	–	–	–	120	1 100	85
–	–	–	53	46	–	–	–	–	–	–	–
–	–	–	18	19	36	19	16	35	–	–	–
–	–	–	–	40	–	–	–	–	–	–	–
<0,1	<0,1	<0,1	9	16	86	–	0	3	–	–	–
0,1	0,1	<0,1	5 x	5 x	29 x	–	–	–	–	–	–
0,4	0,4	0,5	34	24	47	–	20	21	900	4 000	90
<0,1	<0,1	<0,1	–	–	–	–	–	–	–	–	–
1,6	1,4	1,9	–	–	–	–	–	–	–	–	–
–	–	–	–	–	–	–	–	–	–	–	–
<0,1	<0,1	<0,1	14	12	–	–	–	–	–	–	84 x
0,3	0,4	0,3	–	–	–	–	–	–	–	–	–
–	–	–	–	–	–	–	–	–	–	–	–
0,6	0,6	0,6	–	43	–	26 x,p	–	25	–	–	–
0,3	0,2	0,4	31	25	44	35	5	14	40	450	84
<0,1	<0,1	0,1	–	21	–	–	–	8	–	–	–
0,1	0,1	<0,1	28 x	22 x	41 x	–	2	–	–	–	–
–	–	–	47	48	67	–	1	0	–	–	–
4,7	3,5	6,0	–	–	–	–	–	–	96	130	–
0,3	0,4	0,2	–	–	–	–	–	–	–	–	–
–	–	–	–	–	–	–	–	–	–	–	–
–	–	–	–	–	–	–	–	–	–	–	–
0,4	0,4	0,5	36	31	75	65	7	12	120	990	101
0,2	0,1	0,2	47	45	–	–	11	18	73	740	82
0,1	0,2	<0,1	–	–	–	–	–	–	–	–	–
–	–	–	–	–	–	–	–	–	–	–	–
–	–	–	–	–	–	–	–	–	–	–	–
<0,1	0,1	<0,1	–	33	–	55	–	14	–	–	–
<0,1	<0,1	<0,1	–	–	–	–	–	–	–	–	–
–	–	–	–	–	–	–	–	–	–	–	–
–	–	–	48	56	–	–	–	–	–	–	–
0,2	0,2	0,2	34 x	41 x	57	40	10 x	18 x	–	–	77 x
<0,1	<0,1	0,1	–	18 x	–	–	–	–	8	42	–
0,2	0,3	0,2	–	–	–	–	–	–	–	–	–
0,9	0,7	1,0	25	16	57	34	8	14	400	1 300	66

	HIV-Infektionsrate bei Erwachsenen (15–49 J.) 2013 in % (Schätzung)	HIV-Infizierte in Tsd. (2013)			HIV-infizierte Frauen (15 Jahre +), 2013 in Tsd. (Schätzung)	HIV-infizierte Kinder (0–14 Jahre), 2013 in Tsd. (Schätzung)
		mittlere Schätzung	niedrige Schätzung	hohe Schätzung		
El Salvador	0,5	21	14	39	9	<1
Eritrea	0,6	18	14	22	9	3
Estland	1,3	9	7	11	3	–
Fidschi	0,1	<1	<0,5	<1	<0,5	–
Finnland	–	–	–	–	–	–
Frankreich	–	–	–	–	–	–
Gabun	3,9	41	36	46	25	4
Gambia	1,2	13	9	18	7	2
Georgien	0,3	6	5	8	1	<0,1
Ghana	1,3	220	170	300	110	35
Grenada	–	–	–	–	–	–
Griechenland	–	–	–	–	–	–
Großbritannien	0,3	130	100	160	38	–
Guatemala	0,6	53	13	300	19	3
Guinea	1,7	130	110	140	68	13
Guinea-Bissau	3,7	41	37	47	21	6
Guyana	1,4	8	4	13	4	–
Haiti	2,0	140	130	150	74	13
Honduras	0,5	24	20	30	9	2
Indien	0,3	2 100	1 700	2 700	750	140
Indonesien	0,5	640	420	1 000	240	25
Irak	–	–	–	–	–	–
Iran	0,1	70	47	110	19	2
Irland	–	–	–	–	–	–
Island	–	–	–	–	–	–
Israel	–	–	–	–	–	–
Italien	0,3	120	110	140	13	–
Jamaika	1,8	30	25	35	11	<1
Japan	–	–	–	–	–	–
Jemen	<0,1	6	3	15	2	<0,5
Jordanien	–	–	–	–	–	–
Kambodscha	0,7	75	41	130	39	5
Kamerun	4,3	600	560	650	300	94
Kanada	–	–	–	–	–	–
Kap Verde	0,5	2	1	2	<1	<0,2
Kasachstan	–	–	–	–	–	–
Katar	–	–	–	–	–	–
Kenia	6,0	1 600	1 500	1 700	820	190
Kirgisistan	0,2	8	7	10	1	<0,2
Kiribati	–	–	–	–	–	–
Kolumbien	0,5	140	110	180	35	–
Komoren	–	–	–	–	–	–

Prävention unter 15–24-Jährigen in %									Waisen		
HIV-Infektionsrate 2013			Anteil der umfassend Informierten (2009–2013*)		Verwendung von Kondomen bei wechselnden Sexualpartnern (2009–2013*)		HIV-Tests unter 15–24-Jährigen in % (2009–2013*)		durch Aids (0–17 Jahre) 2013 in Tsd. (Schätzung)	insgesamt (0–17 Jahre) 2013 in Tsd. (Schätzung)	Schulbesuchsrate von Waisen (10–14 Jahre) in % (2009–2013*)
gesamt	männl.	weibl.	männl.	weibl.	männl.	weibl.	männl.	weibl.			
0,3	0,2	0,3	–	27 x	–	–	–	–	–	–	–
0,2	0,2	0,2	34	25	70	2	–	–	21	180	–
0,7	0,8	0,5	–	–	–	–	–	–	–	–	–
<0,1	<0,1	<0,1	–	–	–	–	–	–	–	–	–
–	–	–	–	–	–	–	–	–	–	–	–
–	–	–	–	–	–	–	–	–	–	–	–
1,2	0,4	1,9	36	30	77	56	12	30	21	66	101
0,3	0,2	0,4	–	33	51 p	–	–	–	7	83	106
0,2	0,3	<0,1	–	–	–	–	–	5	–	–	–
0,4	0,3	0,4	39	37	39	27	5	12	180	990	76 x
–	–	–	60	65	–	–	–	–	–	–	–
–	–	–	–	–	–	–	–	–	–	–	–
0,2	0,2	0,1	–	–	–	–	–	–	–	–	–
0,3	0,3	0,3	24	22	74	27 p	–	–	–	–	–
0,6	0,4	0,8	34	23	54	37	3	5	49	670	71
1,3	0,9	1,7	–	15	–	50	–	7	21	120	109
0,8	0,6	0,9	47	54	76	–	18	29	–	–	–
0,7	0,6	0,9	28	35	62	52	9	17	100	340	96
0,2	0,2	0,2	35	33	59	38	7	13	–	–	91
–	–	–	36 x	20 x	32 x	17 x,p	1 x	1 x	–	–	72 x
0,4	0,4	0,5	10 y	11 y	–	–	–	–	–	–	–
–	–	–	–	4	–	–	–	0	–	–	94
<0,1	0,1	<0,1	–	20 y	–	–	–	–	–	–	–
–	–	–	–	–	–	–	–	–	–	–	–
–	–	–	–	–	–	–	–	–	–	–	–
–	–	–	–	–	–	–	–	–	–	–	–
<0,1	0,1	<0,1	–	–	–	–	–	–	–	–	–
0,8	0,9	0,6	36 y	43 y	76	49	49	69	–	–	–
–	–	–	–	–	–	–	–	–	–	–	–
<0,1	<0,1	<0,1	–	2 x,y	–	–	–	–	–	–	–
–	–	–	–	9	–	–	–	–	–	–	80
0,2	0,2	0,2	44	44	–	–	5	8	–	–	86
1,5	1,0	1,9	34	29	67	47	13	21	510	1 500	91 x
–	–	–	–	–	–	–	–	–	–	–	–
0,3	0,2	0,3	–	–	–	–	–	–	–	–	–
–	–	–	34	36	76	74	15	21	–	–	–
–	–	–	–	–	–	–	–	–	–	–	–
2,2	1,7	2,8	55	47	67	37	19	28	1 100	2 500	–
0,2	0,3	<0,1	24	20	76	–	1	12	–	–	–
–	–	–	49	44	30	2 p	–	–	–	–	–
0,2	0,3	0,2	–	24	–	39	–	11	–	–	–
–	–	–	24	19	52	–	4	3	–	–	–

	HIV-Infektionsrate bei Erwachsenen (15–49 J.) 2013 in % (Schätzung)	HIV-Infizierte in Tsd. (2013) mittlere Schätzung	niedrige Schätzung	hohe Schätzung	HIV-infizierte Frauen (15 Jahre +), 2013 in Tsd. (Schätzung)	HIV-infizierte Kinder (0–14 Jahre), 2013 in Tsd. (Schätzung)
Kongo, Dem. Republik	1,1	440	370	520	220	66
Kongo, Republik	2,5	69	64	75	35	13
Korea, Dem. Volksrepublik	–	–	–	–	–	–
Korea, Republik	–	–	–	–	–	–
Kroatien	–	–	–	–	–	–
Kuba	0,2	16	14	18	4	–
Kuwait	–	–	–	–	–	–
Laos	0,2	6	4	8	2	<1
Lesotho	22,9	360	350	380	190	36
Lettland	–	–	–	–	–	–
Libanon	–	–	–	–	–	–
Liberia	1,1	30	25	36	15	5
Libyen	–	–	–	–	–	–
Liechtenstein	–	–	–	–	–	–
Litauen	–	–	–	–	–	–
Luxemburg	–	–	–	–	–	–
Madagaskar	0,4	54	46	64	21	8
Malawi	10,3	1 000	970	1 100	500	170
Malaysia	0,4	86	66	120	10	<1
Malediven	<0,1	<0,1	<0,1	<0,1	<0,1	–
Mali	0,9	97	80	120	49	16
Malta	–	–	–	–	–	–
Marokko	0,2	31	22	42	10	<1
Marshallinseln	–	–	–	–	–	–
Mauretanien	–	–	–	–	–	–
Mauritius	1,1	10	9	11	3	–
Mazedonien	<0,1	<0,2	<0,2	<0,5	<0,1	–
Mexiko	0,2	180	140	230	36	2
Mikronesien	–	–	–	–	–	–
Moldau	0,6	15	13	17	5	<0,2
Monaco	–	–	–	–	–	–
Mongolei	<0,1	<1	<0,5	<1	<0,1	–
Montenegro	–	–	–	–	–	–
Mosambik	10,8	1 600	1 400	1 800	820	190
Myanmar	0,6	190	170	220	63	11
Namibia	14,3	250	210	290	130	23
Nauru	–	–	–	–	–	–
Nepal	0,2	39	31	52	8	2
Neuseeland	–	–	–	–	–	–
Nicaragua	0,2	7	5	10	2	<0,2
Niederlande	–	–	–	–	–	–
Niger	0,4	41	33	52	17	8

Prävention unter 15–24-Jährigen in %									Waisen		
HIV-Infektionsrate 2013			Anteil der umfassend Informierten (2009–2013*)		Verwendung von Kondomen bei wechselnden Sexualpartnern (2009–2013*)		HIV-Tests unter 15–24-Jährigen in % (2009–2013*)		durch Aids (0–17 Jahre) 2013 in Tsd. (Schätzung)	insgesamt (0–17 Jahre) 2013 in Tsd. (Schätzung)	Schulbesuchsrate von Waisen (10–14 Jahre) in % (2009–2013*)
gesamt	männl.	weibl.	männl.	weibl.	männl.	weibl.	männl.	weibl.			
0,4	0,3	0,5	–	15	22	11	–	7	350	4 000	74
0,9	0,7	1,2	28	14	51	45	6	12	64	220	100
–	–	–	–	8	–	–	–	–	–	–	–
–	–	–	–	–	–	–	–	–	–	–	–
–	–	–	–	–	–	–	–	–	–	–	–
0,2	0,2	<0,1	–	54	–	66	–	30	–	–	–
–	–	–	–	–	–	–	–	–	–	–	–
<0,1	<0,1	<0,1	28	24	–	–	2	2	–	–	80
8,1	5,8	10,5	29	39	60	45	17	40	150	220	98
–	–	–	–	–	–	–	–	–	–	–	–
–	–	–	–	–	–	–	–	–	–	–	–
0,3	0,2	0,4	27 x	21 x	32	26	2 x	2 x	40	200	85 x
–	–	–	–	–	–	–	–	–	–	–	–
–	–	–	–	–	–	–	–	–	–	–	–
–	–	–	–	–	–	–	–	–	–	–	–
–	–	–	–	–	–	–	–	–	–	–	–
0,2	0,2	0,2	26	23	7	9	2	3	–	–	74
3,1	2,4	3,8	45	42	41	31	28	64	790	1 200	97
<0,1	0,2	<0,1	–	–	–	–	–	–	–	–	–
<0,1	<0,1	<0,1	–	35 y	–	–	–	–	–	–	–
0,2	0,2	0,3	–	15	–	27	2 x	4 x	79	1 100	92
–	–	–	–	–	–	–	–	–	–	–	–
<0,1	0,1	<0,1	–	–	–	–	–	–	–	–	–
–	–	–	39 x	27 x	23 x,p	9 x,p	–	–	–	–	–
–	–	–	–	6	–	–	–	–	–	–	100 p
0,2	0,2	0,2	–	–	–	–	–	–	–	–	–
<0,1	<0,1	<0,1	–	27 x	–	–	–	–	–	–	–
<0,1	0,1	<0,1	–	–	–	–	–	–	–	–	–
–	–	–	–	–	–	–	–	–	–	–	–
0,4	0,5	0,4	39 x,y	42 x,y	–	–	–	–	–	–	–
–	–	–	–	–	–	–	–	–	–	–	–
<0,1	<0,1	<0,1	29	32	69	–	13	17	–	–	102
–	–	–	–	–	–	–	–	–	–	–	–
4,4	2,7	6,1	52	30	41	38	11	26	810	2 100	91
0,2	0,2	0,3	–	32	–	–	–	–	–	–	–
3,7	2,7	4,8	62 x	65 x	79	68	26	43	96	150	100 x
–	–	–	10 x	13 x	17 x,p	8 x,p	4 x	4 x	–	–	–
<0,1	<0,1	<0,1	34	26	45	–	7	3	–	–	–
–	–	–	–	–	–	–	–	–	–	–	–
0,1	0,1	<0,1	–	–	–	–	–	–	–	–	–
–	–	–	–	–	–	–	–	–	–	–	–
<0,1	<0,1	<0,1	25	14	–	–	2	7	–	–	109

	HIV-Infektionsrate bei Erwachsenen (15–49 J.) 2013 in % (Schätzung)	HIV-Infizierte in Tsd. (2013)			HIV-infizierte Frauen (15 Jahre +), 2013 in Tsd. (Schätzung)	HIV-infizierte Kinder (0–14 Jahre), 2013 in Tsd. (Schätzung)
		mittlere Schätzung	niedrige Schätzung	hohe Schätzung		
Nigeria	3,2	3 200	3 000	3 600	1 600	400
Niue (Neuseeland)	–	–	–	–	–	–
Norwegen	–	–	–	–	–	–
Oman	–	–	–	–	–	–
Österreich	–	–	–	–	–	–
Pakistan	<0,1	68	41	130	19	2
Palästina	–	–	–	–	–	–
Palau	–	–	–	–	–	–
Panama	0,7	16	13	19	5	<0,5
Papua-Neuguinea	0,7	32	29	35	16	4
Paraguay	0,4	16	9	29	5	<0,5
Peru	0,4	65	46	96	20	2
Philippinen	–	–	–	–	–	–
Polen	–	–	–	–	–	–
Portugal	–	–	–	–	–	–
Ruanda	2,9	200	180	210	100	–
Rumänien	0,1	16	13	21	7	–
Russische Föderation	–	–	–	–	–	–
Salomonen	–	–	–	–	–	–
Sambia	12,5	1 100	1 100	1 200	500	150
Samoa	–	–	–	–	–	–
San Marino	–	–	–	–	–	–
São Tomé und Príncipe	0,6	2	2	3	<1	<0,5
Saudi-Arabien	–	–	–	–	–	–
Schweden	–	–	–	–	–	–
Schweiz	0,4	20	15	27	6	–
Senegal	0,5	39	33	45	20	5
Serbien	<0,1	3	2	5	<1	–
Seychellen	–	–	–	–	–	–
Sierra Leone	1,6	57	45	72	31	5
Simbabwe	15,0	1 400	1 300	1 400	720	170
Singapur	–	–	–	–	–	–
Slowakei	–	–	–	–	–	–
Slowenien	–	–	–	–	–	–
Somalia	0,5	32	21	51	14	5
Spanien	0,4	150	130	160	34	–
Sri Lanka	<0,1	3	2	5	<1	–
St. Kitts und Nevis	–	–	–	–	–	–
St. Lucia	–	–	–	–	–	–
St. Vincent u. d. Grenadinen	–	–	–	–	–	–
Südafrika	19,1	6 300	6 000	6 500	3 500	360
Sudan	0,2	49	34	70	22	5

Prävention unter 15–24-Jährigen in %									Waisen		
HIV-Infektionsrate 2013			Anteil der umfassend Informierten (2009–2013*)		Verwendung von Kondomen bei wechselnden Sexualpartnern (2009–2013*)		HIV-Tests unter 15–24-Jährigen in % (2009–2013*)		durch Aids (0–17 Jahre) 2013 in Tsd. (Schätzung)	insgesamt (0–17 Jahre) 2013 in Tsd. (Schätzung)	Schulbesuchsrate von Waisen (10–14 Jahre) in % (2009–2013*)
gesamt	männl.	weibl.	männl.	weibl.	männl.	weibl.	männl.	weibl.			
1,0	0,7	1,3	34	24	51	41	5	8	2 000	10 000	123
–	–	–	–	–	–	–	–	–	–	–	–
–	–	–	–	–	–	–	–	–	–	–	–
–	–	–	–	–	–	–	–	–	–	–	–
–	–	–	–	–	–	–	–	–	–	–	–
<0,1	<0,1	<0,1	5 y	4 y	–	–	–	–	–	–	79 p
–	–	–	–	7	–	–	–	–	–	–	–
–	–	–	–	–	–	–	–	–	–	–	–
0,3	0,4	0,3	–	–	–	–	–	–	–	–	–
0,2	0,1	0,2	–	–	–	–	–	–	15	300	–
0,3	0,3	0,2	–	–	–	51 x	–	–	–	–	–
0,2	0,2	0,2	–	22	–	34	–	–	–	–	101
–	–	–	–	21 x	–	–	–	1	–	–	–
–	–	–	–	–	–	–	–	–	–	–	–
–	–	–	–	–	–	–	–	–	–	–	–
1,0	0,9	1,2	47	53	58 p	29 p	32	37	–	–	91
<0,1	<0,1	<0,1	–	–	–	–	–	–	–	–	–
–	–	–	–	–	–	–	–	–	–	–	–
–	–	–	35 x	29 x	39 x	18 x	–	–	–	–	–
4,0	3,4	4,5	41	38	43 x	42 x,p	13	28	600	1 400	92
–	–	–	6	3	–	–	1	0	–	–	–
–	–	–	–	–	–	–	–	–	–	–	–
0,1	0,1	0,1	43	43	59	–	14	29	–	–	–
–	–	–	–	–	–	–	–	–	–	–	–
–	–	–	–	–	–	–	–	–	–	–	–
–	–	–	–	–	–	–	–	–	–	–	–
0,2	0,1	0,2	31	29	49	–	7	13	–	–	97
<0,1	<0,1	<0,1	48	54	63	65	2	2	–	–	–
–	–	–	–	–	–	–	–	–	–	–	–
0,5	0,3	0,6	–	23	21	6	–	10	22	310	88
5,3	4,1	6,6	47	52	51	39 p	14	30	890	1 100	92
–	–	–	–	–	–	–	–	–	–	–	–
–	–	–	–	–	–	–	–	–	–	–	–
–	–	–	–	–	–	–	–	–	–	–	–
0,2	0,2	0,2	–	4 x	–	–	–	–	30	630	78 x
<0,1	0,1	<0,1	–	–	–	–	–	–	–	–	–
<0,1	<0,1	<0,1	–	–	–	–	–	–	–	–	–
–	–	–	50	53	–	–	–	–	–	–	–
–	–	–	–	62	–	42 p	–	22	–	–	–
–	–	–	–	–	–	–	–	–	–	–	–
8,6	4,0	13,1	23	25	–	–	–	–	2 400	3 600	98 x
0,2	0,1	0,2	11	5	–	–	–	–	–	–	96

	HIV-Infektionsrate bei Erwachsenen (15–49 J.) 2013 in % (Schätzung)	HIV-Infizierte in Tsd. (2013)			HIV-infizierte Frauen (15 Jahre +), 2013 in Tsd. (Schätzung)	HIV-infizierte Kinder (0–14 Jahre), 2013 in Tsd. (Schätzung)
		mittlere Schätzung	niedrige Schätzung	hohe Schätzung		
Südsudan	2,2	150	59	350	79	18
Suriname	0,9	3	3	4	2	–
Swasiland	27,4	200	200	210	110	17
Syrien	–	–	–	–	–	–
Tadschikistan	0,3	14	10	20	4	<1
Tansania	5,0	1 400	1 300	1 500	690	250
Thailand	1,1	440	400	470	190	8
Timor-Leste	–	–	–	–	–	–
Togo	2,3	110	67	190	54	21
Tonga	–	–	–	–	–	–
Trinidad und Tobago	1,7	14	13	15	7	<0,5
Tschad	2,5	210	170	250	100	34
Tschechische Republik	<0,1	3	3	4	<0,5	–
Tunesien	<0,1	3	2	5	1	–
Türkei	–	–	–	–	–	–
Turkmenistan	–	–	–	–	–	–
Tuvalu	–	–	–	–	–	–
Uganda	7,4	1 600	1 500	1 700	790	190
Ukraine	0,8	210	180	250	87	–
Ungarn	–	–	–	–	–	–
Uruguay	0,7	14	10	21	3	–
Usbekistan	0,2	35	27	48	9	3
Vanuatu	–	–	–	–	–	–
Vatikanstadt	–	–	–	–	–	–
Venezuela	0,6	100	57	150	35	3
Ver. Arabische Emirate	–	–	–	–	–	–
Ver. Staaten von Amerika	–	–	–	–	–	–
Vietnam	0,4	250	230	280	67	5
Weißrussland	0,5	25	24	27	11	–
Zentralafrikanische Republik	3,8	120	110	130	60	17
Zypern	<0,1	<0,5	<0,5	<1	<0,2	–

Prävention unter 15–24-Jährigen in %									Waisen		
HIV-Infektionsrate 2013			Anteil der umfassend Informierten (2009–2013*)		Verwendung von Kondomen bei wechselnden Sexualpartnern (2009–2013*)		HIV-Tests unter 15–24-Jährigen in % (2009–2013*)		durch Aids (0–17 Jahre) 2013 in Tsd. (Schätzung)	insgesamt (0–17 Jahre) 2013 in Tsd. (Schätzung)	Schulbesuchsrate von Waisen (10–14 Jahre) in % (2009–2013*)
gesamt	männl.	weibl.	männl.	weibl.	männl.	weibl.	männl.	weibl.			
0,8	0,6	1,1	–	10	–	7	–	–	100	570	78
0,3	0,3	0,3	–	42	–	39	–	21	–	–	–
9,8	7,1	12,4	54	58	85	69	23	37	73	100	99
–	–	–	–	7 x	–	–	–	–	–	–	–
0,1	0,1	<0,1	–	9	–	–	–	5	–	–	81
1,8	1,4	2,2	47	40	41	34	21	29	1 300	3 100	95
0,3	0,3	0,3	–	56	–	–	–	10	–	–	94 x,p
–	–	–	20	12	–	–	–	–	–	–	75
0,6	0,4	0,7	42	33	63	59 p	9	15	95	360	86
–	–	–	14	12	–	–	–	–	–	–	–
0,8	0,6	0,9	–	54 x	–	67 x	–	–	–	–	–
0,7	0,5	0,9	–	10	–	57 p	–	4	160	980	117
<0,1	<0,1	<0,1	–	–	–	–	–	–	–	–	–
<0,1	<0,1	<0,1	–	20	–	–	–	0	–	–	–
–	–	–	–	–	–	–	–	–	–	–	–
–	–	–	–	–	–	–	–	–	–	–	–
–	–	–	61 x	39 x	–	–	8 x	4 x	–	–	–
3,3	2,4	4,2	39	39	31	24	24	40	1 000	2 400	87
0,3	0,1	0,4	46	50	84	67	12	13	–	–	–
–	–	–	–	–	–	–	–	–	–	–	–
0,3	0,5	0,2	–	–	–	–	–	–	–	–	–
<0,1	<0,1	<0,1	–	31 x	–	–	–	–	–	–	–
–	–	–	–	15 x	–	–	–	–	–	–	–
–	–	–	–	–	–	–	–	–	–	–	–
0,3	0,3	0,2	–	–	–	–	–	–	–	–	–
–	–	–	–	–	–	–	–	–	–	–	–
–	–	–	–	–	–	–	–	–	–	–	–
<0,1	<0,1	<0,1	–	51	–	–	–	6	–	–	–
0,4	0,3	0,5	51	56	73	64 p	19	24	–	–	–
1,2	0,9	1,5	25	17	47	34	13	19	110	320	88
<0,1	<0,1	<0,1	–	–	–	–	–	–	–	–	–

	HIV-Infektionsrate bei Erwachsenen (15–49 J.) 2013 in % (Schätzung)	HIV-Infizierte in Tsd. (2013)			HIV-infizierte Frauen (15 Jahre +), 2013 in Tsd. (Schätzung)	HIV-infizierte Kinder (0–14 Jahre), 2013 in Tsd. (Schätzung)
		mittlere Schätzung	niedrige Schätzung	hohe Schätzung		
Weltregionen						
Afrika südlich der Sahara	4,6	24 700	23 500	26 100	12 800	2 900
Östliches und südliches Afrika	7,3	18 500	17 700	19 500	9 700	2 000
West- und Zentralafrika	2,2	6 200	5 700	6 700	3 100	870
Naher Osten und Nordafrika	0,1	220	150	300	80	14
Südasien	0,2	2 200	1 700	2 800	780	140
Ostasien und Pazifik	0,2	2 500	2 200	3 000	870	66
Lateinamerika und Karibik	0,5	1 800	1 600	2 300	570	52
Mittel- und Osteuropa, GUS	0,5	1 200	1 000	1 300	410	14
Am wenigsten entwickelte Länder	1,9	10 700	9 900	11 600	5 200	1 600
Welt	0,8	35 000	33 200	37 200	16 000	3 200

Definitionen der Weltregionen s. Seite 255 f.

* Werte beziehen sich auf die neuesten verfügbaren Daten aus dem genannten Zeitraum.

** Angaben ohne China

x Daten beziehen sich auf andere Jahre oder Zeiträume. Diese Werte werden nicht bei der Berechnung der regionalen und globalen Werte berücksichtigt (ausgenommen Daten aus Indien von 2005–2006). Schätzungen aus den Jahren vor 2000 sind nicht aufgeführt.

Prävention unter 15–24-Jährigen in %									Waisen			
HIV-Infektionsrate 2013			Anteil der umfassend Informierten (2009–2013*)		Verwendung von Kondomen bei wechselnden Sexualpartnern (2009–2013*)		HIV-Tests unter 15–24-Jährigen in % (2009–2013*)		durch Aids (0–17 Jahre) 2013 in Tsd. (Schätzung)	insgesamt (0–17 Jahre) 2013 in Tsd. (Schätzung)	Schulbesuchsrate von Waisen (10–14 Jahre) in % (2009–2013*)
gesamt	männl.	weibl.	männl.	weibl.	männl.	weibl.	männl.	weibl.			
1,7	1,1	2,2	35	27	46	33	13	18	15 200	52 000	96
2,7	1,8	3,7	39	33	45	30	18	28	10 700	26 000	89
0,7	0,5	0,9	33	22	47	35	6	10	4 500	26 000	103
<0,1	<0,1	<0,1	–	–	–	–	–	–	91	6 300	–
<0,1	<0,1	<0,1	30	17	33	17	1	1	590	39 000	73
<0,1	<0,1	<0,1	–	27 **	–	–	–	–	800	23 000	–
0,2	0,3	0,2	–	–	–	–	–	–	720	8 400	–
0,1	0,1	0,2	–	–	–	–	–	–	220	7 700	–
0,7	0,6	0,9	30	23	41	–	–	19	7 600	39 000	89
0,3	0,3	0,4	30 **	22 **	–	–	–	–	17 700	140 000	–

Definitionen s. Seite 257 ff., Hauptquellen s. Seite 265 ff.

– keine Daten verfügbar

p Zahlen beruhen auf einer kleinen Stichprobe (25–49 Fälle).

y Daten weichen von der Standarddefinition ab oder beziehen sich nur auf einen Teil des Landes. Diese Werte werden bei der Berechnung der regionalen und globalen Werte berücksichtigt, sofern sie in den angegebenen Referenzzeitraum fallen.

Tabelle 5: Bildung

	Alphabetisierungsrate (15–24 J.) in % (2009–2013*)		Anzahl pro 100 Einwohner 2013		Vorschule Einschulungsrate in % (2009–2012*) unbereinigt		Einschulungs- (2009–2012*) unbereinigt	
	männl.	weibl.	Mobiltel.	Internetzugang	männl.	weibl.	männl.	weibl.
Afghanistan	62	32	70	6	–	–	121	87
Ägypten	92	86	122	50	28	27	116	111
Albanien	99	99	116	60	69	69	–	–
Algerien	94 x	89 x	102	17	78	79	121	114
Andorra	–	–	81	94	–	–	–	–
Angola	80	66	62	19	70	103	171	110
Antigua und Barbuda	–	–	127	63	91	86	101	95
Äquatorialguinea	98	99	67	16	73	73	92	90
Argentinien	99	99	159	60	74	75	118	117
Armenien	100	100	112	46	44	60	96	110
Aserbaidschan	100	100	108	59	25	25	99	97
Äthiopien	63 x	47 x	27	2	–	–	–	–
Australien	–	–	107	83	–	–	105	105
Bahamas	–	–	76	72	–	–	107	109
Bahrain	99	98	166	90	50	50	–	–
Bangladesch	78	82	67	7	26	25	111	118
Barbados	–	–	108	75	80	79	106	105
Belgien	–	–	111	82	119	118	104	103
Belize	–	–	53	32	48	47	122	119
Benin	55 x	31 x	93	5	18	19	130	116
Bhutan	80 x	68 x	72	30	10	9	111	113
Bolivien	99	99	98	40	51	51	95	94
Bosnien und Herzegowina	100	100	91	68	17	16	–	–
Botsuana	94	98	161	15	18	18	108	104
Brasilien	98	99	135	52	–	–	–	–
Brunei Darussalam	100	100	112	65	92	91	96	95
Bulgarien	98	98	145	53	86	85	100	99
Burkina Faso	47 x	33 x	66	4	4	4	87	83
Burundi	90 x	88 x	25	1	8	8	138	137
Chile	99	99	134	67	115	112	103	100
China	100	100	89	46	70	70	128	128
Cookinseln (Neuseeland)	–	–	–	–	93	97	107	109
Costa Rica	99	99	146	46	74	74	106	105
Dänemark	–	–	127	95	103	100	102	101
Deutschland	–	–	119	84	113	112	101	100
Dominica	–	–	130	59	93	97	121	117
Dominikanische Republik	96	98	88	46	38	39	108	97
Dschibuti	–	–	28	10	4	4	73	66
Ecuador	99	99	111	40	148	152	114	113
Elfenbeinküste	58	39	95	3	5	5	102	87
El Salvador	96	97	136	23	62	63	115	110

Grundschule								Weiterführende Schule			
rate in % (2009–2013*) bereinigt		Schulbesuchsrate in % (2008–2013*) bereinigt		Kinder im Grundschulalter, die keine Schule besuchen (2009–2013*)		Anteil der Schüler in %, die die letzte Klasse erreichen werden		Einschulungsrate in % (2009–2013*) bereinigt		Schulbesuchsrate in % (2008–2013*) bereinigt	
männl.	weibl.	männl.	weibl.	in %	in Tsd.	offizielle Angaben (2009–2012*)	Befragungen (2008–2013*)	männl.	weibl.	männl.	weibl.
–	–	64 y	48 y	–	–	–	84	–	–	42 y	23 y
–	–	89 y	87 y	3	258	96	99	83	82	70	70
–	–	90	91	–	–	99	100	–	–	84	82
–	–	97 x	96 x	1	25	93	93 x	–	–	57 x	65 x
–	–	–	–	–	–	–	–	–	–	–	–
97	74	77	75	14	513	32	83 x	15	12	21	17
87	84	–	–	15	2	–	–	72	85	–	–
62	62	61 x	60 x	38	38	72	–	–	–	23 x	22 x
–	–	98	99	–	–	93	97	81	89	82	85
–	–	97 y	97 y	–	–	96	100 x	76	91	67 y	76 y
90	88	74 x	72 x	11	54	98	100 x	88	86	83 x	82 x
–	–	64	65	–	–	37	84 x	–	–	16	16
97	97	–	–	3	61	–	–	85	86	–	–
–	–	–	–	2	1	89	–	80	86	–	–
–	–	86 x	87 x	–	–	98	99 x	84	87	77 x	85 x
94	98	77	81	4	621	66	94 x	44	51	43	47
97	97	–	–	3	1	93	–	84	96	–	–
99	99	–	–	1	7	93	–	–	–	–	–
98	100	94	95	1	0,4	91	97	70	75	50	61
–	–	79	73	5	83	59	89 x	–	–	53	42
90	93	96	95	8	8	95	94	53	61	54	56
87	87	97	97	13	194	86	96	68	69	78	75
–	–	98	98	–	–	99	100	–	–	90	93
83	85	86 x	88 x	16	50	93 x	–	56 x	65 x	36 x	44 x
–	–	95 x	95 x	–	–	54	88 x	–	–	74 x	80 x
96	95	–	–	4	2	96	–	94	95	–	–
96	97	–	–	4	9	97	–	86	84	–	–
68	65	54	50	33	917	69	89 x	22	18	21	17
94	94	85	84	6	81	44	82 x	20	17	20	14
93	93	90 y	92 y	7	109	99	–	82	86	80 y	84 y
100 z	100 z	97 y	97 y	–	–	99 z	–	–	–	87 y	88 y
–	–	–	–	3	<0,1	–	–	77	75	–	–
92	93	96	96	7	33	88	93	71	75	69	74
98	99	–	–	2	9	99	–	90	92	–	–
99	100	–	–	0	13	96	–	–	–	–	–
95	97	–	–	4	0,3	88	–	79	88	–	–
90	88	91 y	92 y	11	137	79	78 x	58	66	56 x	68 x
62	55	71 y	68 y	42	39	76	92 x	29 x	21 x	45 x	37 x
96	98	96 y	97 y	3	59	91	–	73	75	78	80
67	56	72 y	64 y	38	1 142	82	90 x	–	–	33 y	25 y
95	95	–	–	5	41	84	–	61	62	–	–

	Alphabetisierungsrate (15–24 J.) in % (2009–2013*)		Anzahl pro 100 Einwohner 2013		Vorschule Einschulungsrate in % (2009–2012*) unbereinigt		Einschulungs- (2009–2012*) unbereinigt	
	männl.	weibl.	Mobiltel.	Internetzugang	männl.	weibl.	männl.	weibl.
Eritrea	93	89	6	1	13	13	46	39
Estland	100	100	160	80	94	91	98	98
Fidschi	–	–	101	37	17	19	104	105
Finnland	–	–	172	92	71	70	100	100
Frankreich	–	–	98	82	110	109	107	107
Gabun	87	89	215	9	35	36	167	162
Gambia	73	66	100	14	29	30	83	87
Georgien	100	100	115	43	–	–	106	107
Ghana	88	83	108	12	112	115	113	106
Grenada	–	–	126	35	95	102	105	102
Griechenland	99	99	117	60	78	79	102	102
Großbritannien	–	–	124	90	84	85	109	108
Guatemala	95	92	140	20	64	65	116	112
Guinea	38	22	63	2	16	15	98	83
Guinea-Bissau	80	69	74	3	6	7	120	112
Guyana	92	94	69	33	63	69	71	80
Haiti	74 x	70 x	69	11	–	–	–	–
Honduras	94	96	96	18	42	43	110	109
Indien	88 x	74 x	71	15	57	60	111	114
Indonesien	99	99	122	16	47	48	109	109
Irak	84	81	96	9	–	–	–	–
Iran	98	98	84	31	35	36	107	105
Irland	–	–	103	78	52	53	104	104
Island	–	–	108	97	98	96	98	99
Israel	100	99	123	71	104	103	105	105
Italien	100	100	159	58	99	97	101	99
Jamaika	93	99	100	38	74	75	–	–
Japan	–	–	115	86	–	–	102	102
Jemen	97	78	69	20	2	1	106	88
Jordanien	99	99	142	44	35	33	99	98
Kambodscha	88	86	134	6	15	15	127	121
Kamerun	85	76	70	6	29	30	118	103
Kanada	–	–	78	86	71	72	98	99
Kap Verde	98	98	100	38	75	75	117	107
Kasachstan	100	100	181	54	54	54	104	106
Katar	99	100	153	85	72	75	–	–
Kenia	83 x	82 x	71	39	51	51	113	111
Kirgisistan	100	100	121	23	24	25	107	105
Kiribati	–	–	17	12	–	–	114	118
Kolumbien	98	99	104	52	49	49	109	105
Komoren	86	87	47	7	24 x	23 x	123	112
Kongo, Dem. Republik	79 x	53 x	44	2	4	4	118	104
Kongo, Republik	86	77	105	7	14	14	106	113
Korea, Dem. Volksrepublik	100 x	100 x	10	–	–	–	–	–

Grundschule								Weiterführende Schule			
rate in % (2009–2013*) bereinigt		Schulbesuchsrate in % (2008–2013*) bereinigt		Kinder im Grundschulalter, die keine Schule besuchen (2009–2013*)		Anteil der Schüler in %, die die letzte Klasse erreichen werden		Einschulungsrate in % (2009–2013*) bereinigt		Schulbesuchsrate in % (2008–2013*) bereinigt	
männl.	weibl.	männl.	weibl.	in %	in Tsd.	offizielle Angaben (2009–2012*)	Befragungen (2008–2013*)	männl.	weibl.	männl.	weibl.
36	32	57 y	56 y	66	518	69	–	28	23	23 x	21 x
96	97	–	–	3	2	97	–	90	91	–	–
–	–	–	–	1	1	97	–	79	88	–	–
99	99	–	–	1	4	100	–	92	93	–	–
98	99	–	–	1	43	–	–	96	98	–	–
–	–	87 y	87 y	–	–	–	–	–	–	50 y	58 y
71	76	61	64	26	75	83	95	–	–	34	34
98	99	95	96	1	4	93	98 x	–	–	85	88
84	81	72	74	18	653	72 x	100	53	50	40	44
96	99	–	–	3	0,3	–	–	–	–	–	–
99	100	–	–	0	3	93	–	99	99	–	–
100	100	–	–	0	7	–	–	95	95	–	–
96	95	–	–	5	110	71	–	48	45	–	–
81	70	63	53	24	431	59	96 x	37	23	38	25
73	69	69	65	29	70	–	79	–	–	27	20
70	80	94	96	25	32	92	100	86	100	70	79
–	–	77 y	78 y	–	–	–	88	–	–	22 y	29 y
93	95	93 y	93 y	6	67	70	84	–	–	43 y	52 y
–	–	85 x	82 x	1	1 387	–	95 x	–	–	59 x	49 x
95	96	94	95	5	1 336	89	–	75	77	56	54
–	–	93	87	–	–	–	96	–	–	53	45
–	–	96	97	0	3	96	97	84	79	–	–
100	100	–	–	0	1	–	–	99	100	–	–
98	99	–	–	1	0,4	97	–	88	89	–	–
97	97	–	–	3	23	99	–	97	100	–	–
99	99	–	–	1	26	100	–	91	92	–	–
–	–	97	99	–	–	82	99	72	76	91	92
–	–	–	–	0	6	100	–	99	100	–	–
95	79	75 x	64 x	13	490	–	73 x	51	34	49 x	27 x
98	96	98	98	3	25	98	–	86	89	74	77
100	97	86 y	86 y	2	29	66	92 x	40 x	36 x	46	45
97	86	87	82	8	295	70	95 x	–	–	53	49
–	–	–	–	–	–	–	–	–	–	–	–
99	96	–	–	3	2	89	–	64	74	–	–
98	100	99	99	1	10	99	100	87	86	96	96
–	–	–	–	–	–	–	–	91	100	–	–
82	83	86	88	17	1 088	–	96	52	48	44	44
99	98	98	99	2	6	97	100	81	80	93	94
–	–	83	87	–	–	–	–	–	–	54	65
87	86	90	92	14	599	85	95	71	77	73	79
–	–	31 x	31 x	–	–	–	19 x	–	–	10 x	11 x
–	–	78	72	–	–	71	75	–	–	35	28
88	96	92 y	92 y	8	56	–	93 x	–	–	57 y	56 y
–	–	99	99	–	–	–	100	–	–	98	98

	Alphabetisierungsrate (15–24 J.) in % (2009–2013*)		Anzahl pro 100 Einwohner 2013		Vorschule Einschulungsrate in % (2009–2012*) unbereinigt		Einschulungs- (2009–2012*) unbereinigt	
	männl.	weibl.	Mobiltel.	Internetzugang	männl.	weibl.	männl.	weibl.
Korea, Republik	–	–	111	85	118	117	103	102
Kroatien	100	100	115	67	64	62	97	97
Kuba	100	100	18	26	110	109	100	99
Kuwait	99	99	190	75	–	–	–	–
Laos	89 x	79 x	66	13	24	25	126	119
Lesotho	74	92	86	5	–	–	112	110
Lettland	100	100	137	75	93	92	103	103
Libanon	98 x	99 x	81	71	93	89	111	102
Liberia	63 x	37 x	60	5	–	–	107	98
Libyen	100	100	165	17	–	–	–	–
Liechtenstein	–	–	98	94	97	93	105	105
Litauen	100	100	151	68	77	75	99	98
Luxemburg	–	–	149	94	88	89	96	98
Madagaskar	66	64	36	2	8	9	146	144
Malawi	74	70	32	5	–	–	139	144
Malaysia	98	98	145	67	73	68	–	–
Malediven	99 x	99 x	181	44	–	–	100	97
Mali	56	39	129	2	4	4	94	83
Malta	97 x	99 x	130	69	118	113	96	96
Marokko	89	74	129	56	66	52	119	113
Marshallinseln	–	–	–	12	46	49	106	105
Mauretanien	66 x	48 x	103	6	–	–	94	99
Mauritius	98	99	123	39	121	119	109	107
Mazedonien	99	98	106	61	28	29	89	89
Mexiko	99	99	86	43	100	103	105	105
Mikronesien	–	–	30	28	–	–	–	–
Moldau	100	100	106	49	80	79	94	94
Monaco	–	–	94	91	–	–	–	–
Mongolei	98	99	124	18	85	86	119	115
Montenegro	99	99	160	57	62	60	100	101
Mosambik	80	57	48	5	–	–	110	100
Myanmar	96	96	13	1	9	9	115	114
Namibia	83 x	91 x	110	14	–	–	111	108
Nauru	–	–	–	–	86	71	93	96
Nepal	89	77	71	13	83	81	134	145
Neuseeland	–	–	106	83	90	93	98	99
Nicaragua	85 x	89 x	112	16	54	56	118	116
Niederlande	–	–	114	94	91	91	106	105
Niger	35	15	39	2	6	6	77	65
Nigeria	76 x	58 x	73	38	13	13	88	81
Niue (Neuseeland)	–	–	–	87	–	–	–	–
Norwegen	–	–	116	95	99	99	99	100
Oman	97	98	155	66	55	55	109	109
Österreich	–	–	156	81	104	103	101	101

Grundschule								Weiterführende Schule			
rate in % (2009–2013*) bereinigt		Schulbesuchsrate in % (2008–2013*) bereinigt		Kinder im Grundschulalter, die keine Schule besuchen (2009–2013*)		Anteil der Schüler in %, die die letzte Klasse erreichen werden		Einschulungsrate in % (2009–2013*) bereinigt		Schulbesuchsrate in % (2008–2013*) bereinigt	
						offizielle Angaben (2009–2012*)	Befragungen (2008–2013*)				
männl.	weibl.	männl.	weibl.	in %	in Tsd.			männl.	weibl.	männl.	weibl.
100	99	–	–	1	22	99	–	96	96	–	–
98	100	–	–	1	2	99	–	92	95	–	–
96	97	–	–	3	28	96	–	86	87	–	–
–	–	–	–	–	–	94	–	–	–	–	–
97	95	85	85	4	30	70	95	43	40	45	45
80	84	87	91	18	62	64	84 x	26	41	26	40
98	99	–	–	2	2	93	–	83	84	–	–
99	93	98	98	4	18	93	93 x	67	68	77	85
42	40	36 x	33 x	59	389	68 x	76 x	–	–	18 x	17 x
–	–	–	–	–	–	–	–	–	–	–	–
–	–	–	–	1	<0,1	–	–	99	86	–	–
98	98	–	–	2	2	97	–	97	96	–	–
94	96	–	–	5	2	–	–	85	88	–	–
–	–	68 y	71 y	–	–	41	89	31	31	27	28
–	–	84	86	3	63	49	79	30	29	10	10
–	–	–	–	–	–	99	–	67	66	–	–
95	94	94	95	5	2	83	99	–	–	63	70
78	68	60	55	27	637	62	90	40	28	36	23
95	95	–	–	5	1	94	–	80	84	–	–
98	97	91 x	88 x	3	87	92	–	–	–	39 x	36 x
–	–	–	–	0	<0,1	83 x	–	–	–	–	–
68	73	60	62	30	169	81 x	78	–	–	26	22
98	98	–	–	2	2	97	–	–	–	–	–
92	92	99	98	8	10	–	99	–	–	87	84
97	99	97 x	97 x	2	291	96	–	66	69	–	–
–	–	–	–	–	–	–	–	–	–	–	–
91	90	99	98	9	14	96	100 x	78	78	86 x	90 x
–	–	–	–	–	–	–	–	–	–	–	–
98	97	95	97	2	5	93	99	81	85	91	96
98	99	97 x	98 x	2	1	80	97 x	–	–	90 x	92 x
89	84	77 y	77 y	14	692	31	60	18	17	25 y	22 y
–	–	90	91	–	–	75	93	46	48	58	59
87	90	86 y	88 y	11	43	84	89 x	–	–	47 x	62 x
75	77	97 y	98 y	24	0,3	–	–	68	67	65 y	72 y
98	97	96	91	2	82	55	95 x	58	60	74	66
98	99	–	–	1	5	–	–	97	97	–	–
93	94	71	70	7	54	–	56 x	42	49	38 x	48 x
99	99	–	–	1	16	–	–	90	91	–	–
69	58	55	46	36	1 049	69	92	15	10	21	13
71	60	62 y	57 y	34	8 709	79	97	–	–	53 y	45 y
–	–	100	100	–	–	–	–	–	–	–	–
99	100	–	–	1	2	98	–	94	96	–	–
97	98	–	–	3	7	94	–	–	–	–	–
–	–	–	–	–	–	100	–	–	–	–	–

	Alphabetisierungsrate (15–24 J.) in % (2009–2013*)		Anzahl pro 100 Einwohner 2013		Vorschule Einschulungsrate in % (2009–2012*) unbereinigt		Einschulungs- (2009–2012*) unbereinigt	
	männl.	weibl.	Mobiltel.	Internetzugang	männl.	weibl.	männl.	weibl.
Pakistan	78	63	70	11	87	77	99	86
Palästina	99	99	74	47	42	42	95	94
Palau	100	100	90	–	–	–	–	–
Panama	98	97	163	43	65	65	102	99
Papua-Neuguinea	67	76	41	7	101 x	99 x	119	109
Paraguay	99	99	104	37	34	35	97	93
Peru	99	99	98	39	78	78	100	99
Philippinen	97 x	98 x	105	37	51	52	107	105
Polen	100	100	150	63	78	78	101	101
Portugal	99	99	113	62	87	85	107	105
Ruanda	77	78	57	9	13	14	132	135
Rumänien	99	99	106	50	77	78	95	93
Russische Föderation	100	100	153	61	92	90	100	101
Salomonen	–	–	58	8	43	43	142	140
Sambia	70 x	58 x	72	15	–	–	114	113
Samoa	99	100	–	15	32	36	105	105
San Marino	–	–	117	51	106	108	94	93
São Tomé und Príncipe	83 x	77 x	65	23	49	51	120	116
Saudi-Arabien	99	99	176	61	–	–	100	106
Schweden	–	–	124	95	95	95	102	101
Schweiz	–	–	134	87	99	100	103	103
Senegal	74	59	93	21	13	15	81	87
Serbien	99	99	119	52	56	56	93	93
Seychellen	99	99	147	50	112	107	104	110
Sierra Leone	72	54	44	2	9	10	132	131
Simbabwe	90	92	96	19	–	–	–	–
Singapur	100	100	156	73	–	–	–	–
Slowakei	–	–	114	78	92	90	102	101
Slowenien	100	100	110	73	95	93	99	99
Somalia	–	–	49	2	–	–	–	–
Spanien	100	100	107	72	128	127	103	103
Sri Lanka	98	99	95	22	89	89	99	98
St. Kitts und Nevis	–	–	142	80	88	103	87	88
St. Lucia	–	–	116	35	61	62	89	86
St. Vincent u. d. Grenadinen	–	–	115	52	79	80	107	103
Südafrika	98	99	147	49	77	77	104	99
Sudan	90	85	73	23	34	36	73	64
Südsudan	–	–	25	–	6	6	103	68
Suriname	98	99	127	37	89	88	117	112
Swasiland	92	95	71	25	25	26	121	109
Syrien	97	94	56	26	11	10	124	120
Tadschikistan	100	100	92	16	10	8	101	98
Tansania	76	73	56	4	35	34	92	94
Thailand	97	97	138	29	111	113	97	94

Grundschule								Weiterführende Schule			
Einschulungsrate in % (2009–2013*) bereinigt		Schulbesuchsrate in % (2008–2013*) bereinigt		Kinder im Grundschulalter, die keine Schule besuchen (2009–2013*)		Anteil der Schüler in %, die die letzte Klasse erreichen werden		Einschulungsrate in % (2009–2013*) bereinigt		Schulbesuchsrate in % (2008–2013*) bereinigt	
männl.	weibl.	männl.	weibl.	in %	in Tsd.	offizielle Angaben (2009–2012*)	Befragungen (2008–2013*)	männl.	weibl.	männl.	weibl.
77	67	67	60	28	5 370	61	–	41	31	45	38
93	92	93	93	7	33	99	100	77	84	62	76
–	–	–	–	–	–	–	–	–	–	–	–
92	92	–	–	8	35	92	–	74	79	–	–
90	83	–	–	13	165	–	–	–	–	–	–
83	82	87	89	17	150	80	–	60	65	81 x	80 x
96	96	97	97	4	129	74	87	77	77	81	82
88	89	88 x	89 x	11	1 469	76 x	90 x	56	67	55 x	70 x
97	97	–	–	3	70	99	–	90	91	–	–
98	99	–	–	1	8	–	–	–	–	–	–
–	–	91 y	93 y	1	23	36	76 x	–	–	19 y	23 y
86	85	–	–	14	122	94	–	79	81	–	–
97	98	–	–	3	151	97	–	–	–	–	–
–	–	63 x,y	69 x,y	–	–	63	–	–	–	29 x,y	30 x,y
98	98	71 y	72 y	2	59	53 x	87 x	–	–	47 y	44 y
95	97	88 y	89 y	4	1	90	–	75	84	51 y	70 y
93	93	–	–	7	0,1	96	–	91	92	–	–
97	97	94	94	3	1	66	84	–	–	38	39
91	96	–	–	6	216	99	–	–	–	–	–
100	99	–	–	1	3	96	–	93	93	–	–
99	100	–	–	1	4	–	–	82	80	–	–
77	82	60	63	21	439	61	90	–	–	39	33
93	93	98	99	7	22	98	99	90	91	88	90
–	–	–	–	6	1	94	–	91	100	–	–
–	–	73	76	–	–	–	93	–	–	40	33
–	–	87 y	88 y	–	–	–	82	–	–	50 y	50 y
–	–	–	–	–	–	99 x	–	–	–	–	–
–	–	–	–	–	–	98	–	–	–	–	–
97	98	–	–	2	2	99	–	93	94	–	–
–	–	25 x	21 x	–	–	–	85 x	–	–	10 x	5 x
100	100	–	–	0	7	97	–	95	96	–	–
94	94	–	–	6	108	97	–	83	87	–	–
82	85	–	–	16	1	74	–	84	88	–	–
83	83	100	99	17	4	90	100	81	84	91	92
–	–	–	–	1	0,1	69	–	84	87	–	–
90	91	–	–	10	656	–	–	–	–	–	–
54	49	78	72	48	2 811	76	82	33	30	33	30
48	34	29	23	59	992	–	65	–	–	6	3
92	93	95	96	8	5	90 x	96	52	63	53	66
–	–	96	97	–	–	67	93	32	38	42	52
–	–	87 x	86 x	1	19	93	99 x	69	69	63 x	63 x
–	–	98	97	1	7	98	100 x	88	79	92	82
98 x	98 x	79	82	2 x	168 x	81	91 x	30	26	26	24
96	95	96	96	4	244	–	100	77	82	75	83

	Alphabetisierungsrate (15–24 J.) in % (2009–2013*)		Anzahl pro 100 Einwohner 2013		Vorschule Einschulungsrate in % (2009–2012*) unbereinigt		Einschulungs- (2009–2012*) unbereinigt	
	männl.	weibl.	Mobiltel.	Internetzugang	männl.	weibl.	männl.	weibl.
Timor-Leste	80	79	57	1	–	–	128	122
Togo	87	73	63	5	11	11	138	127
Tonga	99	100	55	35	71	70	109	108
Trinidad und Tobago	100	100	145	64	–	–	108	104
Tschad	54	44	36	2	2	1	108	82
Tschechische Republik	–	–	131	74	104	101	100	101
Tunesien	98	96	116	44	–	–	111	108
Türkei	100	98	93	46	31	30	101	99
Turkmenistan	100	100	117	10	–	–	–	–
Tuvalu	–	–	34	37	–	–	–	–
Uganda	90	85	44	16	13	14	109	111
Ukraine	100	100	138	42	103	100	105	107
Ungarn	99	99	116	73	88	87	101	100
Uruguay	99	99	155	58	89	89	114	110
Usbekistan	100	100	74	38	25	25	95	92
Vanuatu	95	95	59	11	61	61	123	122
Vatikanstadt	–	–	–	–	–	–	–	–
Venezuela	98	99	102	55	72	73	103	101
Ver. Arabische Emirate	94 x	97 x	172	88	71	72	110	107
Ver. Staaten von Amerika	–	–	96	84	75	73	99	97
Vietnam	97	97	131	44	79	75	104	105
Weißrussland	100	100	119	54	104	101	99	99
Zentralafrikanische Republik	49	27	29	4	6	6	109	81
Zypern	100	100	95	65	79	77	100	100
Weltregionen								
Afrika südlich der Sahara	75	64	66	17	20	20	104	96
Östliches und südliches Afrika	79	72	60	15	25	25	112	104
West- und Zentralafrika	71	54	72	18	15	15	100	90
Naher Osten und Nordafrika	94	89	107	37	27	26	107	101
Südasien	86	73	71	14	55	56	110	111
Ostasien und Pazifik	99	99	96	41	67	67	119	117
Lateinamerika und Karibik	98	98	115	47	74	75	110	107
Mittel- und Osteuropa, GUS	100	99	126	51	61	60	100	99
Am wenigsten entwick. Länder	76	67	55	7	16	16	110	102
Welt	92	87	92	38	55	53	110	107

Definitionen der Weltregionen s. Seite 255 f.

* Werte beziehen sich auf die neuesten verfügbaren Daten aus dem genannten Zeitraum.

** Angaben ohne China

x Daten beziehen sich auf andere Jahre oder Zeiträume. Diese Werte werden nicht bei der Berechnung der regionalen und globalen Werte berücksichtigt (ausgenommen Daten aus Indien von 2005–2006 und aus Brasilien von 2006). Schätzungen aus den Jahren vor 2000 sind nicht aufgeführt.

Grundschule								Weiterführende Schule			
rate in % (2009–2013*) bereinigt		Schulbesuchsrate in % (2008–2013*) bereinigt		Kinder im Grundschulalter, die keine Schule besuchen (2009–2013*)		Anteil der Schüler in %, die die letzte Klasse erreichen werden		Einschulungsrate in % (2009–2013*) bereinigt		Schulbesuchsrate in % (2008–2013*) bereinigt	
männl.	weibl.	männl.	weibl.	in %	in Tsd.	offizielle Angaben (2009–2012*)	Befragungen (2008–2013*)	männl.	weibl.	männl.	weibl.
92	91	71	73	8	16	84	91	36	40	43	48
98 x	87 x	91	87	7 x	67 x	67	90	–	–	51	40
89	91	–	–	10	2	–	–	–	–	–	–
99	98	98 x	98 x	1	2	89	98 x	–	–	84 x	90 x
72	56	55	48	36	770	38	89	–	–	22	12
–	–	–	–	–	–	99	–	–	–	–	–
–	–	98	98	0	1	95	97	–	–	69	77
96	95	94 y	92 y	5	313	90	95 x	84	80	52 x	43 x
–	–	–	–	–	–	–	–	–	–	–	–
–	–	97 x,y	99 x,y	–	–	–	–	–	–	35 x	47 x
90	92	81	81	9	663	25	72 x	–	–	16	19
98	99	100	100	2	24	98	100	85	86	93	93
96	97	–	–	3	13	98	–	92	92	–	–
–	–	–	–	0	0,5	95	–	68	76	–	–
93	90	96 x	96 x	9	178	98	100 x	–	–	91 x	90 x
–	–	76 y	78 y	–	–	71 x	88 x	51	53	22 y	26 y
–	–	–	–	–	–	–	–	–	–	–	–
96	93	91 x	93 x	6	191	94	82 x	71	78	30 x	43 x
99	97	–	–	2	6	84	–	–	–	–	–
93	93	–	–	7	1 800	–	–	86	88	–	–
–	–	98	98	2	122	97	99	–	–	78	84
94	94	93	90	6	20	99	100	95	96	96	98
81	64	78	68	28	194	47	81	18	10	23	15
98	98	–	–	2	1	–	–	91	93	–	–
81	75	71	69	22	32 711	58	88	35	30	34	30
86	83	75	76	15	10 980	48	–	34	32	24	24
77	69	67	63	27	18 828	70	91	36	28	42	35
92	89	90	87	9	4 301	85	94	72	67	–	–
94	94	82	78	6	9 810	63	94	55	48	56	47
95	95	96	96	5	6 853	92	–	75	76	80	80
93	94	93	94	6	3 759	77	90	71	75	73	78
95	95	96	95	5	1 008	95	–	–	–	–	–
84	79	74	72	18	23 802	55	–	36	32	34	32
92	90	84	82	9	57 781	75	92 **	66	63	60	56

Definitionen s. Seite 257 ff., Hauptquellen s. Seite 265 ff.

- y Daten weichen von der Standarddefinition ab oder beziehen sich nur auf einen Teil des Landes. Diese Werte werden bei der Berechnung der regionalen und globalen Werte berücksichtigt, sofern sie in den angegebenen Referenzzeitraum fallen.
- z Daten stammen vom chinesischen Bildungsministerium.
- – keine Daten verfügbar

Tabelle 6: Demografische Indikatoren

	Bevölkerung 2013 in Tsd.			Durchschnittliche jährliche Wachstumsrate der Bevölkerung in %	
	gesamt	unter 18 J.	unter 5 J.	1990–2013	2013–2030[a]
Afghanistan	30 552	16 536	4 905	4,2	2,1
Ägypten	82 056	30 122	9 268	1,6	1,3
Albanien	3 173	833	198	−0,4	0,2
Algerien	39 208	12 817	4 557	1,7	1,3
Andorra	79	14	4	1,6	0,7
Angola	21 472	11 619	4 021	3,2	2,8
Antigua und Barbuda	90	27	7	1,6	0,9
Äquatorialguinea	757	341	115	3,1	2,4
Argentinien	41 446	12 076	3 434	1,0	0,7
Armenien	2 977	723	210	−0,8	0,0
Aserbaidschan	9 413	2 547	787	1,2	0,6
Äthiopien	94 101	47 034	14 249	2,9	2,2
Australien	23 343	5 345	1 565	1,4	1,1
Bahamas	377	99	29	1,7	1,0
Bahrain	1 332	327	103	4,3	1,2
Bangladesch	156 595	56 666	15 128	1,6	1,0
Barbados	285	65	18	0,4	0,4
Belgien	11 104	2 252	655	0,5	0,3
Belize	332	133	38	2,5	1,9
Benin	10 323	5 099	1 657	3,2	2,4
Bhutan	754	256	71	1,5	1,0
Bolivien	10 671	4 402	1 279	2,0	1,5
Bosnien und Herzegowina	3 829	769	162	−0,7	−0,2
Botsuana	2 021	811	232	1,6	0,9
Brasilien	200 362	58 552	14 636	1,3	0,6
Brunei Darussalam	418	126	33	2,1	1,0
Bulgarien	7 223	1 184	344	−0,9	−0,9
Burkina Faso	16 935	8 859	2 983	2,8	2,6
Burundi	10 163	5 164	1 897	2,6	2,8
Chile	17 620	4 532	1 224	1,3	0,7
China	1 385 567	301 233	90 187	0,8	0,3
Cookinseln (Neuseeland)	21	7	2	0,7	0,4
Costa Rica	4 872	1 397	363	2,0	1,0
Dänemark	5 619	1 198	323	0,4	0,4
Deutschland	82 727	13 288	3 475	0,1	−0,2
Dominica	72	22	6	0,1	0,4
Dominikanische Republik	10 404	3 731	1 061	1,6	0,9
Dschibuti	873	347	109	1,7	1,2
Ecuador	15 738	5 598	1 599	1,9	1,3
Elfenbeinküste	20 316	9 765	3 196	2,2	2,1
El Salvador	6 340	2 344	635	0,7	0,5

Sterberate in ‰ (unbereinigt)			Geburtenrate in ‰ (unbereinigt)			Lebenserwartung			Fruchtbarkeitsrate	Städtische Bevölkerung in %	Durchschnittliche jährliche Wachstumsrate der städtischen Bevölkerung in %	
1970	1990	2013	1970	1990	2013	1970	1990	2013	2013	2013	1990–2013	2013–2030[a]
28	16	8	53	50	34	37	49	61	4,9	26	5,7	3,7
16	8	6	41	31	23	52	65	71	2,8	43	1,6	1,8
8	6	7	34	25	13	67	72	77	1,8	55	1,5	1,5
17	6	6	47	32	24	50	67	71	2,8	70	3,0	1,9
–	–	–	–	–	–	–	–	–	–	86	1,2	0,3
27	23	14	52	53	44	37	41	52	5,9	42	5,4	4,3
7	7	6	30	19	16	66	71	76	2,1	25	0,0	0,1
25	20	13	39	47	35	40	47	53	4,8	40	3,6	3,0
9	8	8	23	22	17	66	72	76	2,2	91	1,3	0,8
6	8	9	23	22	14	70	68	75	1,7	63	−1,1	0,0
9	8	7	29	27	18	65	65	71	1,9	54	1,2	1,2
21	18	8	48	47	33	43	47	64	4,5	19	4,6	4,4
9	7	7	20	15	13	71	77	82	1,9	89	1,5	1,3
6	5	6	26	24	15	66	71	75	1,9	83	1,8	1,1
7	3	2	38	29	15	63	72	77	2,1	89	4,3	1,3
19	10	6	47	35	20	48	60	71	2,2	33	3,8	2,8
10	10	9	22	16	13	65	71	75	1,8	32	0,3	0,6
12	11	10	14	12	12	71	76	81	1,9	98	0,5	0,3
8	5	4	42	36	23	66	71	74	2,7	44	2,2	2,0
24	14	9	47	46	36	42	54	59	4,8	43	4,1	3,4
26	13	7	49	38	20	37	52	68	2,2	37	5,0	2,5
20	10	7	46	37	26	46	59	67	3,2	68	2,8	2,0
7	10	10	23	15	9	66	67	76	1,3	39	−0,7	0,5
13	7	17	46	35	24	55	63	48	2,6	57	3,0	1,4
10	7	6	35	24	15	59	66	74	1,8	85	1,9	0,9
6	4	3	36	32	16	67	74	79	2,0	77	2,8	1,4
9	13	16	16	12	10	71	71	74	1,5	73	−0,4	−0,5
25	17	11	47	47	41	39	49	56	5,6	28	5,9	4,9
21	18	13	47	50	45	44	47	54	6,0	11	5,2	5,2
10	6	6	29	23	14	62	74	80	1,8	89	1,5	0,8
8	7	7	35	23	13	63	69	75	1,7	53	3,8	1,8
–	–	–	–	–	–	–	–	–	–	74	1,8	0,7
7	4	4	33	27	15	67	76	80	1,8	75	3,8	1,7
10	12	10	15	12	11	73	75	79	1,9	87	0,5	0,6
12	11	11	14	10	8	71	75	81	1,4	75	0,2	0,1
–	–	–	–	–	–	–	–	–	–	69	0,5	0,8
11	6	6	42	30	21	58	68	73	2,5	77	3,0	1,7
15	11	9	45	40	27	49	57	62	3,4	77	1,8	1,4
12	6	5	41	30	21	58	69	76	2,6	63	2,5	1,7
21	14	14	53	41	37	44	52	51	4,9	53	3,5	3,2
13	7	7	43	32	20	56	66	73	2,2	66	2,0	1,1

	Bevölkerung 2013 in Tsd.			Durchschnittliche jährliche Wachstumsrate der Bevölkerung in %	
	gesamt	unter 18 J.	unter 5 J.	1990–2013	2013–2030[a]
Eritrea	6 333	3 118	1 060	2,9	2,6
Estland	1 287	241	71	−0,9	−0,4
Fidschi	881	301	90	0,8	0,4
Finnland	5 426	1 078	306	0,4	0,2
Frankreich	64 291	14 058	3 943	0,5	0,4
Gabun	1 672	747	243	2,5	2,1
Gambia	1 849	971	339	3,1	3,0
Georgien	4 341	922	298	−1,0	−0,6
Ghana	25 905	11 601	3 677	2,5	1,8
Grenada	106	34	10	0,4	0,1
Griechenland	11 128	1 950	566	0,4	−0,1
Großbritannien	63 136	13 311	3 969	0,4	0,5
Guatemala	15 468	7 298	2 250	2,4	2,2
Guinea	11 745	5 746	1 886	2,9	2,3
Guinea-Bissau	1 704	817	270	2,2	2,2
Guyana	800	338	84	0,4	0,4
Haiti	10 317	4 276	1 250	1,6	1,1
Honduras	8 098	3 391	997	2,2	1,7
Indien	1 252 140	435 384	121 293	1,6	1,0
Indonesien	249 866	85 506	23 979	1,5	0,9
Irak	33 765	15 752	4 909	2,9	2,4
Iran	77 447	21 920	7 090	1,4	1,0
Irland	4 627	1 175	363	1,2	0,9
Island	330	82	24	1,1	0,9
Israel	7 733	2 509	782	2,4	1,3
Italien	60 990	10 308	2 859	0,3	0,0
Jamaika	2 784	934	249	0,7	0,3
Japan	127 144	20 195	5 382	0,2	−0,3
Jemen	24 407	11 587	3 446	3,2	1,9
Jordanien	7 274	2 900	955	3,4	1,5
Kambodscha	15 135	5 583	1 713	2,2	1,4
Kamerun	22 254	11 037	3 630	2,7	2,3
Kanada	35 182	7 023	1 991	1,0	0,8
Kap Verde	499	180	48	1,5	0,9
Kasachstan	16 441	4 946	1 658	0,1	0,7
Katar	2 169	347	109	6,6	1,4
Kenia	44 354	21 524	7 048	2,8	2,4
Kirgisistan	5 548	1 997	681	1,0	1,3
Kiribati	102	39	11	1,6	1,4
Kolumbien	48 321	16 014	4 502	1,6	1,0
Komoren	735	354	116	2,5	2,1
Kongo, Dem. Republik	67 514	34 914	11 907	2,9	2,5
Kongo, Republik	4 448	2 170	738	2,7	2,5
Korea, Dem. Volksrepublik	24 895	6 583	1 710	0,9	0,4

Sterberate in ‰ (unbereinigt)			Geburtenrate in ‰ (unbereinigt)			Lebenserwartung			Fruchtbarkeitsrate	Städtische Bevölkerung in %	Durchschnittliche jährliche Wachstumsrate der städtischen Bevölkerung in %	
1970	1990	2013	1970	1990	2013	1970	1990	2013	2013	2013	1990–2013	2013–2030[a]
22	15	7	47	45	37	41	48	63	4,7	22	4,3	4,5
11	13	14	15	14	11	70	69	74	1,6	68	−1,1	−0,3
8	6	7	34	29	20	60	66	70	2,6	53	1,9	1,0
10	10	10	14	13	11	70	75	81	1,9	84	0,6	0,4
11	9	9	17	13	12	72	77	82	2,0	79	0,8	0,7
20	11	9	37	37	32	47	61	63	4,1	87	3,5	2,2
26	14	10	50	47	43	38	52	59	5,8	58	4,9	3,7
10	9	12	19	17	13	67	70	74	1,8	53	−1,1	−0,1
16	11	9	47	39	31	49	57	61	3,9	53	4,1	2,8
9	9	7	28	28	19	64	69	73	2,2	36	0,7	0,4
10	9	10	17	10	10	71	77	81	1,5	77	0,7	0,3
12	11	9	15	14	12	72	76	81	1,9	82	0,6	0,7
15	9	5	44	39	31	52	62	72	3,8	51	3,3	3,1
27	17	11	45	46	37	37	50	56	4,9	36	4,0	3,6
20	17	13	44	45	37	44	49	54	4,9	48	4,5	3,4
10	9	7	34	23	20	59	62	66	2,5	28	0,2	1,1
18	13	9	39	37	26	47	54	63	3,1	56	4,6	2,4
15	7	5	47	38	26	53	67	74	3,0	54	3,4	2,6
16	11	8	38	31	20	49	59	66	2,5	32	2,6	2,2
14	8	6	40	26	19	52	63	71	2,3	52	3,8	2,0
12	6	5	46	38	31	58	68	69	4,0	69	2,8	2,7
16	7	5	42	33	19	51	63	74	1,9	72	2,5	1,5
11	9	6	22	14	15	71	75	81	2,0	63	1,6	1,3
7	7	6	21	17	15	74	78	82	2,1	94	1,3	1,0
7	6	5	26	22	20	72	76	82	2,9	92	2,4	1,4
10	10	10	17	10	9	71	77	82	1,5	69	0,4	0,3
8	7	7	36	26	18	68	71	74	2,3	54	1,1	0,9
7	7	10	19	10	8	72	79	84	1,4	92	0,9	0,0
24	12	7	52	52	31	41	58	63	4,1	33	5,2	3,5
10	5	4	51	34	27	60	70	74	3,2	83	3,9	1,7
20	12	6	43	42	26	42	55	72	2,9	20	3,4	2,7
19	14	12	45	45	37	46	54	55	4,8	53	3,9	3,2
7	7	8	17	14	11	72	77	81	1,7	81	1,3	1,1
15	8	5	41	39	20	52	66	75	2,3	64	3,1	1,6
9	9	10	25	24	21	63	67	67	2,5	53	−0,2	1,0
5	2	1	36	23	11	68	75	78	2,0	99	6,9	1,5
15	10	8	51	42	35	52	59	62	4,4	25	4,5	4,0
11	8	7	31	31	27	60	66	68	3,1	35	0,7	2,0
15	9	6	39	36	23	51	61	69	3,0	44	2,6	1,9
9	6	6	38	27	19	61	68	74	2,3	76	2,1	1,3
18	12	9	45	38	35	48	56	61	4,7	28	2,5	2,8
20	18	15	47	48	43	44	47	50	5,9	41	4,2	3,7
14	12	10	43	38	38	53	55	59	5,0	65	3,5	3,0
10	6	9	37	21	14	60	70	70	2,0	61	1,1	0,8

	Bevölkerung 2013 in Tsd.			Durchschnittliche jährliche Wachstumsrate der Bevölkerung in %	
	gesamt	unter 18 J.	unter 5 J.	1990–2013	2013–2030[a]
Korea, Republik	49 263	9 339	2 362	0,6	0,3
Kroatien	4 290	786	215	−0,5	−0,4
Kuba	11 266	2 254	529	0,3	−0,2
Kuwait	3 369	975	324	2,1	2,1
Laos	6 770	2 859	880	2,0	1,5
Lesotho	2 074	906	262	1,1	0,9
Lettland	2 050	360	110	−1,1	−0,6
Libanon	4 822	1 274	302	2,5	0,4
Liberia	4 294	2 119	686	3,1	2,3
Libyen	6 202	2 143	641	1,6	1,1
Liechtenstein	37	7	2	1,1	0,7
Litauen	3 017	562	167	−0,9	−0,4
Luxemburg	530	113	31	1,4	1,1
Madagaskar	22 925	11 303	3 606	3,0	2,7
Malawi	16 363	8 533	2 870	2,4	2,7
Malaysia	29 717	9 426	2 499	2,1	1,3
Malediven	345	120	37	2,0	1,4
Mali	15 302	8 247	2 951	2,8	3,1
Malta	429	79	20	0,6	0,1
Marokko	33 008	11 010	3 422	1,3	1,0
Marshallinseln	53	19	5	0,5	0,6
Mauretanien	3 890	1 808	584	2,8	2,2
Mauritius	1 244	303	70	0,7	0,2
Mazedonien	2 107	433	112	0,2	−0,1
Mexiko	122 332	41 942	11 292	1,5	0,9
Mikronesien	104	44	12	0,3	0,9
Moldau	3 487	701	215	−1,0	−0,8
Monaco	38	7	2	1,1	0,9
Mongolei	2 839	916	309	1,1	1,0
Montenegro	621	142	39	0,0	−0,1
Mosambik	25 834	13 393	4 399	2,8	2,4
Myanmar	53 259	16 096	4 406	1,0	0,6
Namibia	2 303	988	284	2,1	1,6
Nauru	10	4	1	0,4	0,5
Nepal	27 797	11 526	2 911	1,9	1,0
Neuseeland	4 506	1 094	318	1,2	0,9
Nicaragua	6 080	2 392	686	1,7	1,1
Niederlande	16 759	3 457	888	0,5	0,2
Niger	17 831	10 081	3 695	3,6	3,9
Nigeria	173 615	87 992	30 546	2,6	2,7
Niue (Neuseeland)	1	0	0	−2,4	−1,3
Norwegen	5 043	1 137	322	0,8	0,9
Oman	3 632	1 026	353	3,0	1,8
Österreich	8 495	1 510	407	0,4	0,3

Sterberate in ‰ (unbereinigt)			Geburtenrate in ‰ (unbereinigt)			Lebenserwartung			Fruchtbarkeitsrate	Städtische Bevölkerung in %	Durchschnittliche jährliche Wachstumsrate der städtischen Bevölkerung in %	
1970	1990	2013	1970	1990	2013	1970	1990	2013	2013	2013	1990–2013	2013–2030[a]
9	6	6	32	16	10	61	72	82	1,3	82	1,1	0,5
10	11	12	15	12	10	68	72	77	1,5	58	−0,1	0,2
7	7	8	29	17	10	70	75	79	1,4	77	0,5	0,0
6	3	3	49	19	21	66	72	74	2,6	98	2,2	2,1
18	13	6	43	43	27	46	54	68	3,0	36	5,8	3,5
17	10	15	43	35	27	49	59	49	3,0	26	3,9	2,7
11	13	16	14	14	11	70	69	72	1,6	67	−1,3	−0,5
8	7	4	32	25	13	66	70	80	1,5	88	2,7	0,5
24	18	9	49	45	35	39	47	61	4,8	49	2,6	3,2
13	5	4	47	29	21	56	68	75	2,4	78	1,8	1,4
–	–	–	–	–	–	–	–	–	–	14	0,4	1,0
9	11	14	17	15	11	71	71	72	1,5	67	−1,0	−0,2
12	10	8	13	12	12	70	75	81	1,7	90	1,9	1,3
21	15	7	48	45	35	45	51	65	4,5	34	4,6	4,2
24	18	11	52	50	40	41	47	55	5,4	16	3,8	4,2
7	5	5	33	28	18	64	71	75	2,0	73	3,8	1,9
21	9	3	50	41	22	44	61	78	2,3	43	4,3	2,9
32	20	13	49	48	47	32	46	55	6,8	38	5,0	4,7
9	7	8	16	16	9	71	75	80	1,4	95	0,8	0,2
14	7	6	43	30	23	53	65	71	2,7	59	2,1	1,7
–	–	–	–	–	–	–	–	–	–	72	0,9	0,9
16	11	9	46	41	34	49	58	62	4,7	59	4,4	3,0
7	6	8	29	21	11	63	69	74	1,5	40	0,3	0,2
8	8	10	24	18	11	66	71	75	1,4	57	0,1	0,3
10	5	5	43	28	18	61	71	78	2,2	79	1,9	1,2
9	7	6	41	34	24	62	66	69	3,3	22	−0,3	1,4
10	10	14	20	19	12	65	68	69	1,5	45	−1,2	−0,2
–	–	–	–	–	–	–	–	–	–	100	1,1	0,9
15	10	7	44	32	23	55	60	68	2,4	70	2,1	1,8
8	7	10	21	14	12	70	74	75	1,7	64	1,3	0,2
25	20	14	48	43	39	39	44	50	5,2	32	3,8	3,5
15	10	9	40	27	17	51	59	65	1,9	33	2,3	2,1
15	9	7	43	38	26	53	61	64	3,1	45	4,2	3,3
–	–	–	–	–	–	–	–	–	–	100	0,4	0,5
21	12	7	42	38	21	42	55	68	2,3	18	4,9	3,0
8	8	7	22	17	14	71	75	81	2,1	86	1,3	0,9
13	7	5	46	37	23	54	64	75	2,5	58	2,1	1,7
8	9	9	17	13	11	74	77	81	1,8	89	1,7	0,6
28	23	11	56	55	50	36	44	58	7,6	18	4,4	5,6
23	18	13	46	44	41	41	46	53	6,0	46	4,5	4,0
–	–	–	–	–	–	–	–	–	–	41	−1,2	0,1
10	11	8	16	14	12	74	76	82	1,9	80	1,2	1,1
16	5	3	48	38	21	50	67	77	2,9	77	3,7	2,2
13	11	9	15	12	10	70	75	81	1,5	66	0,5	0,6

	Bevölkerung 2013 in Tsd.			Durchschnittliche jährliche Wachstumsrate der Bevölkerung in %	
	gesamt	unter 18 J.	unter 5 J.	1990–2013	2013–2030[a]
Pakistan	182 143	73 854	21 761	2,1	1,4
Palästina	4 326	2 051	615	3,2	2,3
Palau	21	7	2	1,4	1,0
Panama	3 864	1 301	369	1,9	1,4
Papua-Neuguinea	7 321	3 263	987	2,5	1,9
Paraguay	6 802	2 623	762	2,0	1,4
Peru	30 376	10 480	2 924	1,4	1,1
Philippinen	98 394	39 758	11 334	2,0	1,5
Polen	38 217	6 960	2 061	0,0	−0,1
Portugal	10 608	1 891	479	0,3	−0,1
Ruanda	11 777	5 961	1 941	2,1	2,4
Rumänien	21 699	3 942	1 111	−0,3	−0,4
Russische Föderation	142 834	26 570	8 321	−0,2	−0,4
Salomonen	561	262	82	2,6	1,8
Sambia	14 539	7 763	2 656	2,7	3,2
Samoa	190	84	25	0,7	0,6
San Marino	31	6	2	1,2	0,3
São Tomé und Príncipe	193	92	31	2,2	2,2
Saudi-Arabien	28 829	9 689	2 924	2,5	1,2
Schweden	9 571	1 929	571	0,5	0,7
Schweiz	8 078	1 458	406	0,8	0,9
Senegal	14 133	7 074	2 379	2,7	2,6
Serbien	9 511	1 893	472	−0,1	−0,6
Seychellen	93	25	7	1,3	0,3
Sierra Leone	6 092	2 930	935	1,8	1,6
Simbabwe	14 150	6 581	2 042	1,3	2,1
Singapur	5 412	1 089	277	2,5	1,1
Slowakei	5 450	997	291	0,1	−0,1
Slowenien	2 072	354	107	0,1	0,0
Somalia	10 496	5 678	1 957	2,2	2,8
Spanien	46 927	8 458	2 530	0,8	0,2
Sri Lanka	21 273	6 308	1 883	0,9	0,5
St. Kitts und Nevis	54	17	5	1,2	0,8
St. Lucia	182	53	14	1,2	0,6
St. Vincent u. d. Grenadinen	109	34	9	0,1	0,0
Südafrika	52 776	18 366	5 437	1,6	0,6
Sudan	37 964	18 135	5 722	2,8	2,2
Südsudan	11 296	5 523	1 785	2,9	2,5
Suriname	539	177	47	1,2	0,7
Swasiland	1 250	562	170	1,6	1,1
Syrien	21 898	9 085	2 588	2,5	1,8
Tadschikistan	8 208	3 467	1 195	1,9	1,9
Tansania	49 253	25 241	8 657	2,9	2,8
Thailand	67 011	14 862	3 635	0,7	0,0

Sterberate in ‰ (unbereinigt)			Geburtenrate in ‰ (unbereinigt)			Lebenserwartung			Fruchtbarkeitsrate	Städtische Bevölkerung in %	Durchschnittliche jährliche Wachstumsrate der städtischen Bevölkerung in %	
1970	1990	2013	1970	1990	2013	1970	1990	2013	2013	2013	1990–2013	2013–2030[a]
15	10	7	43	40	25	53	61	67	3,2	38	3,1	2,6
13	5	3	50	45	30	56	68	73	4,0	75	3,6	2,6
–	–	–	–	–	–	–	–	–	–	86	2,3	1,4
8	5	5	38	26	19	66	73	78	2,5	66	2,8	1,8
17	10	8	44	35	29	46	56	62	3,8	13	1,8	2,7
7	6	6	37	33	24	65	68	72	2,9	59	2,9	1,9
14	7	5	42	30	20	53	66	75	2,4	78	2,0	1,4
9	7	6	39	33	24	61	65	69	3,0	45	1,6	1,8
8	10	10	17	15	11	70	71	76	1,4	61	0,0	0,1
11	10	10	21	11	9	67	74	80	1,3	62	1,4	0,6
20	34	7	50	48	35	44	33	64	4,5	27	9,1	5,0
10	11	13	21	14	10	68	70	74	1,4	54	–0,2	0,1
9	12	15	15	14	12	69	68	68	1,5	74	–0,1	–0,2
13	11	6	45	40	31	54	57	68	4,0	21	4,5	3,5
17	19	10	49	44	43	49	44	58	5,7	40	2,8	4,3
11	7	5	41	33	26	55	65	73	4,1	19	0,3	0,4
–	–	–	–	–	–	–	–	–	–	94	1,3	0,3
13	10	7	41	37	34	56	62	66	4,1	64	3,8	2,8
15	5	3	46	36	19	53	69	75	2,6	83	2,8	1,5
10	11	10	14	14	12	74	78	82	1,9	86	0,6	0,8
9	9	8	16	12	10	73	78	83	1,5	74	0,9	1,1
25	11	8	50	44	38	39	57	63	4,9	43	3,2	3,5
9	10	12	18	15	10	68	72	74	1,4	55	0,3	–0,2
9	7	8	35	23	17	66	71	73	2,2	53	1,6	0,9
30	26	17	49	44	37	35	37	46	4,7	39	2,5	2,7
13	9	9	48	37	31	55	59	60	3,5	33	1,8	2,3
5	4	5	23	18	10	68	76	82	1,3	100	2,5	1,1
9	10	10	18	15	11	70	71	75	1,4	54	–0,1	0,0
10	10	10	17	11	10	69	73	80	1,5	50	0,1	0,3
23	20	12	46	48	44	41	45	55	6,6	39	3,4	4,0
9	9	9	20	10	10	72	77	82	1,5	79	1,0	0,4
8	6	7	31	21	18	64	70	74	2,3	18	0,8	1,3
–	–	–	–	–	–	–	–	–	–	32	0,9	1,5
9	6	7	39	28	15	63	71	75	1,9	18	–0,8	1,1
9	7	7	40	25	16	65	70	72	2,0	50	0,9	0,7
14	8	13	38	29	21	53	62	57	2,4	64	2,5	1,2
15	12	8	47	42	33	52	56	62	4,4	33	3,5	3,1
28	21	12	51	47	36	36	44	55	4,9	18	4,3	4,0
9	7	7	37	23	18	63	67	71	2,3	66	1,3	0,7
18	10	14	49	43	30	48	59	49	3,3	21	1,3	1,6
11	5	4	46	36	24	59	70	75	3,0	57	3,1	2,5
12	10	7	41	40	33	60	63	67	3,8	27	1,2	2,7
18	15	9	48	44	39	47	50	62	5,2	30	4,9	4,7
10	6	8	38	19	10	60	70	74	1,4	48	2,9	1,7

	Bevölkerung 2013 in Tsd.			Durchschnittliche jährliche Wachstumsrate der Bevölkerung in %	
	gesamt	unter 18 J.	unter 5 J.	1990–2013	2013–2030[a]
Timor-Leste	1 133	616	190	1,8	1,9
Togo	6 817	3 292	1 094	2,6	2,3
Tonga	105	46	13	0,4	0,8
Trinidad und Tobago	1 341	330	97	0,4	−0,1
Tschad	12 825	7 092	2 457	3,3	2,9
Tschechische Republik	10 702	1 875	601	0,2	0,2
Tunesien	10 997	3 051	925	1,3	0,8
Türkei	74 933	23 105	6 355	1,4	0,9
Turkmenistan	5 240	1 778	513	1,6	1,0
Tuvalu	10	4	1	0,4	0,5
Uganda	37 579	20 774	7 115	3,3	3,1
Ukraine	45 239	7 865	2 532	−0,6	−0,7
Ungarn	9 955	1 769	493	−0,2	−0,3
Uruguay	3 407	901	244	0,4	0,3
Usbekistan	28 934	9 995	2 977	1,5	1,0
Vanuatu	253	110	34	2,4	2,0
Vatikanstadt	1	0	0	0,2	0,0
Venezuela	30 405	10 331	2 955	1,9	1,2
Ver. Arabische Emirate	9 346	1 666	666	7,1	1,6
Ver. Staaten von Amerika	320 051	75 478	20 785	1,0	0,7
Vietnam	91 680	25 078	7 138	1,2	0,6
Weißrussland	9 357	1 716	521	−0,4	−0,6
Zentralafrikanische Republik	4 616	2 148	674	2,0	1,8
Zypern	1 141	240	65	1,7	0,8
Weltregionen					
Afrika südlich der Sahara	937 495	465 124	154 435	2,7	2,5
Östliches und südliches Afrika	453 128	221 523	71 883	2,6	2,3
West- und Zentralafrika	445 530	225 119	76 721	2,7	2,6
Naher Osten und Nordafrika	432 925	156 225	49 027	2,1	1,5
Südasien	1 671 598	600 651	167 989	1,7	1,0
Ostasien und Pazifik	2 090 990	523 262	151 917	1,0	0,5
Lateinamerika und Karibik	611 263	198 098	53 604	1,4	0,9
Mittel- und Osteuropa, GUS	409 403	96 315	28 915	0,2	0,1
Am wenigsten entwickelte Länder	898 242	418 890	132 093	2,5	2,1
Welt	7 122 691	2 224 958	656 996	1,3	1,0

Definitionen der Weltregionen s. Seite 255 f.

a mittlere Projektion

Sterberate in ‰ (unbereinigt)			Geburtenrate in ‰ (unbereinigt)			Lebenserwartung			Fruchtbarkeitsrate	Städtische Bevölkerung in %	Durchschnittliche jährliche Wachstumsrate der städtischen Bevölkerung in %	
1970	1990	2013	1970	1990	2013	1970	1990	2013	2013	2013	1990–2013	2013–2030[a]
23	16	6	42	43	36	40	48	68	5,9	31	3,6	3,4
19	12	11	48	43	36	47	56	57	4,6	39	3,9	3,5
7	6	6	36	31	25	65	70	73	3,8	24	0,6	1,4
7	8	10	27	21	14	65	68	70	1,8	9	0,5	−0,5
23	19	14	47	51	46	41	46	51	6,3	22	3,6	3,9
12	12	11	16	12	11	70	72	78	1,6	73	0,0	0,3
14	6	6	41	27	17	51	69	76	2,0	66	1,9	1,1
15	8	6	40	26	17	52	64	75	2,0	72	2,3	1,4
12	9	8	37	35	21	58	63	65	2,3	49	1,9	1,7
–	–	–	–	–	–	–	–	–	–	58	1,9	1,6
17	17	9	49	50	43	49	48	59	5,9	15	4,8	5,2
9	13	17	15	13	11	71	70	69	1,5	69	−0,4	−0,4
11	14	13	15	12	10	70	69	75	1,4	70	0,1	0,3
10	10	9	21	18	14	69	73	77	2,0	95	0,7	0,4
10	7	7	39	34	21	63	67	68	2,3	36	1,0	1,7
14	8	5	42	36	27	52	63	72	3,4	26	3,7	3,1
–	–	–	–	–	–	–	–	–	–	100	0,2	0,0
7	5	5	37	29	20	65	71	75	2,4	89	2,1	1,3
7	3	1	37	26	14	62	71	77	1,8	85	7,5	1,9
10	9	8	17	16	13	71	75	79	2,0	81	1,3	0,9
11	6	6	37	29	16	60	71	76	1,7	32	3,3	2,3
9	11	16	16	14	11	71	71	70	1,5	76	0,2	−0,2
23	19	15	43	41	34	42	46	50	4,4	39	2,3	2,8
7	7	7	19	19	11	73	77	80	1,5	67	1,8	0,8
21	16	11	47	44	38	44	50	57	5,1	37	4,3	3,3
19	16	10	47	43	35	46	51	59	4,6	30	4,1	3,2
22	17	13	47	45	40	42	49	54	5,6	44	4,6	3,4
15	7	6	44	34	24	53	65	71	2,9	61	3,0	1,7
17	10	8	40	32	21	49	59	67	2,6	32	3,0	2,1
9	7	7	36	24	15	61	68	74	1,8	52	3,7	1,6
10	7	6	37	27	18	60	68	75	2,2	79	2,1	1,0
10	11	12	21	18	14	66	68	70	1,8	65	0,4	0,4
21	15	9	47	42	33	44	52	62	4,3	30	4,4	3,2
12	9	8	32	26	19	60	66	71	2,5	53	2,4	1,5

Definitionen s. Seite 257 ff., Hauptquellen s. Seite 265 ff.

– keine Daten verfügbar

Tabelle 7: Ökonomische Indikatoren

	BNE pro Einw. in US-$ 2013		Durchschnittliches jährliches Wachstum des BIP pro Einw. in %		Durchschnittl. jährliche Inflationsrate in %	Anteil der Bevölkerung mit weniger als 1,25 US-$ pro Tag in %
	US-$	US-$ (KKP)	1970–1990	1990–2013	1990–2013	2009–2012*
Afghanistan	700	2 000 e	–	–	–	–
Ägypten	3 160	10 850	4,4	2,9	8	2 x
Albanien	4 700	10 520	–0,6 x	5,8	12	1 x
Algerien	5 290	12 990	1,8	1,7	11	–
Andorra	d	–	–1,3	2,5 x	3 x	–
Angola	5 010	6 770	–	4,3	170	43
Antigua und Barbuda	12 910	20 070	7,9 x	1,3	3	–
Äquatorialguinea	14 320	23 240	–2,3 x	19,9	7	–
Argentinien	c	–	–0,8	2,3	10	1
Armenien	3 790	8 140	–	6,3	39	3
Aserbaidschan	7 350	16 180	–	6,3	43	0 x
Äthiopien	470	1 350	–	3,6	8	31
Australien	65 520	42 540	1,5	2,1	3	–
Bahamas	20 600 x	21 540 x	1,9	0,3 x	3 x	–
Bahrain	19 560 x	36 140 x	–1,0 x	0,1	5	–
Bangladesch	900	2 810	0,5	3,8	5	43
Barbados	15 080 x	15 080 x	1,7	1,3 x	3 x	–
Belgien	45 210	40 280	2,2	1,4	2	–
Belize	4 660	8 160	3,1	2,0	1	–
Benin	790	1 780	0,4	1,1	5	47 x
Bhutan	2 460	7 210	7,0 x	5,4	7	2
Bolivien	2 550	5 750	–1,2	1,8	7	16 x
Bosnien und Herzegowina	4 740	9 820	–	7,4 x	5 x	0 x
Botsuana	7 730	15 500	8,0	2,8	9	–
Brasilien	11 690	14 750	2,3	1,7	42	6
Brunei Darussalam	d	–	–2,2 x	–0,4	5	–
Bulgarien	7 030	15 200	3,4 x	3,4	32	0 x
Burkina Faso	670	1 560	1,4	2,9	3	45
Burundi	280	820	1,2	–1,5	14	81 x
Chile	15 230	21 030	1,5	3,4	6	1
China	6 560	11 850	6,5	9,4	5	12
Cookinseln (Neuseeland)	–	–	–	–	–	–
Costa Rica	9 550	13 570	0,7	2,7	11	3
Dänemark	61 110	44 440	2,0	1,2	2	–
Deutschland	46 100	44 540	2,3	1,3	1	–
Dominica	6 760	9 800	5,2 x	1,9	3	–
Dominikanische Republik	5 620	11 150	2,1	3,9	10	2
Dschibuti	b	–	–	0,2	3	19 x
Ecuador	5 510	10 310	1,7	1,3	4	5
Elfenbeinküste	1 380	2 900	–1,7	–0,4	5	24 x
El Salvador	3 720	7 490	–1,9	2,2	4	9
Eritrea	490	1 180 e	–	–1,1 x	14 x	–

Anteil der Staatsausgaben in % (2008–2012*) für			Staatliche Entwicklungshilfe in Mio. US-$	Staatliche Entwicklungshilfe in % des BNE des Empfängerlandes	Schuldendienst in % des Exporterlöses für Güter und Dienstleistungen	Anteil am gesamten Haushaltseinkommen (2009–2012*)	
Gesundheit	Bildung	Verteidigung	2012			Ärmste 40%	Reichste 20%
2	–	4	6 725	33	0	23 x	37 x
2	4	2	1 807	1	4	22 x	40 x
3	–	1	342	3	5	20 x	43 x
3	4	3	145	0	1	–	–
6	–	–	–	–	–	–	–
2	3	4	242	0	6	15	49
3	2	–	2	0	–	–	–
4	–	4	14	0	–	–	–
5	6	1	179	0	13	13	49
2	3	4	273	3	21	22	40
1	2	5	338	1	5	20 x	42 x
3	5	1	3 261	8	7	20	42
6	5	2	–	–	–	–	–
3	–	–	–	–	–	–	–
3	3	3	–	–	–	–	–
1	2	1	2 152	2	3	21	41
4	6	–	–	–	–	–	–
8	7	1	–	–	–	22 x	41 x
4	7	1	25	2	10	–	–
2	4	1	511	7	–	18 x	46 x
3	5	–	161	9	17	18	46
4	7	1	659	3	5	9 x	59 x
7	–	1	571	3	13	18 x	43 x
4	9	3	74	1	1	–	–
4	6	2	1 288	0	15	10	59
2	3	2	–	–	–	–	–
4	4	2	–	–	12	23 x	37 x
3	3	1	1 159	11	–	18	47
5	6	2	523	21	5	21 x	43 x
3	5	2	126	0	–	12	58
3	–	2	–194	0	2	15	47
–	–	–	–	–	–	–	–
7	6	–	33	0	16	12	56
10	9	1	–	–	–	–	–
9	5	1	–	–	–	23 x	37 x
4	–	–	26	5	7	–	–
3	2	1	261	0	10	14	53
6	–	4	147	–	8	17 x	46 x
3	4	3	149	0	9	12	54
2	5	2	2 636	11	–	16 x	48 x
4	3	1	230	1	11	13	53
1	–	–	134	4	–	–	–

	BNE pro Einw. in US-$ 2013		Durchschnittliches jährliches Wachstum des BIP pro Einw. in %		Durchschnittl. jährliche Inflationsrate in %	Anteil der Bevölkerung mit weniger als 1,25 US-$ pro Tag in %
	US-$	US-$ (KKP)	1970–1990	1990–2013	1990–2013	2009–2012*
Estland	17 370	24 230	–	5,4 x	7 x	1 x
Fidschi	4 430	7 610	0,6	1,2	4	6
Finnland	47 110	38 480	2,9	2,2	2	–
Frankreich	42 250	37 580	2,1	1,1	2	–
Gabun	10 650	17 220	0,7	–0,7	6	5 x
Gambia	510	1 620	0,7	0,4	5	34 x
Georgien	3 570	7 040	3,1	3,1	56	18
Ghana	1 760	3 880	–2,0	2,8	25	29 x
Grenada	7 460	11 120	4,2 x	2,4	4	–
Griechenland	22 530	25 630	1,3	1,7	5	–
Großbritannien	39 110	35 760	2,0	2,0	2	–
Guatemala	3 340	7 130	0,2	1,2	7	14 x
Guinea	460	1 160	–	0,7	11	43 x
Guinea-Bissau	520	1 240	0,9	–1,3	15	49 x
Guyana	3 750	6 550 e	–1,3	2,1	11	–
Haiti	810	1 710	–	–0,6 x	12 x	62 x
Honduras	2 180	4 270	0,8	1,6	12	18
Indien	1 570	5 350	2,0	5,0	6	33
Indonesien	3 580	9 260	4,5	2,8	14	16
Irak	6 710	15 220	–	2,7 x	12 x	3 x
Iran	5 780	15 600	–2,5	2,8	20	2 x
Irland	39 110 x	35 090 x	2,8	3,8	3	–
Island	43 930	38 870	3,2	1,9	5	–
Israel	34 120	32 140	1,9	1,9	5	–
Italien	34 400	34 100	2,8	0,7	3	–
Jamaika	5 220	8 480	–1,3	0,4 x	14 x	0 x
Japan	46 140	37 630	3,4	0,7	–1	–
Jemen	1 330	3 820	–	0,9	15	18 x
Jordanien	4 950	11 660	2,5 x	2,6	4	0
Kambodscha	950	2 890	–	6,0 x	4 x	19
Kamerun	1 270	2 660	3,4	0,5	3	10 x
Kanada	52 200	42 590	2,0	1,7	2	–
Kap Verde	3 630	6 220	3,7 x	6,7	1	21 x
Kasachstan	11 380	20 570	–	4,3	47	0
Katar	85 550	123 860	–	1,1 x	9 x	–
Kenia	930	2 250	1,2	0,5	9	43 x
Kirgisistan	1 200	3 070	–	1,0	31	5
Kiribati	2 620	2 780 e	–5,8	1,2	3	–
Kolumbien	7 560	11 890	1,9	1,7	12	8
Komoren	880	1 560	0,0 x	–0,7	4	46 x
Kongo, Dem. Republik	400	680	–2,1	–1,9	181	88 x
Kongo, Republik	2 660	4 720	3,3	0,5	8	54 x
Korea, Dem. Volksrepublik	a	–	–	–	–	–
Korea, Republik	25 920	33 440	7,5	4,4	3	–
Kroatien	13 330	20 370	–	2,8 x	4 x	0 x

Anteil der Staatsausgaben in % (2008–2012*) für: Gesundheit	Bildung	Verteidigung	Staatliche Entwicklungshilfe in Mio. US-$ (2012)	Staatliche Entwicklungshilfe in % des BNE des Empfängerlandes (2012)	Schuldendienst in % des Exporterlöses für Güter und Dienstleistungen (2012)	Anteil am gesamten Haushaltseinkommen (2009–2012*): Ärmste 40%	Reichste 20%
5	5	2	–	–	–	19 x	43 x
2	4	1	107	3	1	16	50
7	7	1	–	–	–	24 x	37 x
9	6	2	–	–	–	–	–
2	–	1	73	0	–	16 x	48 x
3	4	–	139	16	5	14 x	53 x
2	2	3	662	4	17	15	48
3	8	0	1 808	5	4	15 x	49 x
3	–	–	8	1	6	–	–
6	–	2	–	–	–	19 x	41 x
8	6	3	–	–	–	–	–
2	3	0	299	1	8	10 x	60 x
2	2	–	340	7	5	16 x	46 x
1	–	2	79	10	–	19 x	43 x
4	3	1	114	4	6	–	–
1	–	–	1 275	16	0	8 x	63 x
4	–	1	572	3	9	8	60
1	3	2	1 668	0	6	21	43
1	4	1	68	0	16	18	46
2	–	3	1 301	1	–	22 x	40 x
3	4	2	149	0	–	17 x	45 x
6	6	1	–	–	–	19 x	42 x
8	8	0	–	–	–	–	–
5	6	6	–	–	–	16 x	45 x
7	4	2	–	–	–	19 x	42 x
3	6	1	21	0	26	14 x	52 x
8	4	1	–	–	–	–	–
2	5	4	709	2	–	18 x	45 x
6	–	4	1 417	5	5	20	44
1	3	2	807	6	1	19	44
2	3	1	596	2	3	17 x	46 x
8	5	1	–	–	–	20 x	40 x
3	5	1	246	14	4	13 x	56 x
3	3	1	130	0	24	22	38
2	2	2	–	–	–	–	–
2	7	2	2 654	7	4	14 x	53 x
4	7	3	473	7	6	20	41
9	–	–	65	25	–	–	–
5	4	3	764	0	20	10	60
3	8	–	69	12	–	8 x	68 x
3	3	1	2 859	11	3	14 x	51 x
1	6	1	139	1	–	13 x	53 x
–	–	–	98	–	–	–	–
4	5	3	–	–	–	–	–
7	4	2	–	–	–	20 x	42 x

	BNE pro Einw. in US-$ 2013		Durchschnittliches jährliches Wachstum des BIP pro Einw. in %		Durchschnittl. jährliche Inflationsrate in %	Anteil der Bevölkerung mit weniger als 1,25 US-$ pro Tag in %
	US-$	US-$ (KKP)	1970–1990	1990–2013	1990–2013	2009–2012*
Kuba	5 890 x	18 520 x	3,9	3,1 x	4 x	–
Kuwait	44 940 x	88 170 x	–6,7 x	0,2 x	6 x	–
Laos	1 460	4 570	–	4,8	19	34 x
Lesotho	1 550	3 320	3,0	2,6	8	43 x
Lettland	14 060 x	21 390 x	3,4	4,6 x	16 x	0
Libanon	9 870	17 390 e	–	2,1	6	–
Liberia	410	790	–4,1	5,6	28	84 x
Libyen	c	–	–	–0,5 x	14 x	–
Liechtenstein	d	–	2,2	2,9 x	1 x	–
Litauen	13 820 x	23 080 x	–	3,9 x	19 x	0 x
Luxemburg	71 810 x	59 750 x	2,6	2,2	3	–
Madagaskar	440	1 350	–2,4	–0,4	13	81
Malawi	270	760	–0,1	0,7	25	62
Malaysia	10 400	22 460	4,0	3,1	4	0
Malediven	5 600	9 890	–	4,8 x	5 x	2 x
Mali	670	1 540	0,3	2,2	5	50
Malta	19 730 x	26 400 x	6,0	2,3 x	3 x	–
Marokko	3 030	7 000	2,1	2,6	2	3 x
Marshallinseln	4 200	4 620 e	–	0,7	2	–
Mauretanien	1 060	2 850	–1,1	1,3	8	23 x
Mauritius	9 300	17 220	3,2 x	3,5	6	–
Mazedonien	4 800	11 520	–	1,4	19	1
Mexiko	9 940	16 110	1,7	1,2	11	1
Mikronesien	3 430	3 840 e	–	0,7	2	31 x
Moldau	2 460	5 190	1,8 x	0,5	34	0
Monaco	d	–	1,5	1,7 x	2 x	–
Mongolei	3 770	8 810	–	3,9	23	–
Montenegro	7 260	14 600	–	3,0 x	6 x	0
Mosambik	590	1 040	–1,1 x	4,2	15	60 x
Myanmar	a	–	1,4	7,3 x	24 x	–
Namibia	5 840	9 590	–2,1 x	2,2	8	32 x
Nauru	–	–	–	–	–	–
Nepal	730	2 260	1,2	2,3	7	25
Neuseeland	35 520 x	30 750 x	1,1	1,7	2	–
Nicaragua	1 780	4 440	–3,7	2,0	17	12 x
Niederlande	47 440	43 210	1,6	1,7	2	–
Niger	410	910	–1,9	–0,1	4	44 x
Nigeria	2 760	5 600	–2,3	3,4	20	68
Niue (Neuseeland)	–	–	–	–	–	–
Norwegen	102 610	66 520	3,2	1,7	4	–
Oman	25 250 x	52 170 x	3,2	2,1	5	–
Österreich	48 590	43 810	2,5	1,7	2	–
Pakistan	1 380	4 920	2,6	1,9	11	21 x
Palästina	2 810 x	4 900 x	–	1,7 x	3 x	0
Palau	10 970	14 540 e	–	0,0 x	4 x	–

Anteil der Staatsausgaben in % (2008–2012*) für			Staatliche Entwicklungshilfe in Mio. US-$	Staatliche Entwicklungshilfe in % des BNE des Empfängerlandes	Schuldendienst in % des Exporterlöses für Güter und Dienstleistungen	Anteil am gesamten Haushaltseinkommen (2009–2012*)	
Gesundheit	Bildung	Verteidigung	2012			Ärmste 40%	Reichste 20%
10	13	3	88	–	–	–	–
2	–	3	–	–	–	–	–
1	3	0	409	5	8	19 x	45 x
6	13	2	283	10	2	10 x	56 x
3	5	1	–	–	–	19	42
3	2	4	710	2	11	–	–
5	3	1	571	36	–	17 x	45 x
3	–	4	87	–	–	–	–
–	2	–	–	–	–	–	–
5	5	1	–	–	–	18 x	44 x
6	–	1	–	–	–	21 x	39 x
2	3	1	379	4	–	14	50
6	5	1	1 175	28	2	16	50
2	6	2	15	0	3	14	51
4	6	–	58	3	3	18 x	44 x
3	5	2	1 001	10	–	20	41
5	7	1	–	–	–	–	–
2	5	3	1 480	2	9	17 x	48 x
13	–	–	76	36	–	5	75
2	4	3	408	11	–	16 x	47 x
2	3	0	178	2	2	–	–
5	–	1	149	2	13	14	49
3	5	1	418	0	16	14	53
12	–	–	115	34	–	7 x	64 x
5	8	0	473	6	11	20	41
4	2	–	–	–	–	–	–
4	5	1	449	5	4	18 x	44 x
5	–	2	103	3	13	22	37
3	–	1	2 097	15	2	14 x	51 x
0	1	–	504	–	–	–	–
5	8	4	265	2	–	8 x	69 x
–	–	–	–	–	–	–	–
2	5	2	770	4	3	20	41
9	7	1	–	–	–	–	–
4	5	0	532	5	9	16 x	47 x
10	6	1	–	–	–	–	–
3	4	1	902	14	–	20 x	43 x
2	–	1	1 916	0	0	12	54
–	–	–	–	–	–	–	–
9	7	2	–	–	–	24 x	37 x
2	4	9	–	–	–	–	–
9	6	1	–	–	–	22 x	38 x
1	2	3	2 019	1	5	23 x	40 x
–	–	–	2 001	18	–	19	43
7	–	–	15	7	–	–	–

	BNE pro Einw. in US-$ 2013		Durchschnittliches jährliches Wachstum des BIP pro Einw. in %		Durchschnittl. jährliche Inflationsrate in %	Anteil der Bevölkerung mit weniger als 1,25 US-$ pro Tag in %
	US-$	US-$ (KKP)	1970–1990	1990–2013	1990–2013	2009–2012*
Panama	10 700	19 290	0,2	3,6	3	7
Papua-Neuguinea	2 010	2 430 e	−1,0	0,5	7	–
Paraguay	4 040	7 640	3,7	0,6	10	7
Peru	6 390	11 360	−0,6	3,4	9	5
Philippinen	3 270	7 820	0,6	2,1	6	18
Polen	12 960	22 300	–	4,3	9	0
Portugal	20 670	25 350	2,5	1,3	3	–
Ruanda	620	1 430	1,1	2,7	9	63
Rumänien	9 060	18 060	0,9 x	3,2	39	0
Russische Föderation	13 860	23 200	–	2,5	46	0
Salomonen	1 610	1 810 e	–	−0,6	7	–
Sambia	1 480	3 070	−2,2	1,0	26	75
Samoa	3 430	4 840 e	–	2,5	5	–
San Marino	d	–	1,7	3,3 x	3 x	–
São Tomé und Príncipe	1 470	2 950	–	2,5 x	14 x	28 x
Saudi-Arabien	26 200	53 780	−1,4	1,4	5	–
Schweden	59 130	44 660	1,8	2,1	2	–
Schweiz	80 950 x	53 920 x	1,1	0,9	1	–
Senegal	1 070	2 240	−0,6	1,1	3	30
Serbien	5 730	12 020	–	1,6	20 x	0
Seychellen	12 530	23 270	3,5	2,0	6	0 x
Sierra Leone	680	1 750	−0,7	1,3	18	52
Simbabwe	820	1 560	−0,4	−2,9	3	–
Singapur	54 040	76 850	5,9	3,5	1	–
Slowakei	17 200 x	24 930 x	–	3,7 x	6 x	0
Slowenien	22 830 x	27 680 x	–	3,0 x	11 x	0 x
Somalia	a	–	−0,8	–	–	–
Spanien	29 180	31 850	1,9	1,6	3	–
Sri Lanka	3 170	9 470	3,0	4,4	10	4
St. Kitts und Nevis	13 460	20 400	6,5 x	1,8	5	–
St. Lucia	7 090	10 350	5,1 x	1,3	3	–
St. Vincent u. d. Grenadinen	6 580	10 610	3,3	3,1	3	–
Südafrika	7 190	12 240	0,1	1,3	8	14
Sudan	1 130	2 370	−0,1	3,0	25	20
Südsudan	1 120	2 190 e	–	–	–	–
Suriname	9 260	15 860	−2,3 x	2,0	39	–
Swasiland	3 080	6 220	3,1	1,0	9	41
Syrien	b	–	2,1	1,8 x	7 x	2 x
Tadschikistan	990	2 500	–	0,6	63	7
Tansania	630	1 750	–	2,7	12	68 x
Thailand	5 370	13 510	4,8	3,0	3	0
Timor-Leste	3 580	6 410 e	–	4,0 x	5 x	–
Togo	530	1 180	−0,5	0,1	4	28
Tonga	4 490	5 450 e	–	1,4	6	–
Trinidad und Tobago	15 760	26 210	0,4	4,6	5	–

Anteil der Staatsausgaben in % (2008–2012*) für			Staatliche Entwicklungshilfe in Mio. US-$	Staatliche Entwicklungshilfe in % des BNE des Empfängerlandes	Schuldendienst in % des Exporterlöses für Güter und Dienstleistungen	Anteil am gesamten Haushaltseinkommen (2009–2012*)	
Gesundheit	Bildung	Verteidigung	2012			Ärmste 40%	Reichste 20%
5	3	–	51	0	9	11	56
4	–	1	665	4	7	–	–
3	5	1	104	0	6	11	56
3	3	1	394	0	12	12	53
2	3	1	5	0	6	15	50
5	5	2	–	–	–	20	41
7	6	2	–	–	–	–	–
6	5	1	879	12	2	13	57
4	3	1	–	–	26	23	36
3	4	3	–	–	–	16	47
7	10	–	305	34	4	–	–
4	1	2	958	5	2	10	62
4	6	–	121	19	3	–	–
6	–	–	–	–	–	–	–
3	9	–	49	19	5	14 x	56 x
2	5	7	–	–	–	–	–
8	7	1	–	–	–	23 x	37 x
7	5	1	–	–	–	20 x	41 x
3	6	2	1 080	8	–	16	47
6	5	2	1 090	3	30	21	38
3	4	1	35	4	2	10 x	70 x
2	3	0	443	13	1	20	44
–	3	1	1 001	9	–	–	–
2	3	3	–	–	–	–	–
6	4	1	–	–	–	24	36
7	6	1	–	–	–	21 x	39 x
–	–	–	999	–	–	–	–
7	5	1	–	–	–	19 x	42 x
1	2	3	488	1	9	19	45
2	–	–	22	3	–	–	–
5	4	–	27	2	6	–	–
4	5	–	9	1	15	–	–
4	7	1	1 067	0	7	8	68
2	–	–	983	2	8	19	42
1	–	9	1 578	16	–	–	–
3	–	–	40	1	–	–	–
6	8	3	88	2	2	11	57
2	5	–	1 672	–	–	19 x	44 x
2	4	–	394	5	8	21	39
3	6	1	2 832	10	2	18 x	45 x
3	8	1	–135	0	4	18	47
4	9	2	283	6	–	–	–
4	5	2	241	7	–	16	46
5	–	–	78	16	4	–	–
3	–	1	–	–	–	–	–

	BNE pro Einw. in US-$ 2013		Durchschnittliches jährliches Wachstum des BIP pro Einw. in %		Durchschnittl. jährliche Inflationsrate in %	Anteil der Bevölkerung mit weniger als 1,25 US-$ pro Tag in %
	US-$	US-$ (KKP)	1970–1990	1990–2013	1990–2013	2009–2012*
Tschad	1 020	2 000	–0,9	3,4	7	62 x
Tschechische Republik	18 060	25 530	–	2,6	5	–
Tunesien	4 360	10 960	2,5	3,2	4	1
Türkei	10 950	18 760	1,9	2,5	39	1
Turkmenistan	6 880	12 920	–	3,1	80	–
Tuvalu	6 630	5 990 e	–	1,6	4	–
Uganda	510	1 370	–	3,5	8	38
Ukraine	3 960	8 960	–	0,9	58	0
Ungarn	12 410 x	20 930 x	3,0	2,4 x	10 x	0 x
Uruguay	15 180	18 930	0,9	2,4	14	0
Usbekistan	1 900	5 340 e	–	2,9	68	–
Vanuatu	3 130	2 840 e	1,1 x	0,6	3	–
Vatikanstadt	–	–	–	–	–	–
Venezuela	12 550	17 890	–1,6	0,6	32	7 x
Ver. Arabische Emirate	38 620 x	58 090 x	–4,3 x	–2,8 x	5 x	–
Ver. Staaten von Amerika	53 670	53 960	2,2	1,6	2	–
Vietnam	1 730	5 030	–	5,5	11	17 x
Weißrussland	6 720	16 940	–	5,0	99	0
Zentralafrikanische Republik	320	600	–1,3	0,6	2	63 x
Zypern	26 390 x	29 570 x	5,9 x	1,7 x	3 x	–
Weltregionen						
Afrika südlich der Sahara	1 665	3 280	–0,1	2,5	36	47
Östliches und südliches Afrika	1 719	3 260	0,3	2,1	36	39
West- und Zentralafrika	1 657	3 377	–0,8	2,9	23	61
Naher Osten und Nordafrika	6 254	14 777	0,0	2,1	9	–
Südasien	1 478	5 007	2,0	4,6	7	33
Ostasien und Pazifik	6 343	11 795	5,9	7,7	5	12
Lateinamerika und Karibik	9 445	13 761	1,4	1,8	24	4
Mittel- und Osteuropa, GUS	9 395	16 888	–	2,7	46	1
Am wenigsten entwick. Länder	848	2 046	–0,2	3,2	46	40
Welt	10 449	14 012	2,4	2,8	8	21

Definitionen der Weltregionen s. Seite 255 f.

a 1 045 US-$ oder niedriger

b zwischen 1 046 und 4 125 US-$

c zwischen 4 126 und 12 745 US-$

d 12 746 US-$ oder mehr

e Schätzung beruht auf Regression. Weitere Zahlen zur Kaufkraftparität (KKP) sind auf Grundlage des ICP (International Comparison Program) von 2011 hochgerechnet.

Anteil der Staatsausgaben in % (2008–2012*) für			Staatliche Entwicklungshilfe in Mio. US-$	Staatliche Entwicklungshilfe in % des BNE des Empfängerlandes	Schuldendienst in % des Exporterlöses für Güter und Dienstleistungen	Anteil am gesamten Haushaltseinkommen (2009–2012*)	
Gesundheit	Bildung	Verteidigung		2012		Ärmste 40%	Reichste 20%
1	2	2	479	4	–	16 x	47 x
6	5	1	–	–	–	–	–
4	6	2	1 017	2	10	19	43
5	–	2	3 033	0	23	17	46
1	–	–	38	0	–	–	–
15	–	–	24	42	–	–	–
2	3	2	1 655	8	1	16	51
4	6	2	769	0	27	24	36
5	5	1	–	–	82	21 x	40 x
6	4	2	19	0	–	14	51
3	–	–	255	0	–	19 x	44 x
3	5	–	101	14	1	–	–
–	–	–	–	–	–	–	–
2	7	1	48	0	5	14 x	49 x
2	–	5	–	–	–	–	–
8	5	5	–	–	–	16 x	46 x
3	6	2	4 116	3	4	19 x	43 x
4	5	1	103	0	8	23	36
2	1	3	227	10	–	10 x	61 x
3	7	2	–	–	–	–	–
3	5	2	41 470	3	4	15	51
3	6	2	22 425	3	5	15	52
–	–	–	17 916	2	1	14	52
2	4	4	13 625	1	6	–	–
1	3	3	14 040	1	5	21	43
3 **	5 **	2 **	8 098	0	3	16	47
4	6	1	7 783	0	14	12	56
4	4	3	9 196	1	21	19	43
2	4	2	42 986	6	4	19	45
7 **	5 **	3 **	93 083	0	9	17	47

Definitionen s. Seite 257 ff., Hauptquellen s. Seite 265 ff.

x Daten beziehen sich auf andere Jahre oder Zeiträume. Diese Werte werden nicht bei der Berechnung der regionalen und globalen Werte berücksichtigt.

* Werte beziehen sich auf die neuesten verfügbaren Daten aus dem genannten Zeitraum.

** Angaben ohne China

– keine Daten verfügbar

Tabelle 8: Frauen

	Lebenserwartung von Frauen in % der männl. Lebenserwartung 2013	Alphabetisierung von Frauen in % der männl. Alphabetisierung (2009–2013*)	Einschulungsrate von Mädchen in % der männl. Rate (unbereinigt) (2009–2013*)		Anteil der Mädchen in % der männl. Rate, die die letzte Klasse der Grundschule erreichen (2009–2013*)
			Grundschule	weiterführende Schule	
Afghanistan	104	39	72	55	–
Ägypten	107	81	96	98	101
Albanien	108	98	–	95 x	101
Algerien	105	79 x	94	104	104
Andorra	–	–	–	–	–
Angola	106	72	64	65	73
Antigua und Barbuda	107	101	93	115	–
Äquatorialguinea	106	94	98	–	100
Argentinien	110	100	99	111	104
Armenien	109	100	114	121	99
Aserbaidschan	109	100	98	99	101
Äthiopien	105	59 x	–	–	116
Australien	106	–	100	95	–
Bahamas	108	–	102	105	96
Bahrain	102	95	–	102	97
Bangladesch	102	88	106	114	114
Barbados	107	–	99	112	–
Belgien	107	–	99	97	102
Belize	109	–	97	105	95
Benin	105	45 x	89	61	96
Bhutan	101	59 x	102	106	108
Bolivien	107	95	98	100	100
Bosnien und Herzegowina	107	97	–	–	99
Botsuana	97	101	97	106 x	104 x
Brasilien	110	101	–	–	–
Brunei Darussalam	105	96	98	101	97
Bulgarien	110	99	99	96	99
Burkina Faso	102	59 x	95	81	111
Burundi	107	95 x	99	73	117
Chile	107	100	97	104	101
China	103	95	100	102	–
Cookinseln (Neuseeland)	–	–	101	100	–
Costa Rica	106	100	99	105	103
Dänemark	106	–	99	101	101
Deutschland	106	–	100	95	–
Dominica	–	–	97	107	95
Dominikanische Republik	109	100	91	112	109
Dschibuti	105	–	90	77	88
Ecuador	108	98	100	102	104
Elfenbeinküste	103	59	85	–	94
El Salvador	114	94	96	100	104

Anwendung empfängnis-verhütender Mittel in % (2009–2013*)	Schwangerschafts-vorsorge in % (2009–2013*)		Anteil der Geburten in % (2009–2013*)			Mütter-sterblichkeitsrate		
	mind. einmal	mind. viermal	mit ausge-bildeten Ge-burtshelfern/-innen	in Geburts-kliniken oder -häusern	mit Kaiser-schnitt	offizielle Angaben (2009–2013*)	berei-nigt 2013	Todesfall-risiko: 1 von … 2013
21	48	15	39	33	4	330	400	49
60 x	74 x	66 x	79 x	72 x	28 x	50	45	710
69	97	67	99	97	19	6	21	2 800
56	93	68	97	97	16	–	89	380
–	–	–	–	–	–	–	–	–
–	80 x	–	47 x	46 x	–	–	460	35
–	100 x	–	100	–	–	0 x	–	–
13	91	67	68	67	7	310	290	72
78 x	98	90	98	99	28 x	35	69	630
55	99	93	100	99	13	19	29	1 800
51 x	77 x	45 x	99	78 x	5 x	15	26	1 800
29	43	19	10	10	2	680	420	52
72 x	98 x	92 x	–	99 x	31 x	–	6	9 000
45 x	98 x	–	99	–	–	40	37	1 400
–	100 x	–	100	–	–	–	22	2 000
62	53	25	34	33	21	210	170	250
–	100 x	–	100	–	–	60	52	1 100
70	–	–	–	–	18 x	–	6	8 700
55	96	83	96	94	28	42	45	750
13	84	58	81	87	5	400 x	340	59
66	97	77	65	63	12	150	120	340
61 x	86 x	72 x	84	71	19 x	310 x	200	140
46	87	84	100	100	14	6	8	9 700
53 x	94 x	73 x	95 x	99	–	160	170	200
81 x	98	90	98	98	54	65	69	780
–	99	–	100	100	–	–	27	1 900
69 x	–	–	100	93	31	3	5	12 400
16	94	34	66	66	2	340	400	44
22	99	33	60	60	4	500	740	22
58 x	–	–	100	100	50	17	22	2 400
85 x	95	–	100	99	36	25	32	1 800
31	100 x	–	100 x	100	–	0	–	–
76	98	90	98	98	26	23	38	1 400
–	–	–	–	–	21 x	–	5	12 000
66 x	100 x	–	–	–	29 x	–	7	11 000
–	100 x	–	100	–	–	110	–	–
72	99	95 x	99	99	42 x	110	100	360
19	88	23	87	87	11	380	230	130
73 x	84 x	58 x	91	92	26 x	70	87	420
18	91	44	59	57	3	610	720	29
73 x	94 x	78 x	100	84	30	42	69	600

	Lebenserwartung von Frauen in % der männl. Lebenserwartung 2013	Alphabetisierung von Frauen in % der männl. Alphabetisierung (2009–2013*)	Einschulungsrate von Mädchen in % der männl. Rate (unbereinigt) (2009–2013*)		Anteil der Mädchen in % der männl. Rate, die die letzte Klasse der Grundschule erreichen (2009–2013*)
			Grundschule	weiterführende Schule	
Eritrea	108	76	84	80	94
Estland	115	100	101	99	99
Fidschi	109	–	101	111	103
Finnland	108	–	99	105	101
Frankreich	109	–	100	101	–
Gabun	103	94	97	–	–
Gambia	105	70	104	95	98
Georgien	110	100	101	–	92
Ghana	103	83	94	90	91 x
Grenada	107	–	97	103	–
Griechenland	106	98	100	97	101
Großbritannien	105	–	100	100	–
Guatemala	110	85	97	91	99
Guinea	103	33	84	–	86
Guinea-Bissau	106	63	93	–	–
Guyana	108	106	113	115	105
Haiti	106	84 x	–	–	–
Honduras	107	99	100	122	110
Indien	105	68 x	102	94	–
Indonesien	106	94	100	103	–
Irak	111	84	–	–	–
Iran	105	89	99	94	101
Irland	105	–	100	102	–
Island	104	–	101	101	100
Israel	105	98	100	102	99
Italien	107	100	99	99	99
Jamaika	107	112	–	106	103
Japan	109	–	100	100	100
Jemen	104	61	83	65	–
Jordanien	105	99	98	103	102
Kambodscha	108	80	95	85 x	108
Kamerun	104	83	88	86	102
Kanada	105	–	101	98	–
Kap Verde	111	89	91	119	99
Kasachstan	119	100	101	97	100
Katar	102	99	–	110	–
Kenia	106	86 x	98	90	–
Kirgisistan	113	99	98	100	101
Kiribati	109	–	104	111 x	–
Kolumbien	110	100	97	109	105
Komoren	105	88	91	96	–
Kongo, Dem. Republik	107	60 x	88	59	88
Kongo, Republik	105	84	107	87	–
Korea, Dem. Volksrepublik	111	100 x	–	–	–

Anwendung empfängnis-verhütender Mittel in % (2009–2013*)	Schwangerschafts-vorsorge in % (2009–2013*)		Anteil der Geburten in % (2009–2013*)			Mütter-sterblichkeitsrate		
	mind. einmal	mind. viermal	mit ausge-bildeten Ge-burtshelfern/-innen	in Geburts-kliniken oder -häusern	mit Kaiser-schnitt	offizielle Angaben (2009–2013*)	berei-nigt 2013	Todesfall-risiko: 1 von … 2013
8	89	57	34	34	3	490	380	52
63 x	–	–	100 x	–	–	14	11	5 700
44	100 x	94	100	99	–	59	59	620
–	100 x	–	–	100	16 x	–	4	15 100
76 x	100 x	–	–	–	21 x	–	12	4 300
31	95	78	89	90	10	320	240	94
13	98	72	57	56	3	730 x	430	39
53	98	84	100	100	37	23	41	1 300
34	96	87	68	67	11	450 x	380	66
54 x	100 x	–	99	–	–	60	23	1 800
76 x	–	–	–	–	–	–	5	12 000
84	–	–	–	–	26 x	–	8	6 900
54	93	–	52	51	16	110	140	170
6	85	57	45	40	2	720	650	30
14	93	68	43	41	2	410 x	560	36
43	92	79	92	89	13	86 x	250	150
35	90	67	37	36	6	630 x	380	80
73	97	89	83	83	19	73	120	260
55 x	74 x	37 x	52 x	47 x	9 x	180	190	190
62	96	88	83	63	12	360	190	220
53	78	50	91	77	22	35	67	340
77	97	94 x	96	95	46	25 x	23	2 000
65 x	100 x	–	100 x	100 x	25 x	–	9	5 500
–	–	–	–	–	17 x	–	4	11 500
–	–	–	–	–	–	–	2	17 400
–	99 x	68 x	–	99 x	40 x	–	4	17 100
72 x	98	86	99	99	21	81	80	540
54 x	–	–	–	100 x	–	–	6	12 100
28 x	47 x	14 x	36 x	24 x	9 x	370 x	270	88
61	99	95	100	99	28	19	50	580
51	89	59	72	61	4	210	170	180
23	85	62	64	61	4	780	590	34
74 x	100 x	99 x	100 x	99 x	26 x	–	11	5 200
61 x	98 x	72 x	78 x	76	11 x	10	53	740
51	99	87	100	100	16	14	26	1 500
–	100	–	100	–	–	13	6	7 200
46	92	47	44	43	6	490 x	400	53
36	97	84	99	99	6	49	75	390
22	88	71	80	66	10	33	130	260
79	97	89	99	99	46	71	83	500
19	92	49	82	76	10	170	350	58
17	89	45	80	75	7	550 x	730	23
45	93	79	93	92	6	430	410	48
71	100	94	100	95	13	77 x	87	630

	Lebenserwartung von Frauen in % der männl. Lebenserwartung 2013	Alphabetisierung von Frauen in % der männl. Alphabetisierung (2009–2013*)	Einschulungsrate von Mädchen in % der männl. Rate (unbereinigt) (2009–2013*)		Anteil der Mädchen in % der männl. Rate, die die letzte Klasse der Grundschule erreichen (2009–2013*)
			Grundschule	weiterführende Schule	
Korea, Republik	109	–	99	99	100
Kroatien	109	99	100	104	101
Kuba	105	100	99	100	102
Kuwait	103	99	–	–	102
Laos	104	77 x	95	87	103
Lesotho	101	130	97	140	139
Lettland	116	100	99	97	99
Libanon	105	92 x	91	101	106
Liberia	103	44 x	92	82	85 x
Libyen	105	87	–	–	–
Liechtenstein	–	–	101	83	–
Litauen	118	100	99	96	100
Luxemburg	106	–	102	103	–
Madagaskar	105	91	99	95	106
Malawi	100	71	104	90	94
Malaysia	106	95	–	97	101
Malediven	103	100 x	97	–	–
Mali	100	57	88	72	94
Malta	106	103 x	100	104	101
Marokko	105	76	95	86	99
Marshallinseln	–	–	99	103	91 x
Mauretanien	105	62 x	105	85	102 x
Mauritius	110	94	99	104	100
Mazedonien	106	98	100	99	–
Mexiko	106	98	100	108	102
Mikronesien	103	–	–	–	–
Moldau	112	99	100	102	101
Monaco	–	–	–	–	–
Mongolei	112	100	97	103	101
Montenegro	106	98	101	101	102
Mosambik	103	54	91	89	93
Myanmar	107	95	99	105	107
Namibia	109	105 x	97	–	106
Nauru	–	–	103	97	–
Nepal	103	66	108	104	102
Neuseeland	105	–	100	105	–
Nicaragua	108	100 x	98	110	–
Niederlande	105	–	99	98	–
Niger	101	38	84	67	94
Nigeria	101	68 x	92	89	107
Niue (Neuseeland)	–	–	–	–	–
Norwegen	105	–	100	98	102
Oman	106	91	101	–	103
Österreich	106	–	100	96	101

Anwendung empfängnis-verhütender Mittel in % (2009–2013*)	Schwangerschafts-vorsorge in % (2009–2013*)		Anteil der Geburten in % (2009–2013*)			Mütter-sterblichkeitsrate		
	mind. einmal	mind. viermal	mit ausgebildeten Geburtshelfern/-innen	in Geburtskliniken oder -häusern	mit Kaiserschnitt	offizielle Angaben (2009–2013*)	bereinigt 2013	Todesfallrisiko: 1 von … 2013
80	–	–	–	–	32 x	–	27	2 900
–	–	–	100	–	19	7	13	5 200
74	100	100	100	100	–	39	80	970
–	100 x	–	100 x	–	–	–	14	2 600
50	54	37	42	38	4	360	220	130
47	92	70	62	59	7	1 200	490	64
–	92 x	–	100 x	–	–	20	13	4 600
54	96 x	–	98 x	–	–	–	16	3 900
11 x	79 x	66 x	46 x	37 x	4 x	990 x	640	31
42 x	93 x	–	100 x	–	–	–	15	2 700
–	–	–	–	–	–	–	–	–
63 x	100 x	–	100 x	–	–	6	11	5 900
–	–	–	100 x	100 x	29 x	–	11	5 300
40	82	51	44	38	2	480	440	47
46	95	46	71	73	5	680	510	34
49 x	97	–	99	99	–	26	29	1 600
35	99	85	99	95	32	140 x	31	1 200
10	75	35	56	56	4	460 x	550	26
–	100 x	–	–	100 x	–	–	9	8 300
67	77	55	74	73	16	110	120	300
45 x	81 x	77 x	99	85 x	9 x	110	–	–
11	84	48	65	65	10	630	320	66
76 x	–	–	98 x	98 x	–	22 x	73	900
40	99	94	98	98	25	4	7	10 200
73	98	93	96	94	46	42	49	900
55	80 x	–	100	87 x	11 x	160	96	320
60	99	95	99	99	16	30	21	2 900
–	–	–	–	–	–	–	–	–
55	99	81	99	99	21	51	68	560
39 x	97 x	–	100	100	–	13 x	7	8 900
12	91	51	54	55	4	410	480	41
46	83	73 x	71	36	–	320 x	200	250
55 x	95 x	70 x	81 x	81 x	13 x	450 x	130	230
36 x	95 x	40 x	97 x	99 x	8 x	0	–	–
50	58	50	36	35	5	280 x	190	200
–	–	–	–	–	23 x	–	8	6 600
80	95	88	88	88	30	63	100	340
69 x	–	–	–	100 x	14 x	–	6	10 700
14	83	33	29	30	1	540	630	20
15	61	51	38	36	2	550	560	31
23 x	100 x	–	100	–	–	0	–	–
88 x	–	–	–	–	16 x	–	4	14 900
24 x	99	96 x	99	99 x	14 x	16	11	2 800
70	–	–	–	–	24 x	–	4	19 200

	Lebenserwartung von Frauen in % der männl. Lebenserwartung 2013	Alphabetisierung von Frauen in % der männl. Alphabetisierung (2009–2013*)	Einschulungsrate von Mädchen in % der männl. Rate (unbereinigt) (2009–2013*)		Anteil der Mädchen in % der männl. Rate, die die letzte Klasse der Grundschule erreichen (2009–2013*)
			Grundschule	weiterführende Schule	
Pakistan	103	63	87	74	101
Palästina	105	95	99	110	99
Palau	–	100	–	–	–
Panama	108	99	97	105	–
Papua-Neuguinea	107	92	91	76	–
Paraguay	106	98	96	105	107
Peru	107	94	99	96	97
Philippinen	111	101 x	98	108	111 x
Polen	111	100	100	99	101
Portugal	108	96	98	100	–
Ruanda	105	87	102	107	112
Rumänien	110	99	99	98	100
Russische Föderation	120	100	101	98	–
Salomonen	104	–	98	94	108
Sambia	106	72 x	99	–	95 x
Samoa	109	100	100	111	98
San Marino	–	–	99	103	103
São Tomé und Príncipe	106	75 x	97	114	–
Saudi-Arabien	105	95	106	98	–
Schweden	105	–	100	98	100
Schweiz	106	–	100	97	–
Senegal	105	61	108	91	108
Serbien	108	98	100	102	100
Seychellen	113	101	105	109	99
Sierra Leone	101	61	99	–	–
Simbabwe	103	91	–	–	–
Singapur	106	96	–	–	100 x
Slowakei	111	–	100	101	99
Slowenien	108	100	100	99	101
Somalia	106	–	–	–	–
Spanien	108	99	99	101	99
Sri Lanka	109	97	100	106	107
St. Kitts und Nevis	–	–	101	104	90
St. Lucia	107	–	97	99	97
St. Vincent u. d. Grenadinen	106	–	96	96	127
Südafrika	107	97	95	103	–
Sudan	106	80	89	92	92
Südsudan	104	–	66	–	–
Suriname	109	99	96	131	122 x
Swasiland	97	98	90	97	–
Syrien	108	87	97	100	101
Tadschikistan	110	100	98	90	102
Tansania	105	81	103	88	113
Thailand	109	100	97	106	–

Anwendung empfängnis-verhütender Mittel in % (2009–2013*)	Schwangerschafts-vorsorge in % (2009–2013*)		Anteil der Geburten in % (2009–2013*)			Mütter-sterblichkeitsrate		
	mind. einmal	mind. viermal	mit ausgebildeten Geburtshelfern/-innen	in Geburtskliniken oder -häusern	mit Kaiserschnitt	offizielle Angaben (2009–2013*)	bereinigt 2013	Todesfallrisiko: 1 von … 2013
35	73	37	52	48	14	250 x	170	170
53	98	94	99	98	17	–	47	500
22	90	81	100	100	–	0	–	–
52	96	–	94	88	–	81	85	450
32 x	79 x	55 x	53 x	52 x	–	730 x	220	120
79 x	96 x	91 x	96	93	33 x	85	110	290
74	96	94	87	87	25	93	89	440
49	95	78	72	55	11	220	120	250
–	–	–	100 x	–	21 x	2	3	19 800
67 x	100 x	–	100 x	–	31 x	–	8	8 800
52	98	35	69	69	7	480	320	66
70 x	94 x	76 x	99	98 x	19 x	26	33	2 100
68	–	–	100	–	–	16	24	2 600
35 x	74 x	65 x	86 x	85 x	6 x	150	130	180
41 x	94 x	60 x	47 x	48 x	3 x	480	280	59
29	93	58	81	81	13	29 x	58	430
–	–	–	–	–	–	–	–	–
38	98	72	82	79	5	160 x	210	100
24 x	97 x	–	97 x	–	–	–	16	2 200
–	100 x	–	–	–	–	–	4	13 600
–	–	–	–	–	30 x	–	6	12 300
18	95	47	65	71	4	390	320	60
61	99	94	100	100	25	15	16	4 500
–	–	–	–	–	–	57 x	–	–
17	97	75	60	54	5	860 x	1 100	21
59	90	65	66	65	5	530	470	53
–	–	–	–	100 x	–	–	6	13 900
–	97 x	–	99	–	24 x	7	7	10 200
–	100 x	–	100	–	–	5	7	9 300
15 x	26 x	6 x	33 x	9 x	–	1 000 x	850	18
66 x	–	–	–	–	26 x	–	4	15 100
68 x	99 x	93 x	99 x	98 x	24 x	31	29	1 400
54 x	100 x	–	100	–	–	310	–	–
56	97	90	99	100	19	0 x	34	1 500
48 x	100 x	–	99	–	–	54	45	1 000
60 x	97 x	87 x	91 x	89 x	21 x	400 x	140	300
9	74	47	23	21	7	220	360	60
4	40	17	19	12	1	2 100 x	730	28
48	91	67	91	92	19	83	130	330
65	97	77	82	80	12	590 x	310	94
54	88	64	96	78	26	65 x	49	630
28	79	53	87	77	4	33	44	530
34	88	43	49	50	5	450	410	44
79	98	93	100	100	32	12 x	26	2 900

	Lebenserwartung von Frauen in % der männl. Lebenserwartung 2013	Alphabetisierung von Frauen in % der männl. Alphabetisierung (2009–2013*)	Einschulungsrate von Mädchen in % der männl. Rate (unbereinigt) (2009–2013*)		Anteil der Mädchen in % der männl. Rate, die die letzte Klasse der Grundschule erreichen (2009–2013*)
			Grundschule	weiterführende Schule	
Timor-Leste	105	83	95	102	104
Togo	103	65	92	–	92
Tonga	108	100 x	99	97	–
Trinidad und Tobago	111	99	97	–	106
Tschad	103	59	76	46	85
Tschechische Republik	108	–	101	100	100
Tunesien	106	82	98	105	101
Türkei	110	93	99	95	98
Turkmenistan	114	100	–	–	–
Tuvalu	–	–	–	–	–
Uganda	104	78	102	83	97
Ukraine	118	100	102	98	101
Ungarn	111	100	99	98	100
Uruguay	109	101	97	114	103
Usbekistan	110	100	97	98	101
Vanuatu	106	96	99	100	94 x
Vatikanstadt	–	–	–	–	–
Venezuela	108	100	98	109	109
Ver. Arabische Emirate	103	102 x	97	–	100
Ver. Staaten von Amerika	106	–	98	100	–
Vietnam	113	95	101	–	–
Weißrussland	118	100	100	96	101
Zentralafrikanische Republik	108	48	74	51	96
Zypern	105	99	100	102	–
Weltregionen					
Afrika südlich der Sahara	104	75	92	84	100
Östliches und südliches Afrika	105	81	94	91	105
West- und Zentralafrika	103	66	90	77	98
Naher Osten und Nordafrika	106	83	94	95	98
Südasien	105	69	100	93	106
Ostasien und Pazifik	105	95	99	101	102
Lateinamerika und Karibik	109	99	97	107	105
Mittel- und Osteuropa, GUS	115	99	100	97	101
Am wenigsten entwickelte Länder	104	76	93	87	102
Welt	106	91	97	97	103

Definitionen der Weltregionen s. Seite 255 f.

* Werte beziehen sich auf die neuesten verfügbaren Daten aus dem genannten Zeitraum.

** Angaben ohne China

– keine Daten verfügbar

Anwendung empfängnis-verhütender Mittel in % (2009–2013*)	Schwangerschafts-vorsorge in % (2009–2013*)		Anteil der Geburten in % (2009–2013*)			Müttersterblichkeitsrate		
	mind. einmal	mind. viermal	mit ausgebildeten Geburtshelfern/-innen	in Geburtskliniken oder -häusern	mit Kaiserschnitt	offizielle Angaben (2009–2013*)	bereinigt 2013	Todesfallrisiko: 1 von … 2013
22	84	55	29	22	2	570	270	66
15	72	55	59	67	9	–	450	46
34	98	70	98	98	17	36	120	220
43 x	96 x	–	100	97 x	–	–	84	640
5	53	23	23	16	2	1 100 x	980	15
86 x	–	–	100	–	20 x	2	5	12 100
63	98	85	99	99	27	–	46	1 000
73 x	92 x	74 x	91 x	90 x	37 x	29 x	20	2 300
62 x	98 x	83 x	97 x	95 x	3 x	7	61	640
31 x	97 x	67 x	98 x	93 x	7 x	0	–	–
30	93	48	57	57	5	440	360	44
65	99	87	99	99	12	16 x	23	2 900
–	–	–	99	–	31 x	10	14	5 000
78 x	96 x	90 x	100	–	34 x	10	14	3 500
65 x	99 x	–	100 x	97 x	–	22	36	1 100
49	76	52	89	89	12	86 x	86	320
–	–	–	–	–	–	–	–	–
–	94 x	–	96	95 x	–	72	110	360
–	100 x	–	100 x	100	–	0 x	8	5 800
76	–	–	–	–	31 x	13 x	28	1 800
78	94	60	93	92	20	67	49	1 100
63	100	100	100	100	25	1	1	45 200
15	68	38	54	53	5	540 x	880	27
–	99 x	–	–	100 x	–	–	10	6 600
23	76	45	47	46	4	–	510	38
33	77	39	42	41	4	–	420	49
17	76	50	53	51	4	–	590	30
58	86	59	79	75	23	–	110	300
53	71	35	50	45	10	–	190	190
64 **	94	80 **	93	87	28	–	74	720
75	97	90	93	91	43	–	85	510
63	–	–	99	–	–	–	27	1 900
35	74	38	47	44	6	–	440	51
55 **	82	51 **	68	63	16	–	210	190

Definitionen s. Seite 257 ff., Hauptquellen s. Seite 265 ff.

x Daten beziehen sich auf andere Jahre oder Zeiträume. Diese Werte werden nicht bei der Berechnung der regionalen und globalen Werte berücksichtigt (ausgenommen Daten aus Indien von 2005–2006 und 2007–2008 sowie aus Brasilien von 2006). Schätzungen aus den Jahren vor 2000 sind nicht aufgeführt.

Tabelle 9: Kinderschutz

	Kinderarbeit (2005–2013*) in % aller Kinder (5–14 Jahre)			Kinderehen (2005–2013*) in % der 20–24-jähr. Frauen		Geburtenregistrierung (2005–2013*) in %[w]
	gesamt	männl.	weibl.	verheirat. m. 15 J.	verheirat. m. 18 J.	gesamt
Afghanistan	10	11	10	15	40	37
Ägypten	9 y	14 y	4 y	2	17	99 y
Albanien	5 y	6 y	4 y	0	10	99
Algerien	5 y	6 y	4 y	0	2	99
Andorra	–	–	–	–	–	100 v
Angola	24 x	22 x	25 x	–	–	36 x
Antigua und Barbuda	–	–	–	–	–	–
Äquatorialguinea	28 x	28 x	28 x	9	30	54
Argentinien	4	5	4	–	–	100 y
Armenien	4	5	3	0	7	100
Aserbaidschan	7 y	8 y	5 y	1	12	94
Äthiopien	27	31	24	16	41	7
Australien	–	–	–	–	–	100 v
Bahamas	–	–	–	–	–	–
Bahrain	5 x	6 x	3 x	–	–	–
Bangladesch	13	18	8	29	65	31
Barbados	–	–	–	–	–	–
Belgien	–	–	–	–	–	100 v
Belize	6	7	5	3	26	95
Benin	15	15	16	11	32	80
Bhutan	3	3	3	6	26	100
Bolivien	26 y	28 y	24 y	3	22	76 y
Bosnien und Herzegowina	5	7	4	0	4	100
Botsuana	9 y	11 y	7 y	–	–	72
Brasilien	8 y	11 y	6 y	11	36	93 y
Brunei Darussalam	–	–	–	–	–	–
Bulgarien	–	–	–	–	–	100 v
Burkina Faso	39	42	36	10	52	77
Burundi	26	26	27	3	20	75
Chile	7 y	–	–	–	–	99 y
China	–	–	–	–	–	–
Cookinseln (Neuseeland)	–	–	–	–	–	–
Costa Rica	4	4	5	7	21	100
Dänemark	–	–	–	–	–	100 v
Deutschland	–	–	–	–	–	100 v
Dominica	–	–	–	–	–	–
Dominikanische Republik	13	18	8	12	41	81
Dschibuti	8	8	8	2	5	92
Ecuador	9 y	–	–	4 x	22 x	90
Elfenbeinküste	26	25	28	10	33	65
El Salvador	9 y	13 y	4 y	5	25	99
Eritrea	–	–	–	13	41	–

Weibliche Genitalverstümmelung/-beschneidung in % (2004–2013*)			Akzeptanz häuslicher Gewalt (2005–2013*) in %		Kinder (2–14 J.), die 2005–2013* psychisch oder physisch gewaltsam bestraft wurden, in %		
Verbreitung		Einstellung					
Frauen (15–49 J.)	Mädchen (0–14 J.)	befürwortend (Frauen 15–49 J.)	männl.	weibl.	gesamt	männl.	weibl.
–	–	–	–	90	74	75	74
91	17	54	–	39 y	91	92	90
–	–	–	36	30	77	81	73
–	–	–	–	68	88	89	87
–	–	–	–	–	–	–	–
–	–	–	–	–	–	–	–
–	–	–	–	–	–	–	–
–	–	–	52	53	–	–	–
–	–	–	–	2	72	74	71
–	–	–	20	9	70	72	67
–	–	–	58	49	77	80	74
74	24	31	45	68	–	–	–
–	–	–	–	–	–	–	–
–	–	–	–	–	–	–	–
–	–	–	–	–	–	–	–
–	–	–	–	33 y	–	–	–
–	–	–	–	3	75	78	72
–	–	–	–	–	–	–	–
–	–	–	–	9	71	71	70
7	0	2	15	16	–	–	–
–	–	–	–	68	–	–	–
–	–	–	–	16	–	–	–
–	–	–	6	5	55	60	50
–	–	–	–	–	–	–	–
–	–	–	–	–	–	–	–
–	–	–	–	–	–	–	–
–	–	–	–	–	–	–	–
76	13	9	34	44	83	84	82
–	–	–	44	73	–	–	–
–	–	–	–	–	–	–	–
–	–	–	–	–	–	–	–
–	–	–	–	–	–	–	–
–	–	–	–	4	46	52	39
–	–	–	–	–	–	–	–
–	–	–	–	–	–	–	–
–	–	–	–	–	–	–	–
–	–	–	–	4	67	69	65
93	49 y	37	–	–	72	73	71
–	–	–	–	–	–	–	–
38	10	14	42	48	91	91	91
–	–	–	–	–	–	–	–
83	33	12	45	51	–	–	–

	Kinderarbeit (2005–2013*) in % aller Kinder (5–14 Jahre)			Kinderehen (2005–2013*) in % der 20–24-jähr. Frauen		Geburtenregistrierung (2005–2013*) in %[w]
	gesamt	männl.	weibl.	verheirat. m. 15 J.	verheirat. m. 18 J.	gesamt
Estland	–	–	–	–	–	100 v
Fidschi	–	–	–	–	–	–
Finnland	–	–	–	–	–	100 v
Frankreich	–	–	–	–	–	100 v
Gabun	13	15	12	6	22	90
Gambia	19	21	18	7	36	53
Georgien	18	20	17	1	14	100
Ghana	34	34	34	5	21	63
Grenada	–	–	–	–	–	–
Griechenland	–	–	–	–	–	100 v
Großbritannien	–	–	–	–	–	100 v
Guatemala	26 y	35 y	16 y	7	30	97
Guinea	28	29	27	21	52	58
Guinea-Bissau	38	40	36	7	22	24
Guyana	16	17	16	6	23	88
Haiti	24	25	24	3	18	80
Honduras	14 y	22 y	6 y	8	34	94
Indien	12	12	12	18	47	84 y
Indonesien	7 y	8 y	6 y	3	17	67
Irak	5	5	4	5	24	99
Iran	11 y	13 y	10 y	3	17	99 y
Irland	–	–	–	–	–	100 v
Island	–	–	–	–	–	100 v
Israel	–	–	–	–	–	100 v
Italien	–	–	–	–	–	100 v
Jamaika	3	4	3	1	8	98
Japan	–	–	–	–	–	100 v
Jemen	23	21	24	12	32	17 y
Jordanien	2 y	3 y	0 y	0	8	99
Kambodscha	18 y	19 y	17 y	2	18	62
Kamerun	42	43	40	13	38	61
Kanada	–	–	–	–	–	100 v
Kap Verde	6 y	–	–	3	18	91
Kasachstan	2	2	2	0	6	100
Katar	–	–	–	–	–	–
Kenia	26 x	27 x	25 x	6	26	60
Kirgisistan	4	4	3	0	8	98
Kiribati	–	–	–	3	20	94
Kolumbien	10 y	13 y	7 y	6	23	97
Komoren	22	20	24	10	32	87
Kongo, Dem. Republik	15	13	17	9	39	28
Kongo, Republik	18	18	19	6	33	91
Korea, Dem. Volksrepublik	–	–	–	–	–	100
Korea, Republik	–	–	–	–	–	–
Kroatien	–	–	–	–	–	–

Weibliche Genitalverstümmelung/ -beschneidung in % (2004–2013*)			Akzeptanz häuslicher Gewalt (2005–2013*) in %		Kinder (2–14 J.), die 2005–2013* psychisch oder physisch gewaltsam bestraft wurden, in %		
Verbreitung		Einstellung					
Frauen (15–49 J.)	Mädchen (0–14 J.)	befürwortend (Frauen 15–49 J.)	männl.	weibl.	gesamt	männl.	weibl.
–	–	–	–	–	–	–	–
–	–	–	–	–	72 y	–	–
–	–	–	–	–	–	–	–
–	–	–	–	–	–	–	–
–	–	–	40	50	–	–	–
76	56	64	–	75	90	90	91
–	–	–	–	7	67	70	63
4	1	2	26 y	44	94	94	94
–	–	–	–	–	–	–	–
–	–	–	–	–	–	–	–
–	–	–	–	–	–	–	–
–	–	–	–	–	–	–	–
97	46	76	66	92	–	–	–
50	39 y	34	–	40 y	82	82	81
–	–	–	19	16	76	79	74
–	–	–	15	17	85	85	84
–	–	–	10	12	–	–	–
–	–	–	42	47	–	–	–
–	–	–	18 y	35	–	–	–
8	3 y	5	–	51	79	81	77
–	–	–	–	–	–	–	–
–	–	–	–	–	–	–	–
–	–	–	–	–	–	–	–
–	–	–	–	–	–	–	–
–	–	–	–	–	–	–	–
–	–	–	–	5	85	87	82
–	–	–	–	–	–	–	–
19	15	41 x,y	–	–	95	95	95
–	–	–	–	70 y	90	91	89
–	–	–	22 y	46 y	–	–	–
1	1 y	7	39	47	93	93	93
–	–	–	–	–	–	–	–
–	–	–	16 y	17	–	–	–
–	–	–	17	12	49	54	45
–	–	–	–	–	–	–	–
27	8 y	10	44	53	–	–	–
–	–	–	50	34	54 y	58 y	49 y
–	–	–	60	76	81 y	–	–
–	–	–	–	–	–	–	–
–	–	–	17	39	–	–	–
–	–	–	–	76	92	92	91
–	–	–	62 y	73 y	87	87	86
–	–	–	–	–	–	–	–
–	–	–	–	–	–	–	–
–	–	–	–	–	–	–	–

	Kinderarbeit (2005–2013*) in % aller Kinder (5–14 Jahre)			Kinderehen (2005–2013*) in % der 20–24-jähr. Frauen		Geburtenregistrierung (2005–2013*) in %[w]
	gesamt	männl.	weibl.	verheirat. m. 15 J.	verheirat. m. 18 J.	gesamt
Kuba	–	–	–	9	40	100 y
Kuwait	–	–	–	–	–	–
Laos	10 y	9 y	11 y	9	35	75
Lesotho	23 x	25 x	21 x	2	19	45
Lettland	–	–	–	–	–	100 v
Libanon	2	3	1	1	6	100
Liberia	21	21	21	11	38	4 y
Libyen	–	–	–	–	–	–
Liechtenstein	–	–	–	–	–	100 v
Litauen	–	–	–	–	–	100 v
Luxemburg	–	–	–	–	–	100 v
Madagaskar	23 y	23 y	23 y	12	41	83
Malawi	26	25	26	12	50	2 y
Malaysia	–	–	–	–	–	–
Malediven	–	–	–	0	4	93
Mali	21	22	21	15	55	81
Malta	–	–	–	–	–	100 v
Marokko	8	9	8	3 x	16 x	94 y
Marshallinseln	–	–	–	6	26	96
Mauretanien	15	14	15	14	34	59
Mauritius	–	–	–	–	–	–
Mazedonien	13	12	13	1	7	100
Mexiko	6 y	7 y	5 y	5	23	93 y
Mikronesien	–	–	–	–	–	–
Moldau	16	20	12	1	19	100
Monaco	–	–	–	–	–	100 v
Mongolei	10	10	11	0	5	99
Montenegro	10	12	8	0	5	99
Mosambik	22	21	24	14	48	48
Myanmar	–	–	–	–	–	72
Namibia	–	–	–	2	9	78 y
Nauru	–	–	–	2	27	83
Nepal	34 y	30 y	38 y	10	41	42
Neuseeland	–	–	–	–	–	100 v
Nicaragua	15 x	18 x	11 x	10	41	85
Niederlande	–	–	–	–	–	100 v
Niger	31	31	30	28	76	64
Nigeria	25	24	25	17	43	30
Niue (Neuseeland)	–	–	–	–	–	–
Norwegen	–	–	–	–	–	100 v
Oman	–	–	–	–	–	–
Österreich	–	–	–	–	–	100 v
Pakistan	–	–	–	3	21	34
Palästina	6	7	4	2	21	99
Palau	–	–	–	–	–	–

Weibliche Genitalverstümmelung/ -beschneidung in % (2004–2013*)			Akzeptanz häuslicher Gewalt (2005–2013*) in %		Kinder (2–14 J.), die 2005–2013* psychisch oder physisch gewaltsam bestraft wurden, in %		
Verbreitung		Einstellung					
Frauen (15–49 J.)	Mädchen (0–14 J.)	befürwortend (Frauen 15–49 J.)	männl.	weibl.	gesamt	männl.	weibl.
–	–	–	–	–	–	–	–
–	–	–	–	–	–	–	–
–	–	–	49	58	76	77	74
–	–	–	48	37	–	–	–
–	–	–	–	–	–	–	–
–	–	–	–	10 y	82	82	82
66	–	45	30	59	90	90	90
–	–	–	–	–	–	–	–
–	–	–	–	–	–	–	–
–	–	–	–	–	–	–	–
–	–	–	–	–	–	–	–
–	–	–	46 y	45	–	–	–
–	–	–	13	13	–	–	–
–	–	–	–	–	–	–	–
–	–	–	14 y	31 y	–	–	–
89	74 y	73	–	87	–	–	–
–	–	–	–	–	–	–	–
–	–	–	–	64 x	91	92	90
–	–	–	58	56	–	–	–
69	54	41	–	38	87	87	87
–	–	–	–	–	–	–	–
–	–	–	–	15	69	71	67
–	–	–	–	–	–	–	–
–	–	–	–	–	–	–	–
–	–	–	13	11	76	77	74
–	–	–	–	–	–	–	–
–	–	–	9 y	10	46	48	43
–	–	–	–	11	63	64	61
–	–	–	20	23	–	–	–
–	–	–	–	–	–	–	–
–	–	–	41	35	–	–	–
–	–	–	–	–	–	–	–
–	–	–	22	23	–	–	–
–	–	–	–	–	–	–	–
–	–	–	–	14 y	–	–	–
–	–	–	–	–	–	–	–
2	2 y	6	27	60	82	82	81
25	17	23	25	35	91	91	90
–	–	–	–	–	–	–	–
–	–	–	–	–	–	–	–
–	–	–	–	–	–	–	–
–	–	–	–	–	–	–	–
–	–	–	32 y	42 y	–	–	–
–	–	–	–	–	93	94	92
–	–	–	–	–	–	–	–

	Kinderarbeit (2005–2013*) in % aller Kinder (5–14 Jahre)			Kinderehen (2005–2013*) in % der 20–24-jähr. Frauen		Geburtenregistrierung (2005–2013*) in %[w]
	gesamt	männl.	weibl.	verheirat. m. 15 J.	verheirat. m. 18 J.	gesamt
Panama	6 y	8 y	3 y	–	–	–
Papua-Neuguinea	–	–	–	2	21	–
Paraguay	28 y	32 y	24 y	–	18 x	76 y
Peru	34 y	31 y	36 y	3	19	96 y
Philippinen	11 y	14 y	8 y	2	14	90
Polen	–	–	–	–	–	100 v
Portugal	3 x,y	4 x,y	3 x,y	–	–	100 v
Ruanda	29	27	30	1	8	63
Rumänien	1 x	1 x	1 x	–	–	–
Russische Föderation	–	–	–	–	–	100 v
Salomonen	–	–	–	3	22	–
Sambia	41 y	42 y	40 y	9	42	14
Samoa	–	–	–	–	–	48
San Marino	–	–	–	–	–	100 v
São Tomé und Príncipe	8	8	7	5	34	75
Saudi-Arabien	–	–	–	–	–	–
Schweden	–	–	–	–	–	100 v
Schweiz	–	–	–	–	–	100 v
Senegal	15	19	10	12	33	73
Serbien	4	5	4	1	5	99
Seychellen	–	–	–	–	–	–
Sierra Leone	26	27	25	18	44	78
Simbabwe	–	–	–	4	31	49
Singapur	–	–	–	–	–	–
Slowakei	–	–	–	–	–	100 v
Slowenien	–	–	–	–	–	100 v
Somalia	49	45	54	8	45	3
Spanien	–	–	–	–	–	100 v
Sri Lanka	–	–	–	2	12	97
St. Kitts und Nevis	–	–	–	–	–	–
St. Lucia	4	5	3	1	8	92
St. Vincent u. d. Grenadinen	–	–	–	–	–	–
Südafrika	–	–	–	1 x	6 x	85 y
Sudan	–	–	–	7	33	59
Südsudan	–	–	–	9	52	35
Suriname	4	4	4	5	19	99
Swasiland	7	8	7	1	7	50
Syrien	4	5	3	3	13	96
Tadschikistan	10	9	11	0	12	88
Tansania	21 y	23 y	19 y	7	37	16
Thailand	8	8	8	4	22	99 y
Timor-Leste	4 x	4 x	4 x	3	19	55
Togo	28	28	29	6	25	78
Tonga	–	–	–	–	6	–
Trinidad und Tobago	1	1	1	2	8	97

Weibliche Genitalverstümmelung/ -beschneidung in % (2004–2013*)			Akzeptanz häuslicher Gewalt (2005–2013*) in %		Kinder (2–14 J.), die 2005–2013* psychisch oder physisch gewaltsam bestraft wurden, in %		
Verbreitung		Einstellung					
Frauen (15–49 J.)	Mädchen (0–14 J.)	befürwortend (Frauen 15–49 J.)	männl.	weibl.	gesamt	männl.	weibl.
–	–	–	–	–	–	–	–
–	–	–	–	–	–	–	–
–	–	–	–	–	–	–	–
–	–	–	–	–	–	–	–
–	–	–	–	14	–	–	–
–	–	–	–	–	–	–	–
–	–	–	–	–	–	–	–
–	–	–	25	56	–	–	–
–	–	–	–	–	–	–	–
–	–	–	–	–	–	–	–
–	–	–	65	69	72 y	–	–
–	–	–	49	62	–	–	–
–	–	–	46	61	–	–	–
–	–	–	–	–	–	–	–
–	–	–	22	20	–	–	–
–	–	–	–	–	–	–	–
–	–	–	–	–	–	–	–
–	–	–	–	–	–	–	–
26	18	17	25	60	–	–	–
–	–	–	7 y	3	67	70	64
–	–	–	–	–	–	–	–
90	13	66	–	73	82	81	82
–	–	–	34	40	–	–	–
–	–	–	–	–	–	–	–
–	–	–	–	–	–	–	–
–	–	–	–	–	–	–	–
98	46 y	65	–	76 y	–	–	–
–	–	–	–	–	–	–	–
–	–	–	–	53 y	–	–	–
–	–	–	–	–	–	–	–
–	–	–	–	7	68	71	64
–	–	–	–	–	–	–	–
–	–	–	–	–	–	–	–
88	37	42	–	47	–	–	–
–	–	–	–	79	–	–	–
–	–	–	–	13	86	87	85
–	–	–	23 y	28	89	90	88
–	–	–	–	–	89	90	88
–	–	–	–	60	78	80	75
15	3 y	6	38	54	–	–	–
–	–	–	–	13	–	–	–
–	–	–	81	86	–	–	–
4	0	2	–	43	93	94	93
–	–	–	21	29	–	–	–
–	–	–	–	8	77	78	77

	Kinderarbeit (2005–2013*) in % aller Kinder (5–14 Jahre)			Kinderehen (2005–2013*) in % der 20–24-jähr. Frauen		Geburtenregistrierung (2005–2013*) in %[w]
	gesamt	männl.	weibl.	verheirat. m. 15 J.	verheirat. m. 18 J.	gesamt
Tschad	26	25	28	29	68	16
Tschechische Republik	–	–	–	–	–	100 v
Tunesien	2	3	2	0	2	99
Türkei	6 y	8 y	4 y	3	14	94
Turkmenistan	–	–	–	–	–	–
Tuvalu	–	–	–	0	10	50
Uganda	16 y	17 y	16 y	10	40	30
Ukraine	2	3	2	0	9	100
Ungarn	–	–	–	–	–	100 v
Uruguay	8 y	8 y	8 y	–	–	100 y
Usbekistan	–	–	–	0	7	100
Vanuatu	–	–	–	3	21	43 y
Vatikanstadt	–	–	–	–	–	–
Venezuela	8 x	9 x	6 x	–	–	81 y
Ver. Arabische Emirate	–	–	–	–	–	100 y
Ver. Staaten von Amerika	–	–	–	–	–	100 v
Vietnam	7	7	7	1	9	95
Weißrussland	1	1	2	0	3	100 y
Zentralafrikanische Republik	29	27	30	29	68	61
Zypern	–	–	–	–	–	100 v
Weltregionen						
Afrika südlich der Sahara	25	25	25	12	40	41
Östliches u. südliches Afrika	25	27	24	10	37	36
West- und Zentralafrika	25	25	25	14	42	45
Naher Osten und Nordafrika	9	11	7	3	18	87
Südasien	12	13	12	17	45	71
Ostasien und Pazifik	8 **	10 **	7 **	2 **	16 **	79 **
Lateinamerika und Karibik	11	13	9	7	29	92
Mittel- und Osteuropa, GUS	5	7	4	1	10	98
Am wenigsten entwick. Länder	22	23	21	15	45	39
Welt	13 **	13 **	12 **	8 **	27 **	72 **

Definitionen der Weltregionen s. Seite 255 f.

v Die Aussage 100 % basiert auf der Annahme, dass die Einwohnermeldeämter in den jeweiligen Ländern über umfassende und alle relevanten Daten verfügen (Quelle: Vereinte Nationen, Abteilung für wirtschaftliche und soziale Angelegenheiten, Abteilung für Statistik, »Population and Vital Statistics Report, Series A Vol. 65«, New York, 2013)

w Die Definition des Indikators »Geburtenregistrierung« wurde nach der zweiten und dritten Runde der MICS (MICS2 und MICS3) für die vierte Runde (MICS4) geändert, um eine Vergleichbarkeit mit späteren Runden zu gewährleisten. Die statistischen Daten aus MICS2 und MICS3 zu »Geburtenregistrierung« wurden entsprechend der Indikatordefinition der MICS4 neu berechnet, daher können die hier vorgestellten Daten von den nationalen Erhebungen der MICS2 und MICS3 abweichen.

Weibliche Genitalverstümmelung/ -beschneidung in % (2004–2013*)			Akzeptanz häuslicher Gewalt (2005–2013*) in %		Kinder (2–14 J.), die 2005–2013* psychisch oder physisch gewaltsam bestraft wurden, in %		
Verbreitung		Einstellung					
Frauen (15–49 J.)	Mädchen (0–14 J.)	befürwortend (Frauen 15–49 J.)	männl.	weibl.	gesamt	männl.	weibl.
44	18 y	38	–	62	84	85	84
–	–	–	–	–	–	–	–
–	–	–	–	30	93	94	92
–	–	–	–	25	–	–	–
–	–	–	–	–	–	–	–
–	–	–	73	70	–	–	–
1	1	9	44	58	–	–	–
–	–	–	9	3	61	68	55
–	–	–	–	–	–	–	–
–	–	–	–	–	–	–	–
–	–	–	61 x	70 x	–	–	–
–	–	–	60	60	84	83	84
–	–	–	–	–	–	–	–
–	–	–	–	–	–	–	–
–	–	–	–	–	–	–	–
–	–	–	–	–	–	–	–
–	–	–	–	36	74	76	71
–	–	–	4	4	65 y	67 y	62 y
24	1	11	75	80	92	92	92
–	–	–	–	–	–	–	–
39	17	23	35	52	–	–	–
44	14	20	40	55	–	–	–
31	17	23	30	50	90	90	90
–	–	–	–	–	89	90	88
–	–	–	41	46	–	–	–
–	–	–	–	29 **	–	–	–
–	–	–	–	–	–	–	–
–	–	–	–	–	–	–	–
–	–	–	–	52	–	–	–
–	–	–	–	32 **	–	–	–

Definitionen s. Seite 257 ff., Hauptquellen s. Seite 265 ff.

x Daten beziehen sich auf andere Jahre oder Zeiträume. Diese Werte werden nicht bei der Berechnung der regionalen und globalen Werte berücksichtigt.

y Daten weichen von der Standarddefinition ab oder beziehen sich nur auf einen Teil des Landes. Diese Werte werden bei der Berechnung der regionalen und globalen Werte berücksichtigt, sofern sie in den angegebenen Referenzzeitraum fallen.

* Werte beziehen sich auf die neuesten verfügbaren Daten aus dem genannten Zeitraum.

– keine Daten verfügbar

Tabelle 10: Gradmesser des Fortschritts

	Sterblichkeitsrate von Kindern unter 5 Jahren (SRUJ5)					Durchschnittlicher jährlicher in %▲		
	SRUJ5 Rang	1970	1990	2000	2013	1970–1990	1990–2000	2000–2013
Afghanistan	16	309	179	136	97	2,7	2,8	2,6
Ägypten	89	240	85	45	22	5,2	6,4	5,5
Albanien	110	–	41	26	15	–	4,4	4,3
Algerien	81	245	47	40	25	8,2	1,7	3,5
Andorra	185	–	9	5	3	–	6,1	3,3
Angola	1	–	226	217	167	–	0,4	2,0
Antigua und Barbuda	142	–	26	15	9	–	5,0	3,9
Äquatorialguinea	17	–	184	142	96	–	2,6	3,0
Argentinien	122	73	28	20	13	4,8	3,1	3,2
Armenien	106	–	50	30	16	–	5,0	5,1
Aserbaidschan	69	–	95	74	34	–	2,4	5,9
Äthiopien	39	240	205	146	64	0,8	3,4	6,3
Australien	167	21	9	6	4	4,2	3,9	3,4
Bahamas	122	31	24	16	13	1,3	4,0	1,6
Bahrain	155	76	23	13	6	6,0	5,9	5,6
Bangladesch	60	224	144	88	41	2,2	4,9	5,9
Barbados	118	48	18	16	14	4,9	1,0	1,0
Belgien	167	24	10	6	4	4,4	5,4	2,1
Belize	100	96	40	25	17	4,4	4,6	3,1
Benin	24	266	179	146	85	2,0	2,1	4,1
Bhutan	67	273	134	79	36	3,6	5,2	6,0
Bolivien	62	231	123	77	39	3,2	4,6	5,3
Bosnien und Herzegowina	150	–	18	9	7	–	6,9	2,6
Botsuana	57	122	50	85	47	4,5	–5,4	4,6
Brasilien	118	132	62	33	14	3,8	6,3	6,7
Brunei Darussalam	134	–	12	10	10	–	2,5	–0,3
Bulgarien	127	39	22	21	12	2,8	0,5	4,6
Burkina Faso	14	321	202	186	98	2,3	0,8	5,0
Burundi	26	248	171	149	83	1,9	1,4	4,5
Chile	146	79	19	11	8	7,1	5,6	2,2
China	122	113	54	37	13	3,7	3,8	8,2
Cookinseln (Neuseeland)	142	52	24	17	9	3,7	3,7	5,0
Costa Rica	134	76	17	13	10	7,5	2,5	2,4
Dänemark	167	17	9	6	4	3,1	4,6	3,6
Deutschland	167	26	9	5	4	5,5	4,5	2,5
Dominica	131	64	17	16	11	6,6	0,8	2,5
Dominikanische Republik	78	121	60	41	28	3,5	3,7	2,9
Dschibuti	36	–	119	101	70	–	1,6	2,8
Ecuador	87	138	57	34	23	4,4	5,1	3,2
Elfenbeinküste	12	241	152	146	100	2,3	0,4	2,9
El Salvador	106	155	60	32	16	4,8	6,1	5,6

Rückgang			Durchschnittliches jährliches Wachstum des BIP pro Einw. in %		Fruchtbarkeitsrate gesamt			Fruchtbarkeitsrate Durchschnittlicher jährlicher Rückgang in %	
1990–2013	Rückgang in % seit 1990▲	Rückgang in % seit 2000▲	1970–1990	1990–2013	1970	1990	2013	1970–1990	1990–2013
2,7	46	28	–	–	7,7	7,7	4,9	0,0	2,0
5,9	74	51	4,4	2,9	5,9	4,4	2,8	1,6	2,0
4,3	63	43	−0,6 x	5,8	5,1	3,0	1,8	2,7	2,2
2,7	46	36	1,8	1,7	7,6	4,8	2,8	2,4	2,3
4,5	65	35	−1,3	2,5 x	–	–	–	–	–
1,3	26	23	–	4,3	7,3	7,2	5,9	0,1	0,9
4,4	64	40	7,9 x	1,3	3,7	2,1	2,1	2,9	−0,1
2,8	48	33	−2,3 x	19,9	5,7	5,9	4,8	−0,2	0,9
3,2	52	34	−0,8	2,3	3,1	3,0	2,2	0,1	1,4
5,0	69	48	–	6,3	3,2	2,5	1,7	1,2	1,6
4,4	64	54	–	6,3	4,6	3,0	1,9	2,2	1,9
5,0	69	56	–	3,6	7,0	7,2	4,5	−0,2	2,1
3,6	57	35	1,5	2,1	2,7	1,9	1,9	1,9	0,0
2,6	45	18	1,9	0,3 x	3,5	2,6	1,9	1,5	1,5
5,8	73	52	−1,0 x	0,1	6,5	3,7	2,1	2,8	2,6
5,4	71	53	0,5	3,8	6,9	4,6	2,2	2,1	3,2
1,0	20	12	1,7	1,3 x	3,1	1,7	1,8	2,9	−0,3
3,6	56	24	2,2	1,4	2,2	1,6	1,9	1,7	−0,7
3,8	58	33	3,1	2,0	6,3	4,5	2,7	1,7	2,3
3,2	52	42	0,4	1,1	6,7	6,7	4,8	0,0	1,4
5,7	73	54	7,0 x	5,4	6,7	5,6	2,2	0,8	4,0
5,0	68	49	−1,2	1,8	6,6	4,9	3,2	1,5	1,8
4,4	64	28	–	7,4 x	2,9	1,7	1,3	2,6	1,2
0,3	6	45	8,0	2,8	6,6	4,7	2,6	1,7	2,5
6,5	78	58	2,3	1,7	5,0	2,8	1,8	2,9	1,9
0,9	19	−4	−2,2 x	−0,4	5,8	3,5	2,0	2,4	2,5
2,8	48	45	3,4 x	3,4	2,1	1,8	1,5	0,9	0,6
3,2	52	47	1,4	2,9	6,6	7,0	5,6	−0,3	1,0
3,1	51	44	1,2	−1,5	7,3	7,5	6,0	−0,2	1,0
3,7	57	25	1,5	3,4	4,0	2,6	1,8	2,1	1,6
6,3	76	66	6,5	9,4	5,5	2,5	1,7	3,9	1,8
4,4	64	48	–	–	–	–	–	–	–
2,5	43	27	0,7	2,7	5,0	3,2	1,8	2,3	2,5
4,1	61	38	2,0	1,2	2,1	1,7	1,9	1,2	−0,6
3,4	54	28	2,3	1,3	2,0	1,4	1,4	2,0	−0,2
1,8	34	28	5,2 x	1,9	–	–	–	–	–
3,3	53	32	2,1	3,9	6,2	3,5	2,5	2,9	1,4
2,3	41	31	–	0,2	6,8	6,1	3,4	0,6	2,5
4,0	60	34	1,7	1,3	6,1	3,8	2,6	2,4	1,7
1,8	34	32	−1,7	−0,4	7,9	6,4	4,9	1,1	1,2
5,8	74	52	−1,9	2,2	6,2	4,0	2,2	2,3	2,6

	Sterblichkeitsrate von Kindern unter 5 Jahren (SRUJ5)							
						Durchschnittlicher jährlicher Rückgang in %▲		
	SRUJ5 Rang	1970	1990	2000	2013	1970–1990	1990–2000	2000–2013
Eritrea	53	217	151	89	50	1,8	5,2	4,5
Estland	185	–	20	11	3	–	6,1	9,0
Fidschi	83	55	30	24	24	3,1	2,1	0,3
Finnland	185	16	7	4	3	4,4	4,4	3,9
Frankreich	167	18	9	5	4	3,5	5,1	1,9
Gabun	42	–	93	85	56	–	0,9	3,2
Gambia	31	302	170	119	74	2,9	3,6	3,7
Georgien	122	–	47	36	13	–	2,8	7,7
Ghana	28	201	128	101	78	2,3	2,4	2,0
Grenada	127	–	22	16	12	–	3,3	2,3
Griechenland	167	38	13	8	4	5,5	4,7	4,4
Großbritannien	160	21	9	7	5	4,1	3,4	2,8
Guatemala	72	174	81	51	31	3,9	4,6	3,8
Guinea	11	326	238	170	101	1,6	3,3	4,0
Guinea-Bissau	6	277	225	181	124	1,0	2,2	2,9
Guyana	65	74	61	49	37	0,9	2,3	2,2
Haiti	32	249	145	104	73	2,7	3,3	2,8
Honduras	89	146	59	38	22	4,5	4,4	4,2
Indien	47	213	126	91	53	2,6	3,2	4,2
Indonesien	76	167	84	52	29	3,4	4,8	4,4
Irak	69	116	53	45	34	3,9	1,8	2,1
Iran	100	227	57	35	17	7,0	4,9	5,6
Irland	167	22	9	7	4	4,4	2,5	4,9
Island	194	16	6	4	2	4,5	4,7	5,0
Israel	167	–	12	7	4	–	5,2	4,2
Italien	167	34	10	6	4	6,3	5,6	3,3
Jamaika	100	57	30	24	17	3,2	2,3	2,7
Japan	185	18	6	5	3	5,1	3,4	3,4
Jemen	50	323	125	96	51	4,8	2,7	4,8
Jordanien	94	90	37	28	19	4,5	2,8	3,1
Kambodscha	63	–	118	111	38	–	0,6	8,2
Kamerun	18	212	136	151	95	2,2	–1,0	3,6
Kanada	160	22	8	6	5	4,9	2,9	1,4
Kap Verde	80	161	63	35	26	4,7	5,8	2,4
Kasachstan	106	–	53	44	16	–	1,9	7,6
Katar	146	66	21	12	8	5,7	5,2	3,2
Kenia	33	148	99	111	71	2,0	–1,2	3,5
Kirgisistan	83	120	66	49	24	3,0	2,9	5,5
Kiribati	41	140	95	71	58	1,9	3,0	1,5
Kolumbien	100	97	35	25	17	5,0	3,4	3,0
Komoren	28	226	125	101	78	2,9	2,1	2,0
Kongo, Dem. Republik	8	267	176	176	119	2,1	0,0	3,0
Kongo, Republik	55	153	92	121	49	2,5	–2,8	7,0
Korea, Dem. Volksrepublik	79	–	43	60	27	–	–3,2	6,0

Rückgang			Durchschnittliches jährliches Wachstum des BIP pro Einw. in %		Fruchtbarkeitsrate				
					gesamt			Durchschnittlicher jährlicher Rückgang in %	
1990–2013	Rückgang in % seit 1990▲	Rückgang in % seit 2000▲	1970–1990	1990–2013	1970	1990	2013	1970–1990	1990–2013
4,8	67	44	–	–1,1 x	6,7	6,5	4,7	0,1	1,4
7,7	83	69	–	5,4 x	2,1	1,9	1,6	0,4	0,8
1,0	21	3	0,6	1,2	4,5	3,4	2,6	1,5	1,2
4,1	61	40	2,9	2,2	1,9	1,7	1,9	0,3	–0,3
3,3	53	22	2,1	1,1	2,5	1,8	2,0	1,8	–0,5
2,2	39	34	0,7	–0,7	5,1	5,4	4,1	–0,3	1,2
3,6	57	38	0,7	0,4	6,1	6,1	5,8	0,0	0,3
5,6	72	63	3,1	3,1	2,6	2,2	1,8	0,9	0,8
2,1	39	23	–2,0	2,8	7,0	5,6	3,9	1,1	1,6
2,7	47	26	4,2 x	2,4	4,6	3,8	2,2	0,9	2,5
4,5	65	44	1,3	1,7	2,4	1,4	1,5	2,5	–0,3
3,1	51	30	2,0	2,0	2,3	1,8	1,9	1,2	–0,2
4,2	62	39	0,2	1,2	6,2	5,6	3,8	0,6	1,7
3,7	58	41	–	0,7	6,2	6,6	4,9	–0,3	1,3
2,6	45	31	0,9	–1,3	6,1	6,6	4,9	–0,5	1,3
2,2	40	25	–1,3	2,1	5,1	2,5	2,5	3,6	–0,1
3,0	50	30	–	–0,6 x	5,8	5,4	3,1	0,3	2,4
4,3	62	42	0,8	1,6	7,3	5,1	3,0	1,7	2,3
3,8	58	42	2,0	5,0	5,5	3,9	2,5	1,7	1,9
4,6	65	44	4,5	2,8	5,5	3,1	2,3	2,8	1,3
2,0	36	24	–	2,7 x	7,4	5,9	4,0	1,1	1,6
5,3	70	52	–2,5	2,8	6,4	4,8	1,9	1,4	4,0
3,8	59	47	2,8	3,8	3,8	2,0	2,0	3,2	0,0
4,8	67	48	3,2	1,9	3,0	2,2	2,1	1,7	0,2
4,6	66	42	1,9	1,9	3,8	3,0	2,9	1,2	0,1
4,3	63	35	2,8	0,7	2,5	1,3	1,5	3,2	–0,6
2,5	44	30	–1,3	0,4 x	5,5	2,9	2,3	3,1	1,2
3,4	54	36	3,4	0,7	2,1	1,6	1,4	1,5	0,4
3,9	59	46	–	0,9	7,5	8,7	4,1	–0,7	3,3
2,9	49	33	2,5 x	2,6	7,9	5,5	3,2	1,8	2,3
4,9	68	66	–	6,0 x	6,5	5,6	2,9	0,7	2,9
1,6	31	38	3,4	0,5	6,2	6,4	4,8	–0,2	1,3
2,0	37	16	2,0	1,7	2,2	1,7	1,7	1,5	0,0
3,8	59	26	3,7 x	6,7	6,9	5,3	2,3	1,3	3,7
5,1	69	63	–	4,3	3,5	2,8	2,5	1,1	0,6
4,0	61	34	–	1,1 x	6,9	4,0	2,0	2,7	3,0
1,5	28	36	1,2	0,5	8,1	6,0	4,4	1,5	1,4
4,3	63	51	–	1,0	4,9	3,9	3,1	1,2	1,0
2,1	39	18	–5,8	1,2	6,1	4,6	3,0	1,3	2,0
3,2	52	33	1,9	1,7	5,6	3,1	2,3	2,9	1,3
2,1	38	23	0,0 x	–0,7	7,1	5,6	4,7	1,2	0,7
1,7	33	33	–2,1	–1,9	6,2	7,1	5,9	–0,7	0,8
2,7	47	60	3,3	0,5	6,3	5,3	5,0	0,8	0,3
2,0	37	54	–	–	4,3	2,3	2,0	3,2	0,6

	Sterblichkeitsrate von Kindern unter 5 Jahren (SRUJ5)							
					Durchschnittlicher jährlicher in %▲		
	SRUJ5 Rang	1970	1990	2000	2013	1970–1990	1990–2000	2000–2013
Korea, Republik	167	52	7	6	4	10,0	1,5	3,8
Kroatien	160	–	13	8	5	–	4,3	4,7
Kuba	155	43	13	8	6	5,9	4,6	2,3
Kuwait	134	71	17	13	10	7,2	2,7	2,2
Laos	33	–	162	117	71	–	3,2	3,8
Lesotho	14	176	86	115	98	3,6	–2,8	1,2
Lettland	146	–	20	17	8	–	1,7	5,5
Libanon	142	62	32	20	9	3,3	4,8	6,1
Liberia	33	282	248	175	71	0,6	3,5	6,9
Libyen	110	137	42	28	15	5,9	4,0	5,2
Liechtenstein	–	–	–	–	–	–	–	–
Litauen	160	25	17	12	5	2,2	3,4	6,8
Luxemburg	194	22	9	5	2	4,6	6,1	6,7
Madagaskar	42	166	161	111	56	0,2	3,7	5,2
Malawi	37	344	245	174	68	1,7	3,4	7,2
Malaysia	142	56	17	10	9	6,1	5,0	1,3
Malediven	134	262	94	44	10	5,2	7,6	11,4
Mali	7	398	254	220	123	2,2	1,4	4,5
Malta	155	28	11	8	6	4,5	3,8	1,9
Marokko	73	190	81	51	30	4,3	4,6	3,9
Marshallinseln	63	87	50	42	38	2,8	1,8	0,8
Mauretanien	19	195	118	113	90	2,5	0,4	1,7
Mauritius	118	83	23	19	14	6,4	2,2	2,0
Mazedonien	150	–	37	16	7	–	8,3	6,8
Mexiko	110	108	46	26	15	4,2	5,9	4,4
Mikronesien	67	–	55	53	36	–	0,4	2,9
Moldau	110	–	32	31	15	–	0,5	5,3
Monaco	167	–	8	5	4	–	3,9	2,6
Mongolei	71	–	108	65	32	–	5,1	5,5
Montenegro	160	–	17	14	5	–	2,0	7,3
Mosambik	21	271	237	169	87	0,7	3,4	5,1
Myanmar	50	178	109	80	51	2,5	3,1	3,5
Namibia	53	98	74	76	50	1,4	–0,3	3,2
Nauru	65	–	58	41	37	–	3,3	0,9
Nepal	61	271	142	82	40	3,2	5,5	5,6
Neuseeland	155	21	11	7	6	3,1	4,1	1,2
Nicaragua	83	174	67	40	24	4,8	5,1	4,1
Niederlande	167	16	8	6	4	3,2	2,9	3,4
Niger	10	325	327	227	104	0,0	3,7	6,0
Nigeria	9	287	213	188	117	1,5	1,3	3,6
Niue (Neuseeland)	81	–	14	23	25	–	–5,2	–0,4
Norwegen	185	16	9	5	3	3,1	5,9	4,1
Oman	131	229	39	17	11	8,8	8,7	2,8
Österreich	167	29	10	6	4	5,6	5,5	2,6

Rückgang			Durchschnittliches jährliches Wachstum des BIP pro Einw. in %		Fruchtbarkeitsrate gesamt			Fruchtbarkeitsrate Durchschnittlicher jährlicher Rückgang in %	
1990–2013	Rückgang in % seit 1990▲	Rückgang in % seit 2000▲	1970–1990	1990–2013	1970	1990	2013	1970–1990	1990–2013
2,8	48	39	7,5	4,4	4,5	1,6	1,3	5,2	0,9
4,5	65	46	–	2,8 x	2,0	1,7	1,5	0,9	0,5
3,3	53	26	3,9	3,1 x	4,0	1,8	1,4	4,2	0,8
2,5	43	25	–6,7 x	0,2 x	7,2	2,4	2,6	5,6	–0,4
3,6	56	39	–	4,8	6,0	6,2	3,0	–0,1	3,1
–0,6	–14	14	3,0	2,6	5,8	4,9	3,0	0,8	2,1
3,9	59	51	3,4	4,6 x	1,9	1,9	1,6	0,0	0,8
5,5	72	55	–	2,1	4,9	3,0	1,5	2,5	3,0
5,4	71	59	–4,1	5,6	6,7	6,5	4,8	0,1	1,3
4,7	66	49	–	–0,5 x	7,9	5,0	2,4	2,3	3,2
–	–	–	2,2	2,9 x	–	–	–	–	–
5,3	70	58	–	3,9 x	2,3	2,0	1,5	0,8	1,1
6,4	77	58	2,6	2,2	2,0	1,6	1,7	1,1	–0,3
4,6	65	49	–2,4	–0,4	7,3	6,3	4,5	0,8	1,5
5,6	72	61	–0,1	0,7	7,3	7,0	5,4	0,2	1,1
2,9	49	16	4,0	3,1	4,9	3,5	2,0	1,6	2,5
9,8	89	77	–	4,8 x	7,2	6,1	2,3	0,8	4,3
3,2	52	44	0,3	2,2	6,9	7,1	6,8	–0,1	0,1
2,7	46	22	6,0	2,3 x	2,0	2,1	1,4	–0,2	1,8
4,2	62	40	2,1	2,6	6,7	4,1	2,7	2,5	1,7
1,2	24	10	–	0,7	–	–	–	–	–
1,2	24	20	–1,1	1,3	6,8	6,0	4,7	0,6	1,1
2,1	38	23	3,2 x	3,5	4,0	2,3	1,5	2,7	1,8
7,4	82	59	–	1,4	3,0	2,2	1,4	1,4	2,0
5,1	69	43	1,7	1,2	6,7	3,4	2,2	3,4	1,9
1,8	34	31	–	0,7	6,9	5,0	3,3	1,7	1,8
3,2	52	50	1,8 x	0,5	2,6	2,4	1,5	0,3	2,2
3,2	52	29	1,5	1,7 x	–	–	–	–	–
5,3	71	51	–	3,9	7,6	4,1	2,4	3,1	2,2
5,0	68	61	–	3,0 x	2,7	1,9	1,7	1,8	0,5
4,3	63	48	–1,1 x	4,2	6,6	6,2	5,2	0,3	0,8
3,3	53	36	1,4	7,3 x	6,0	3,4	1,9	2,8	2,5
1,7	32	34	–2,1 x	2,2	6,5	5,2	3,1	1,1	2,3
2,0	36	11	–	–	–	–	–	–	–
5,6	72	52	1,2	2,3	6,0	5,2	2,3	0,7	3,5
2,5	44	15	1,1	1,7	3,1	2,1	2,1	2,0	0,0
4,5	65	42	–3,7	2,0	6,9	4,8	2,5	1,9	2,8
3,2	52	35	1,6	1,7	2,4	1,6	1,8	2,2	–0,5
5,0	68	54	–1,9	–0,1	7,4	7,8	7,6	–0,2	0,1
2,6	45	37	–2,3	3,4	6,5	6,5	6,0	0,0	0,4
–2,5	–78	–6	–	–	–	–	–	–	–
4,9	68	42	3,2	1,7	2,5	1,9	1,9	1,5	–0,2
5,4	71	31	3,2	2,1	7,3	7,2	2,9	0,1	4,0
3,9	59	29	2,5	1,7	2,3	1,5	1,5	2,3	0,0

	Sterblichkeitsrate von Kindern unter 5 Jahren (SRUJ5)							
						Durchschnittlicher jährlicher in %▲		
	SRUJ5 Rang	1970	1990	2000	2013	1970–1990	1990–2000	2000–2013
Pakistan	23	188	139	113	86	1,5	2,1	2,1
Palästina	89	–	43	30	22	–	3,6	2,5
Palau	97	–	36	27	18	–	3,0	3,2
Panama	97	68	31	26	18	3,9	1,8	2,9
Papua-Neuguinea	40	144	89	78	61	2,4	1,3	1,9
Paraguay	89	78	46	34	22	2,6	3,2	3,3
Peru	100	164	80	40	17	3,6	7,0	6,7
Philippinen	73	84	59	40	30	1,8	3,8	2,2
Polen	160	36	17	9	5	3,7	6,2	4,5
Portugal	167	68	15	7	4	7,7	7,1	4,9
Ruanda	48	217	152	182	52	1,8	−1,8	9,6
Rumänien	127	66	38	27	12	2,8	3,3	6,2
Russische Föderation	134	45	26	23	10	2,7	1,1	6,4
Salomonen	73	107	39	34	30	5,1	1,2	1,0
Sambia	21	181	193	169	87	−0,3	1,3	5,1
Samoa	97	–	31	22	18	–	3,5	1,4
San Marino	185	–	11	6	3	–	6,8	4,4
São Tomé und Príncipe	50	88	110	89	51	−1,1	2,1	4,3
Saudi-Arabien	106	–	44	23	16	–	6,6	3,0
Schweden	185	13	7	4	3	3,3	5,2	2,4
Schweiz	167	18	8	6	4	4,0	3,8	2,2
Senegal	44	290	141	137	55	3,6	0,3	7,0
Serbien	150	–	28	13	7	–	7,8	5,1
Seychellen	118	72	17	14	14	7,4	1,5	0,0
Sierra Leone	2	339	268	232	161	1,2	1,5	2,8
Simbabwe	20	113	75	103	89	2,1	−3,2	1,1
Singapur	185	27	8	4	3	6,3	6,5	2,7
Slowakei	150	–	18	12	7	–	4,1	3,8
Slowenien	185	–	10	6	3	–	6,4	4,9
Somalia	4	–	180	174	146	–	0,3	1,4
Spanien	167	29	11	7	4	4,9	5,3	3,4
Sri Lanka	134	71	21	16	10	6,0	2,7	4,1
St. Kitts und Nevis	134	70	29	18	10	4,5	4,9	4,2
St. Lucia	110	75	23	18	15	6,0	2,3	1,6
St. Vincent u. d. Grenadinen	94	81	25	22	19	5,9	1,1	1,2
Südafrika	58	–	61	74	44	–	−2,0	4,0
Sudan	30	155	128	108	77	0,9	1,7	2,6
Südsudan	13	328	253	183	99	1,3	3,3	4,7
Suriname	87	–	48	35	23	–	3,2	3,3
Swasiland	27	170	74	123	80	4,2	−5,1	3,3
Syrien	110	105	37	23	15	5,2	4,7	3,6
Tadschikistan	56	–	108	94	48	–	1,5	5,2
Tansania	48	214	167	132	52	1,2	2,4	7,2
Thailand	122	99	37	23	13	4,9	5,0	4,2

Rückgang			Durchschnittliches jährliches Wachstum des BIP pro Einw. in %		Fruchtbarkeitsrate				
					gesamt			Durchschnittlicher jährlicher Rückgang in %	
1990–2013	Rückgang in % seit 1990▲	Rückgang in % seit 2000▲	1970–1990	1990–2013	1970	1990	2013	1970–1990	1990–2013
2,1	38	24	2,6	1,9	6,6	6,0	3,2	0,5	2,8
3,0	50	28	–	1,7 x	7,9	6,5	4,0	0,9	2,1
3,1	52	34	–	0,0 x	–	–	–	–	–
2,4	42	31	0,2	3,6	5,2	3,1	2,5	2,6	1,0
1,6	31	22	−1,0	0,5	6,2	4,8	3,8	1,2	1,0
3,2	53	35	3,7	0,6	5,7	4,5	2,9	1,2	2,0
6,8	79	58	−0,6	3,4	6,3	3,8	2,4	2,5	2,0
2,9	49	25	0,6	2,1	6,3	4,3	3,0	1,9	1,5
5,2	70	44	–	4,3	2,2	2,0	1,4	0,4	1,6
5,9	74	47	2,5	1,3	3,0	1,5	1,3	3,3	0,7
4,7	66	71	1,1	2,7	8,2	7,3	4,5	0,6	2,1
5,0	68	56	0,9 x	3,2	2,9	1,9	1,4	2,1	1,3
4,1	61	56	–	2,5	2,0	1,9	1,5	0,3	0,8
1,1	22	13	–	−0,6	6,9	5,9	4,0	0,8	1,6
3,4	55	48	−2,2	1,0	7,4	6,5	5,7	0,7	0,6
2,3	42	17	–	2,5	7,2	5,1	4,1	1,7	0,9
5,5	72	44	1,7	3,3 x	–	–	–	–	–
3,4	54	43	–	2,5 x	6,5	5,4	4,1	0,9	1,2
4,5	65	32	−1,4	1,4	7,3	5,8	2,6	1,1	3,4
3,6	57	27	1,8	2,1	2,0	2,0	1,9	0,1	0,2
2,9	49	25	1,1	0,9	2,1	1,5	1,5	1,6	0,0
4,1	61	60	−0,6	1,1	7,3	6,6	4,9	0,5	1,3
6,3	76	48	–	1,6	2,4	2,1	1,4	0,6	1,9
0,7	14	0	3,5	2,0	5,8	2,7	2,2	3,7	1,0
2,2	40	31	−0,7	1,3	6,7	6,5	4,7	0,1	1,4
−0,7	−19	14	−0,4	−2,9	7,4	5,2	3,5	1,8	1,7
4,4	64	30	5,9	3,5	3,2	1,7	1,3	3,1	1,3
3,9	59	39	–	3,7 x	2,5	2,0	1,4	1,0	1,6
5,6	72	47	–	3,0 x	2,3	1,5	1,5	2,2	−0,1
0,9	19	16	−0,8	–	7,2	7,4	6,6	−0,1	0,5
4,2	62	35	1,9	1,6	2,9	1,3	1,5	3,8	−0,5
3,5	55	41	3,0	4,4	4,3	2,5	2,3	2,8	0,3
4,5	64	42	6,5 x	1,8	–	–	–	–	–
1,9	36	19	5,1 x	1,3	6,1	3,4	1,9	2,9	2,5
1,1	23	14	3,3	3,1	6,0	3,0	2,0	3,6	1,7
1,4	28	41	0,1	1,3	5,6	3,7	2,4	2,1	1,9
2,2	40	29	−0,1	3,0	6,9	6,2	4,4	0,6	1,4
4,1	61	46	–	–	6,9	6,8	4,9	0,1	1,4
3,2	52	34	−2,3 x	2,0	5,7	2,7	2,3	3,6	0,8
−0,3	−8	35	3,1	1,0	6,9	5,7	3,3	0,9	2,4
4,1	61	37	2,1	1,8 x	7,6	5,3	3,0	1,8	2,5
3,6	56	49	–	0,6	6,9	5,2	3,8	1,4	1,3
5,1	69	61	–	2,7	6,8	6,2	5,2	0,4	0,8
4,5	65	42	4,8	3,0	5,6	2,1	1,4	4,9	1,8

	Sterblichkeitsrate von Kindern unter 5 Jahren (SRUJ5)							
						Durchschnittlicher jährlicher in %▲		
	SRUJ5 Rang	1970	1990	2000	2013	1970–1990	1990–2000	2000–2013
Timor-Leste	44	–	172	107	55	–	4,8	5,1
Togo	24	226	146	122	85	2,2	1,8	2,8
Tonga	127	51	23	18	12	4,0	2,4	3,0
Trinidad und Tobago	93	52	31	29	21	2,6	0,7	2,3
Tschad	3	272	215	191	148	1,2	1,2	2,0
Tschechische Republik	167	–	15	7	4	–	7,9	4,7
Tunesien	110	179	52	31	15	6,2	5,3	5,4
Türkei	94	187	74	42	19	4,6	5,8	6,0
Turkmenistan	44	–	91	82	55	–	1,0	3,0
Tuvalu	76	–	57	43	29	–	3,0	2,9
Uganda	38	184	179	147	66	0,2	2,0	6,1
Ukraine	134	–	20	18	10	–	0,6	4,7
Ungarn	155	43	19	11	6	4,0	5,3	4,7
Uruguay	131	54	23	17	11	4,3	3,2	3,2
Usbekistan	59	–	71	64	43	–	1,1	3,1
Vanuatu	100	109	33	23	17	5,9	3,6	2,4
Vatikanstadt	–	–	–	–	–	–	–	–
Venezuela	110	62	30	21	15	3,7	3,3	2,7
Ver. Arabische Emirate	146	98	17	11	8	8,9	3,9	2,4
Ver. Staaten von Amerika	150	23	11	8	7	3,7	2,9	1,5
Vietnam	83	88	51	35	24	2,8	3,7	3,0
Weißrussland	160	–	17	14	5	–	1,4	8,3
Zentralafrikanische Republik	5	216	177	174	139	1,0	0,2	1,7
Zypern	167	–	11	7	4	–	5,4	4,5
Weltregionen								
Afrika südlich der Sahara		246	179	156	92	1,6	1,4	4,0
Östliches und südliches Afrika		212	165	140	74	1,2	1,6	4,9
West- und Zentralafrika		279	197	175	109	1,7	1,2	3,6
Naher Osten und Nordafrika		205	70	50	31	5,4	3,3	3,8
Südasien		213	129	94	57	2,5	3,2	3,9
Ostasien und Pazifik		117	58	41	19	3,5	3,5	5,9
Lateinamerika und Karibik		119	54	32	18	4,0	5,1	4,5
Mittel- und Osteuropa, GUS		97	47	37	20	3,6	2,3	5,0
Am wenigsten entwickelte Länder		243	174	139	80	1,7	2,2	4,3
Welt		147	90	76	46	2,4	1,7	3,9

Definitionen der Weltregionen s. Seite 255 f.

x Daten beziehen sich auf andere Jahre oder Zeiträume. Diese Werte werden nicht bei der Berechnung der regionalen und globalen Werte berücksichtigt.

Rückgang			Durchschnittliches jährliches Wachstum des BIP pro Einw. in %		Fruchtbarkeitsrate gesamt			Fruchtbarkeitsrate Durchschnittlicher jährlicher Rückgang in %	
1990–2013	Rückgang in % seit 1990▲	Rückgang in % seit 2000▲	1970–1990	1990–2013	1970	1990	2013	1970–1990	1990–2013
5,0	68	49	–	4,0 x	5,9	5,3	5,9	0,5	−0,4
2,4	42	30	−0,5	0,1	7,1	6,3	4,6	0,6	1,4
2,8	47	32	–	1,4	5,9	4,6	3,8	1,2	0,9
1,6	30	26	0,4	4,6	3,6	2,5	1,8	1,9	1,4
1,6	31	23	−0,9	3,4	6,5	7,3	6,3	−0,6	0,7
6,1	75	45	–	2,6	2,0	1,8	1,6	0,6	0,7
5,4	71	51	2,5	3,2	6,4	3,5	2,0	3,0	2,5
5,9	74	54	1,9	2,5	5,6	3,1	2,0	3,0	1,8
2,2	39	33	–	3,1	6,3	4,3	2,3	1,9	2,7
2,9	49	31	–	1,6	–	–	–	–	–
4,3	63	55	–	3,5	7,1	7,1	5,9	0,0	0,8
2,9	49	46	–	0,9	2,0	1,9	1,5	0,4	1,1
4,9	68	46	3,0	2,4 x	2,0	1,8	1,4	0,5	1,1
3,2	52	34	0,9	2,4	2,9	2,5	2,0	0,7	0,9
2,3	40	33	–	2,9	6,5	4,2	2,3	2,2	2,6
2,9	49	27	1,1 x	0,6	6,3	4,9	3,4	1,2	1,6
–	–	–	–	–	–	–	–	–	–
3,0	49	30	−1,6	0,6	5,4	3,4	2,4	2,2	1,6
3,0	50	27	−4,3 x	−2,8 x	6,6	4,4	1,8	2,0	3,9
2,1	38	18	2,2	1,6	2,3	2,0	2,0	0,6	0,0
3,3	53	32	–	5,5	6,5	3,6	1,7	3,0	3,1
5,3	70	66	–	5,0	2,3	1,9	1,5	1,0	1,0
1,0	21	20	−1,3	0,6	6,0	5,8	4,4	0,1	1,2
4,9	68	45	5,9 x	1,7 x	2,6	2,4	1,5	0,4	2,2
2,9	48	41	−0,1	2,5	6,7	6,3	5,1	0,3	1,0
3,5	55	47	0,3	2,1	6,9	6,1	4,6	0,6	1,2
2,6	44	38	−0,8	2,9	6,6	6,6	5,6	0,0	0,7
3,6	56	39	0,0	2,1	6,7	5,0	2,9	1,5	2,4
3,6	56	40	2,0	4,6	5,7	4,2	2,6	1,6	2,1
4,8	67	53	5,9	7,7	5,5	2,7	1,8	3,6	1,7
4,8	67	44	1,4	1,8	5,3	3,2	2,2	2,5	1,7
3,8	59	48	–	2,7	2,8	2,3	1,8	0,9	1,2
3,4	54	43	−0,2	3,2	6,8	6,0	4,3	0,6	1,4
3,0	49	40	2,4	2,8	4,7	3,3	2,5	1,8	1,2

Definitionen s. Seite 257 ff., Hauptquellen s. Seite 265 ff.

– keine Daten verfügbar

▲ Negative Werte zeigen einen Anstieg der Kindersterblichkeitsrate an.

Tabelle 11: Heranwachsende und junge Erwachsene

	Heranwachsende (10–19 J.)		Familienstand		Alter bei erster Geburt
	Insgesamt in Tsd. 2013	Anteil an der Gesamtbevölkerung in % 2013	Anteil der Heranw. (15–19 J.), die verheiratet sind bzw. mit einem Partner zusammenleben, in % (2005–2013*) männl.	weibl.	Anteil der Frauen (20–24 J.), die vor ihrem 18. Geburtstag ein Kind geboren haben, in % (2009–2013*)
Afghanistan	8 058	26	–	20	26
Ägypten	15 338	19	–	13	7 x
Albanien	554	17	1	8	3
Algerien	6 221	16	–	2	1
Andorra	–	–	–	–	–
Angola	5 062	24	–	–	–
Antigua und Barbuda	16	17	–	–	–
Äquatorialguinea	159	21	5	22	42
Argentinien	6 696	16	–	–	12
Armenien	401	13	1	8	2
Aserbaidschan	1 451	15	0	10	4 x
Äthiopien	23 581	25	2	19	22
Australien	2 934	13	–	–	–
Bahamas	59	16	–	–	–
Bahrain	164	12	–	–	–
Bangladesch	32 274	21	2	45	40
Barbados	37	13	–	–	–
Belgien	1 225	11	–	–	–
Belize	71	21	–	15	17
Benin	2 395	23	2	14	23
Bhutan	146	19	–	15	15
Bolivien	2 326	22	4	13	20 x
Bosnien und Herzegowina	529	14	0	1	–
Botsuana	443	22	–	–	–
Brasilien	34 389	17	1	4	–
Brunei Darussalam	71	17	–	–	–
Bulgarien	651	9	–	2 y	–
Burkina Faso	4 027	24	2	32	28
Burundi	2 219	22	1	9	11
Chile	2 669	15	–	–	–
China	168 684	12	–	2	–
Cookinseln (Neuseeland)	–	–	–	–	–
Costa Rica	826	17	–	15	9
Dänemark	693	12	–	–	–
Deutschland	7 970	10	–	–	–
Dominica	–	–	–	–	–
Dominikanische Republik	2 000	19	–	17	25 x
Dschibuti	178	20	–	3	–
Ecuador	2 992	19	–	16 x	–
Elfenbeinküste	4 685	23	1	21	31
El Salvador	1 396	22	–	21	–

Geburtenrate	Akzeptanz häuslicher Gewalt in % (2005–2013*)		Anteil der Heranw. (15–19 J.), die Massenmedien nutzen, in % (2005–2013*)		Weiterführende Schule (2009–2012*) Einschulungsrate (unbereinigt)		Anteil der umfassend über HIV informierten Heranwachsenden (15–19 J.) in % (2009–2013*)	
Zahl der Geburten pro 1000 Mädchen (15–19 J.) (2008–2012*)	männl.	weibl.	männl.	weibl.	Untere Altersstufe	Obere Altersstufe	männl.	weibl.
90	–	84	–	–	63	43	–	2
50 x	–	50 y	–	97 y	101	71	16 x	3 x
12 x	37	24	97	99	93 x	83	21	36
4 x	–	66	–	–	128	62	–	12 x
5	–	–	–	–	–	–	–	–
188	–	–	–	–	39	23	26	24
67 x	–	–	–	–	114	93	55	40
128 x	56	57	91	91	–	–	12	17
70	–	2	–	–	114	70	–	36
28	21	8	94	92	94	99	4	10
47	63	39	97	95	92	119	2 x	3 x
87	51	64	42	38	–	–	32	24
15	–	–	–	–	111	182	–	–
40 x	–	–	–	–	98	88	–	–
14	–	–	–	–	94	97	–	–
128	–	33 y	–	57 y	71	41	–	11
49 x	–	5	–	–	106	103	–	–
9	–	–	–	–	120	101	–	–
93 x	–	11	–	–	96	60	–	39
98	16	15	67	59	59	31	27	26
59	–	70	–	–	86	50	–	22
89 x	–	17	100	97	91	70	24 x	20 x
14	5	1	100	100	–	74	41	42
51 x	–	–	–	–	90	68 x	–	–
65	–	–	–	–	–	–	–	–
17	–	–	–	–	110	107	–	–
42	–	–	–	–	87	99	–	–
136	40	39	61	55	36	11	31	29
65	56	74	83	69	39	15	45	43
52	–	–	–	–	98	85	–	–
6	–	–	–	–	104	77	–	–
56	–	–	–	–	99	74	–	–
67	–	3	–	–	121	79	–	29
5	–	–	–	–	118	131	–	–
8	–	–	–	–	100	104	–	–
47 x	–	–	–	–	106	91	39	49
96 x	–	7	98	98	84	72	33 x	39 x
21	–	–	–	–	51	35	–	16 x
100 x	–	–	–	–	96	77	–	–
125	51	51	73	62	–	31	21	15
63	–	–	–	–	90	48	–	–

	Heranwachsende (10–19 J.)		Familienstand		Alter bei erster Geburt
	Insgesamt in Tsd. 2013	Anteil an der Gesamtbevölkerung in % 2013	Anteil der Heranw. (15–19 J.), die verheiratet sind bzw. mit einem Partner zusammenleben, in % (2005–2013*) männl.	weibl.	Anteil der Frauen (20–24 J.), die vor ihrem 18. Geburtstag ein Kind geboren haben, in % (2009–2013*)
Eritrea	1 386	22	1	17	19
Estland	127	10	–	–	–
Fidschi	157	18	–	–	–
Finnland	610	11	–	–	–
Frankreich	7 785	12	–	–	–
Gabun	358	21	1	14	28
Gambia	430	23	–	24	23
Georgien	481	11	–	11	6
Ghana	5 659	22	1	7	16
Grenada	19	18	–	–	–
Griechenland	1 055	9	–	–	–
Großbritannien	7 196	11	–	–	–
Guatemala	3 613	23	–	20	22
Guinea	2 698	23	1	33	40
Guinea-Bissau	384	23	–	19	33
Guyana	179	22	1	16	16
Haiti	2 255	22	2	12	13
Honduras	1 801	22	5	23	22
Indien	239 441	19	5	30	22 x
Indonesien	45 258	18	–	13	7
Irak	7 701	23	–	21	12
Iran	11 452	15	–	16	5
Irland	592	13	–	–	–
Island	44	13	–	–	–
Israel	1 242	16	–	–	–
Italien	5 783	9	–	–	–
Jamaika	554	20	–	3	15
Japan	11 749	9	–	–	–
Jemen	6 057	25	–	13	–
Jordanien	1 417	19	–	6	4
Kambodscha	2 980	20	2	10	7
Kamerun	5 163	23	2	24	30
Kanada	4 034	11	–	–	–
Kap Verde	106	21	2	8	22 x
Kasachstan	2 388	15	1	5	2
Katar	183	8	–	–	–
Kenia	9 908	22	0	12	26
Kirgisistan	1 015	18	1	10	2
Kiribati	22	22	5	16	9
Kolumbien	8 796	18	–	14	20
Komoren	161	22	8	16	–
Kongo, Dem. Republik	15 819	23	–	25	25
Kongo, Republik	976	22	3	19	30
Korea, Dem. Volksrepublik	3 905	16	–	–	–

Geburtenrate: Zahl der Geburten pro 1000 Mädchen (15–19 J.) (2008–2012*)	Akzeptanz häuslicher Gewalt in % (2005–2013*)		Anteil der Heranw. (15–19 J.), die Massenmedien nutzen, in % (2005–2013*)		Weiterführende Schule (2009–2012*) Einschulungsrate (unbereinigt)		Anteil der umfassend über HIV informierten Heranwachsenden (15–19 J.) in % (2009–2013*)	
	männl.	weibl.	männl.	weibl.	Untere Altersstufe	Obere Altersstufe	männl.	weibl.
85 x	60	51	70	54	43	20	32	22
16	–	–	–	–	101	113	–	–
31 x	–	–	–	–	98	76	–	–
8	–	–	–	–	99	116	–	–
9	–	–	–	–	107	113	–	–
115	47	58	95	94	–	–	35	29
88	–	74	–	–	66	48	–	33
40	–	5	–	–	110	81	–	–
70 x	37	53	93	87	82	40	34	35
53 x	–	–	–	–	121	89	67	59
10	–	–	–	–	104	112	–	–
22	–	–	–	–	106	88	–	–
92	–	–	–	–	71	56	24	20
154	63	89	55	53	45	28	29	20
137	–	39 y	–	–	–	–	–	12
97 x	25	18	94	94	104	96	45	53
65	22	24	85	80	–	–	25	32
99	18	15	98	94	75	71	33	29
39	47	45	88	72	86	55	35 x	19 x
47	48 y	45	88 y	91	91	73	4 y,p	9
68 x	–	50	–	–	–	–	–	3
23	–	–	–	–	101	77	–	–
14	–	–	–	–	109	135	–	–
11	–	–	–	–	97	117	–	–
13	–	–	–	–	103	100	–	–
7	–	–	–	–	106	97	–	–
72 x	–	8	–	–	88	92	34 y	39 y
5	–	–	–	–	101	103	–	–
80 x	–	–	–	–	57	37	–	2 x,y
27	–	84 y	–	100 y	92	78	–	6
30	24	42	73	76	63	28 x	41	43
128	43	50	77	66	60	36	30	26
14	–	–	–	–	100	105	–	–
92 x	24	23	88	88	115	72	–	–
31	14	9	99	99	102	87	30	30
20	–	–	–	–	101	102	–	–
106 x	54	57	91	81	90	44	51	42
41	40	25	98	96	93	78	18	14
49	65	77	58	57	97	72 x	46	41
85 x	–	–	–	–	101	76	–	21
70	17	43	79	67	75	71	21	18
135	–	72	55	43	55	37	–	13
147	76 y	73 y	56	68	64	38	25	16
1	–	–	–	–	–	–	–	7

	Heranwachsende (10–19 J.)		Familienstand		Alter bei erster Geburt
	Insgesamt in Tsd. 2013	Anteil an der Gesamtbevölkerung in % 2013	Anteil der Heranw. (15–19 J.), die verheiratet sind bzw. mit einem Partner zusammenleben, in % (2005–2013*) männl.	weibl.	Anteil der Frauen (20–24 J.), die vor ihrem 18. Geburtstag ein Kind geboren haben, in % (2009–2013*)
Korea, Republik	6 138	12	–	–	–
Kroatien	462	11	–	–	–
Kuba	1 408	12	–	20	9
Kuwait	474	14	–	–	–
Laos	1 532	23	9	25	18
Lesotho	497	24	1	16	13
Lettland	192	9	–	–	–
Libanon	854	18	–	3	–
Liberia	981	23	3	19	38
Libyen	1 096	18	–	–	–
Liechtenstein	–	–	–	–	–
Litauen	328	11	–	–	–
Luxemburg	65	12	–	–	–
Madagaskar	5 457	24	7	28	36
Malawi	3 893	24	2	23	35
Malaysia	5 533	19	5	6	–
Malediven	66	19	–	5	1
Mali	3 531	23	–	40	46 x
Malta	49	11	–	–	–
Marokko	5 964	18	1	11	8 x
Marshallinseln	–	–	5	21	21 x
Mauretanien	861	22	–	26	24
Mauritius	190	15	–	–	–
Mazedonien	265	13	–	4	2
Mexiko	23 588	19	6	15	39
Mikronesien	26	25	–	–	–
Moldau	396	11	1	10	4
Monaco	–	–	–	–	–
Mongolei	461	16	1	5	2
Montenegro	83	13	–	2	–
Mosambik	6 051	23	8	37	40
Myanmar	9 223	17	–	7	13 x
Namibia	533	23	0	5	17 x
Nauru	–	–	9	18	22 x
Nepal	6 452	23	7	29	19
Neuseeland	601	13	–	–	–
Nicaragua	1 309	22	–	24	28 x
Niederlande	2 007	12	–	–	–
Niger	4 138	23	3	61	48
Nigeria	38 841	22	1	29	29
Niue (Neuseeland)	–	–	–	–	–
Norwegen	641	13	–	–	–
Oman	559	15	–	–	–
Österreich	906	11	–	–	–

Geburtenrate – Zahl der Geburten pro 1000 Mädchen (15–19 J.) (2008–2012*)	Akzeptanz häuslicher Gewalt in % (2005–2013*)		Anteil der Heranw. (15–19 J.), die Massenmedien nutzen, in % (2005–2013*)		Weiterführende Schule (2009–2012*) Einschulungsrate (unbereinigt)		Anteil der umfassend über HIV informierten Heranwachsenden (15–19 J.) in % (2009–2013*)	
	männl.	weibl.	männl.	weibl.	Untere Altersstufe	Obere Altersstufe	männl.	weibl.
2	–	–	–	–	100	95	–	–
12	–	–	–	–	102	95	–	–
54	–	–	–	–	100	81	–	54
9	–	–	–	–	–	–	–	–
94	50	56	92	93	58	32	25	23
92 x	54	48	64	69	62	39	28	35
19	–	–	–	–	99	97	–	–
18 x	–	22 y	–	–	86	63	–	–
149	37	48	73	63	49	40	21 x	18 x
4 x	–	–	–	–	–	–	–	–
4 x	–	–	–	–	103	124	–	–
15	–	–	–	–	104	112	–	–
7	–	–	–	–	114	91	–	–
147 x	44	47	62	59	51	19	24	21
157	21	16	82	65	42	17	45	40
13	–	–	–	–	92	49	–	–
16	–	41 y	–	100	104	–	–	22 y
172	–	83	81	79	60	27	–	14
17	–	–	–	–	94	81	–	–
32	–	64 x	–	90 x	84	54	–	–
85	71	47	86	85	125	97	35 x	27 x
88 x	–	36	55 x	44 x	32	19	–	5
31	–	–	–	–	105	89	–	–
60	–	14	–	–	89	77	–	23 x
85	–	–	–	–	109	62	–	–
33	–	–	–	–	–	–	–	–
26	14	13	99	98	88	90	–	–
–	–	–	–	–	–	–	–	–
19	9	14	99	98	93	122	24	28
14	–	6	–	–	93	89	–	–
166	20	24	73	57	34	12	49	27
17 x	–	–	–	–	58	35	–	31
74 x	44	38	86	88	–	–	59 x	62 x
81	–	–	89	86	78	58	8 x	8 x
87	27	24	86	76	88	47	33	25
25	–	–	–	–	105	138	–	–
92	–	19 y	–	95 x	79	54	–	–
5	–	–	–	–	137	123	–	–
206	41	54	35	44	22	7	21	12
122	25	33	54	50	46	41	29	22
16	–	–	–	–	–	–	–	–
7	–	–	–	–	99	123	–	–
12	–	–	–	–	98	97	–	–
9	–	–	–	–	100	96	–	–

	Heranwachsende (10–19 J.)		Familienstand		Alter bei erster Geburt
	Insgesamt in Tsd. 2013	Anteil an der Gesamtbevölkerung in % 2013	Anteil der Heranw. (15–19 J.), die verheiratet sind bzw. mit einem Partner zusammenleben, in % (2005–2013*) männl.	weibl.	Anteil der Frauen (20–24 J.), die vor ihrem 18. Geburtstag ein Kind geboren haben, in % (2009–2013*)
Pakistan	39 831	22	2	14	8
Palästina	1 069	25	–	12	17
Palau	–	–	–	–	–
Panama	699	18	–	–	–
Papua-Neuguinea	1 639	22	3	15	14 x
Paraguay	1 403	21	–	11 x	–
Peru	5 804	19	–	11	15
Philippinen	21 111	21	–	10	8
Polen	3 979	10	–	–	–
Portugal	1 095	10	–	–	–
Ruanda	2 876	24	–	4	5
Rumänien	2 203	10	–	–	–
Russische Föderation	13 764	10	–	–	–
Salomonen	127	23	0	13	15 x
Sambia	3 475	24	1	18	34 x
Samoa	42	22	1	7	5
San Marino	–	–	–	–	–
São Tomé und Príncipe	41	21	1	20	25
Saudi-Arabien	4 714	16	–	–	–
Schweden	1 060	11	–	–	–
Schweiz	856	11	–	–	–
Senegal	3 244	23	1	24	18
Serbien	1 154	12	1	5	3
Seychellen	14	15	–	–	–
Sierra Leone	1 393	23	–	23	38
Simbabwe	3 357	24	1	23	21
Singapur	697	13	–	–	–
Slowakei	572	11	–	–	–
Slowenien	189	9	–	–	–
Somalia	2 521	24	–	25	–
Spanien	4 330	9	–	–	–
Sri Lanka	3 262	15	–	9	4 x
St. Kitts und Nevis	–	–	–	–	–
St. Lucia	32	17	–	4	–
St. Vincent u. d. Grenadinen	20	18	–	–	–
Südafrika	9 555	18	2 x	4 x	15 x
Sudan	8 731	23	–	24	14
Südsudan	2 644	23	–	40	28
Suriname	99	18	–	12	–
Swasiland	297	24	0	4	22
Syrien	4 772	22	–	10	9 x
Tadschikistan	1 698	21	–	13	2
Tansania	11 170	23	4	18	28
Thailand	8 941	13	–	16	13

Geburtenrate Zahl der Geburten pro 1000 Mädchen (15–19 J.) (2008–2012*)	Akzeptanz häuslicher Gewalt in % (2005–2013*)		Anteil der Heranw. (15–19 J.), die Massenmedien nutzen, in % (2005–2013*)		Weiterführende Schule (2009–2012*) Einschulungsrate (unbereinigt)		Anteil der umfassend über HIV informierten Heranwachsenden (15–19 J.) in % (2009–2013*)	
	männl.	weibl.	männl.	weibl.	Untere Altersstufe	Obere Altersstufe	männl.	weibl.
48	33 y	53 y	59 y	49 y	49	27	5 y,p	1 y
67	–	–	–	–	86	73	–	5
27	–	–	–	–	–	–	–	–
81	–	–	–	–	89	79	–	–
65 x	–	–	–	–	73	22	–	–
63 x	–	–	–	–	80	59	–	–
67	–	–	–	92	100	74	–	21
53 x	–	15	–	94	87	76	–	19 x
14	–	–	–	–	98	97	–	–
13	–	–	–	–	119	106	–	–
41	35	56	88	73	37	25	44	49
35	–	–	–	–	92	98	–	–
26	–	–	–	–	94	98	–	–
62	73	72	71	54	72	29	26 x	29 x
151 x	55	61	80	71	68	–	38	36
39	50	58	97	97	103	78	5	2
1	–	–	–	–	94	95	–	–
110 x	25	23	96	95	101	26	39	39
7 x	–	–	–	–	118	110	–	–
6	–	–	–	–	100	97	–	–
3	–	–	–	–	110	87	–	–
80	31	61	86	81	40 x	17 x	28	26
19	6	2	99	100	98	86	43	53
70	–	–	–	–	102	100	–	–
125	–	63	66	51	66	–	–	23
112	48	48	59	53	–	–	42	46
3	–	–	–	–	–	–	–	–
23	–	–	–	–	98	90	–	–
5	–	–	–	–	95	99	–	–
123 x	–	75 y	–	–	–	–	–	3 x
10	–	–	–	–	123	146	–	–
24 x	–	54 y	–	88 y	99	100	–	–
75 x	–	–	–	–	99	87	55	54
50 x	–	15	–	99	91	91	–	58
70	–	–	–	–	110	88	–	–
54 x	–	–	–	–	111	96	–	–
102	–	52	–	–	49	28	10	4
38	–	72	–	–	17	–	–	8
66 x	–	19	–	99	90	79	–	40
89	34	42	94	89	69	47	52	56
75 x	–	–	–	–	93	41	–	6 x
47	–	47	–	89	95	67	–	7
128 x	39	52	79	70	46	10	42	37
43 x	–	10	–	–	99	76	–	57

	Heranwachsende (10–19 J.)		Familienstand		Alter bei erster Geburt
	Insgesamt in Tsd. 2013	Anteil an der Gesamtbevölkerung in % 2013	Anteil der Heranw. (15–19 J.), die verheiratet sind bzw. mit einem Partner zusammenleben, in % (2005–2013*) männl.	weibl.	Anteil der Frauen (20–24 J.), die vor ihrem 18. Geburtstag ein Kind geboren haben, in % (2009–2013*)
Timor-Leste	316	28	0	8	9
Togo	1 532	22	0	12	17
Tonga	24	22	–	–	–
Trinidad und Tobago	175	13	–	6	–
Tschad	3 125	24	–	48	47
Tschechische Republik	969	9	–	–	–
Tunesien	1 654	15	–	1	1
Türkei	12 886	17	–	10	8 x
Turkmenistan	978	19	–	–	2 x
Tuvalu	–	–	2	8	3 x
Uganda	9 201	24	2	20	33
Ukraine	4 198	9	0	7	4
Ungarn	1 021	10	–	–	–
Uruguay	516	15	–	–	–
Usbekistan	5 560	19	–	5	2 x
Vanuatu	53	21	4	11	13
Vatikanstadt	–	–	–	–	–
Venezuela	5 562	18	–	16 x	–
Ver. Arabische Emirate	766	8	–	–	–
Ver. Staaten von Amerika	42 854	13	–	–	–
Vietnam	14 307	16	–	8	3
Weißrussland	937	10	1	7	3 x
Zentralafrikanische Republik	1 061	23	11	55	45
Zypern	148	13	–	–	–
Weltregionen					
Afrika südlich der Sahara	215 007	23	2	24	27
Östliches u. südliches Afrika	104 492	23	3	20	26
West- und Zentralafrika	101 606	23	1	28	29
Naher Osten und Nordafrika	79 366	18	–	14	7
Südasien	329 532	20	4	29	22
Ostasien und Pazifik	291 246	14	–	6	7 **
Lateinamerika und Karibik	111 311	18	3	11	–
Mittel- und Osteuropa, GUS	52 054	13	–	8	–
Am wenigsten entwick. Länder	204 418	23	3	26	29
Welt	1 184 507	17	3 **	16	20 **

Definitionen der Weltregionen s. Seite 255 f.

* Werte beziehen sich auf die neuesten verfügbaren Daten aus dem genannten Zeitraum.

** Angaben ohne China

x Daten beziehen sich auf andere Jahre oder Zeiträume. Diese Werte werden nicht bei der Berechnung der regionalen und globalen Werte berücksichtigt (ausgenommen Daten aus Indien von 2005–2006). Schätzungen aus den Jahren vor 2000 sind nicht aufgeführt.

Geburtenrate – Zahl der Geburten pro 1000 Mädchen (15–19 J.) (2008–2012*)	Akzeptanz häuslicher Gewalt in % (2005–2013*)		Anteil der Heranw. (15–19 J.), die Massenmedien nutzen, in % (2005–2013*)		Weiterführende Schule (2009–2012*) Einschulungsrate (unbereinigt)		Anteil der umfassend über HIV informierten Heranwachsenden (15–19 J.) in % (2009–2013*)	
	männl.	weibl.	männl.	weibl.	Untere Altersstufe	Obere Altersstufe	männl.	weibl.
54 x	72	81	61	62	62	50	15	11
88	–	41	–	–	68	36	36	33
30	–	–	–	–	–	–	–	–
36 x	–	10	–	–	97	–	–	49 x
203	–	59	55 x	24 x	26	17	–	10
11	–	–	–	–	104	90	–	–
7	–	27	–	98	116	75	–	15
32	–	30 y	–	–	101	75	–	–
21 x	–	–	–	96 x	–	–	–	–
42 x	83	69	89	95	–	–	57 x	31 x
146	52	62	88	82	34	15	36	36
28	2	2	97	96	99	95	37	43
18	–	–	–	–	101	102	–	–
60 x	–	–	–	–	110	71	–	–
26 x	63 x	63 x	–	–	95	129	–	27 x
66	63	56	58	58	67	47	–	14 x
–	–	–	–	–	–	–	–	–
101	–	–	–	–	92	76	–	–
34	–	–	–	–	–	–	–	–
34	–	–	–	–	98	89	–	–
38	–	35	97	94	92	–	–	51
21	3	3	–	–	102	116	53	51
229	83	79	–	–	24	9	26	17
4	–	–	–	–	99	93	–	–
124	40	52	65	58	49	32	32	25
113	46	55	69	61	51	30	38	32
133	34	50	61	56	48	34	29	21
–	–	53	–	–	92	62	–	–
51	45	45	84	67	80	50	30	15
16	–	33 **	89 **	91 **	96	71	–	26 **
74	–	–	–	–	98	76	–	–
30	–	21	–	–	96	90	–	–
119	–	52	66	59	52	29	32	22
50	37 **	36 **	86 **	81 **	85	62	29 **	20 **

Definitionen s. Seite 257 ff., Hauptquellen s. Seite 265 ff.

p Werte beruhen auf einer kleinen Stichprobe (25–49 Fälle).

y Daten weichen von der Standarddefinition ab oder beziehen sich nur auf einen Teil des Landes. Diese Werte werden bei der Berechnung der regionalen und globalen Werte berücksichtigt, sofern sie in den angegebenen Referenzzeitraum fallen.

– keine Daten verfügbar

Tabelle 12: Unterschiede nach Wohnort – Stadt/Land

	Geburtenregistrierung in % (2005–2013*)[w]			Geburten mit ausgebildeten Geburtshelfern/-innen in % (2009–2013*)			Anteil der Kinder – Verbreitung von Untergewicht (2009–2013*)		
	Stadt	Land	Verhältnis Stadt zu Land	Stadt	Land	Verhältnis Stadt zu Land	Stadt	Land	Verhältnis Land zu Stadt
Afghanistan	60	33	1,8	74	31	2,4	–	–	–
Ägypten	99 y	99 y	1,0 y	90 x	72 x	1,2 x	7 x	7 x	1,0 x
Albanien	99	98	1,0	100	99	1,0	5	7	1,4
Algerien	100	99	1,0	98	95	1,0	3 x	4 x	1,3 x
Andorra	–	–	–	–	–	–	–	–	–
Angola	40 x	26 x	1,5 x	71 x	26 x	2,8 x	14 x	18 x	1,3 x
Antigua und Barbuda	–	–	–	–	–	–	–	–	–
Äquatorialguinea	60	47	1,3	86	53	1,6	5	6	1,3
Argentinien	–	–	–	–	–	–	–	–	–
Armenien	99	100	1,0	100	99	1,0	3	8	2,4
Aserbaidschan	96	92	1,0	97 x	80 x	1,2 x	5 x	12 x	2,6 x
Äthiopien	29	5	5,9	51	4	12,7	17	31	1,8
Australien	–	–	–	–	–	–	–	–	–
Bahamas	–	–	–	–	–	–	–	–	–
Bahrain	–	–	–	–	–	–	–	–	–
Bangladesch	35	29	1,2	55	28	2,0	28	39	1,4
Barbados	–	–	–	–	–	–	–	–	–
Belgien	–	–	–	–	–	–	–	–	–
Belize	95	96	1,0	98	95	1,0	5	7	1,2
Benin	87	76	1,1	90	75	1,2	16 x	22 x	1,4 x
Bhutan	100	100	1,0	90	54	1,6	10	14	1,3
Bolivien	79 y	72 y	1,1 y	94	67	1,4	3 x	6 x	2,3 x
Bosnien und Herzegowina	99	100	1,0	100	100	1,0	2	1	0,7
Botsuana	78	67	1,2	99 x	90 x	1,1 x	10 x	11 x	1,1 x
Brasilien	–	–	–	98 x	94 x	1,0 x	2 x	2 x	0,9 x
Brunei Darussalam	–	–	–	–	–	–	–	–	–
Bulgarien	–	–	–	–	–	–	2 x	1 x	0,6 x
Burkina Faso	93	74	1,3	93	61	1,5	19	28	1,5
Burundi	87	74	1,2	88	58	1,5	19	30	1,6
Chile	–	–	–	100 x	99 x	1,0 x	–	–	–
China	–	–	–	100	100	1,0	1	4	3,4
Cookinseln (Neuseeland)	–	–	–	–	–	–	–	–	–
Costa Rica	100	99	1,0	99	97	1,0	1	2	1,7
Dänemark	–	–	–	–	–	–	–	–	–
Deutschland	–	–	–	–	–	–	–	–	–
Dominica	–	–	–	–	–	–	–	–	–
Dominikanische Republik	–	–	–	99	97	1,0	3 x	4 x	1,2 x
Dschibuti	92	84	1,1	98	55	1,8	26	40	1,5
Ecuador	89	92	1,0	98 x	99 x	1,0 x	5 x	8 x	1,7 x

unter 5 J. in %											
Durchfallerkrankungen (ORT-Behandlung) (2009–2013*)			Schulbesuchsrate Grundschule (bereinigt) (2008–2013*)			Anteil der umfassend über HIV/Aids informierten Frauen (15–24 J.) in % (2009–2013*)			Nutzung verbesserter Sanitäranlagen in % (2012)		
Stadt	Land	Verhältnis Stadt zu Land	Stadt	Land	Verhältnis Stadt zu Land	Stadt	Land	Verhältnis Stadt zu Land	Stadt	Land	Verhältnis Stadt zu Land
48	54	0,9	78 y	54 y	1,4 y	5	1	4,9	47	23	2,0
28 x	29 x	1,0 x	90 y	87 y	1,0 y	7 x	3 x	2,3 x	98	94	1,0
–	–	–	90	91	1,0	51	26	2,0	95	86	1,1
34	33	1,0	98 x	95 x	1,0 x	16 x	10 x	1,7 x	98	88	1,1
–	–	–	–	–	–	–	–	–	100	100	1,0
–	–	–	85	67	1,3	–	–	–	87	20	4,3
–	–	–	–	–	–	–	–	–	–	–	–
55	27	2,0	–	–	–	27	9	2,9	–	–	–
–	–	–	–	–	–	–	–	–	97	99	1,0
–	–	–	97 y	98 y	1,0 y	16	16	1,0	96	81	1,2
–	–	–	74 x	72 x	1,0 x	7 x	2 x	3,3 x	86	78	1,1
45	24	1,9	86	61	1,4	38	19	2,0	27	23	1,2
–	–	–	–	–	–	–	–	–	100	100	1,0
–	–	–	–	–	–	–	–	–	–	–	–
–	–	–	–	–	–	–	–	–	–	–	–
84	76	1,1	77	80	1,0	–	–	–	55	58	1,0
–	–	–	–	–	–	–	–	–	–	–	–
–	–	–	–	–	–	–	–	–	100	100	1,0
–	–	–	98	92	1,1	55	33	1,7	94	88	1,1
54	47	1,1	84	72	1,2	29	20	1,5	25	5	5,0
64	60	1,1	98	94	1,0	32	15	2,1	75	31	2,4
38 x	32 x	1,2 x	98	96	1,0	32 x	9 x	3,5 x	57	24	2,4
–	–	–	97	98	1,0	50	47	1,1	99	92	1,1
47 x	51 x	0,9 x	89 x	85 x	1,0 x	–	–	–	78	42	1,9
–	–	–	–	–	–	–	–	–	87	49	1,8
–	–	–	–	–	–	–	–	–	–	–	–
–	–	–	–	–	–	–	–	–	100	100	1,0
31	19	1,6	83	45	1,8	–	–	–	50	7	7,5
33	38	0,9	91	84	1,1	59	43	1,4	43	48	0,9
–	–	–	91 y	92 y	1,0 y	–	–	–	100	89	1,1
–	–	–	97 y	96 y	1,0 y	–	–	–	74	56	1,3
–	–	–	–	–	–	–	–	–	–	–	–
43	35	1,2	97	95	1,0	37	27	1,4	95	92	1,0
–	–	–	–	–	–	–	–	–	100	100	1,0
–	–	–	–	–	–	–	–	–	100	100	1,0
–	–	–	–	–	–	–	–	–	–	–	–
48	48	1,0	95 y	95 y	1,0 y	42 x	37 x	1,2 x	86	74	1,2
–	–	–	–	–	–	18 x	9 x	2,0 x	73	22	3,4
–	–	–	97 y	96 y	1,0 y	–	–	–	86	76	1,1

	Geburtenregistrierung in % (2005–2013*)[w]			Geburten mit ausgebildeten Geburtshelfern/-innen in % (2009–2013*)			Anteil der Kinder – Verbreitung von Untergewicht (2009–2013*)		
	Stadt	Land	Verhältnis Stadt zu Land	Stadt	Land	Verhältnis Stadt zu Land	Stadt	Land	Verhältnis Land zu Stadt
Elfenbeinküste	85	54	1,6	84	45	1,9	12	18	1,4
El Salvador	99	99	1,0	97 x	94 x	1,0 x	4 x	9 x	1,9 x
Eritrea	–	–	–	74	17	4,4	27	44	1,7
Estland	–	–	–	–	–	–	–	–	–
Fidschi	–	–	–	–	–	–	5 x	5 x	1,1 x
Finnland	–	–	–	–	–	–	–	–	–
Frankreich	–	–	–	–	–	–	–	–	–
Gabun	89	91	1,0	93	69	1,3	6	9	1,5
Gambia	54	52	1,0	77	41	1,9	12	21	1,8
Georgien	100	100	1,0	99 x	98 x	1,0 x	1	1	1,6
Ghana	72	55	1,3	88	54	1,6	11	16	1,5
Grenada	–	–	–	–	–	–	–	–	–
Griechenland	–	–	–	–	–	–	–	–	–
Großbritannien	–	–	–	–	–	–	–	–	–
Guatemala	96	97	1,0	77	37	2,1	8	16	1,9
Guinea	83	49	1,7	84	32	2,7	11	22	2,0
Guinea-Bissau	30	21	1,4	69	29	2,4	13	21	1,6
Guyana	91	87	1,0	98	90	1,1	8	12	1,6
Haiti	85	77	1,1	59	25	2,4	9	13	1,5
Honduras	95	93	1,0	94	73	1,3	5	9	1,9
Indien	–	–	–	76 x	43 x	1,7 x	34 x	47 x	1,4 x
Indonesien	76	58	1,3	92	75	1,2	17	23	1,4
Irak	99	99	1,0	94	85	1,1	8	9	1,0
Iran	99 y	98 y	1,0 y	98	93	1,1	–	–	–
Irland	–	–	–	–	–	–	–	–	–
Island	–	–	–	–	–	–	–	–	–
Israel	–	–	–	–	–	–	–	–	–
Italien	–	–	–	–	–	–	–	–	–
Jamaika	98	98	1,0	100	98	1,0	5	3	0,5
Japan	–	–	–	–	–	–	–	–	–
Jemen	42 y	11 y	4,0 y	62 x	26 x	2,3 x	28	38	1,4
Jordanien	99	100	1,0	100	100	1,0	3	2	0,7
Kambodscha	74	60	1,2	95	67	1,4	20	31	1,5
Kamerun	81	48	1,7	87	47	1,9	8	21	2,8
Kanada	–	–	–	–	–	–	–	–	–
Kap Verde	–	–	–	91 x	64 x	1,4 x	–	–	–
Kasachstan	100	100	1,0	100	100	1,0	4	3	0,8
Katar	–	–	–	–	–	–	–	–	–
Kenia	76	57	1,3	75	37	2,0	11	18	1,6
Kirgisistan	99	98	1,0	100	99	1,0	4	4	1,0
Kiribati	95	93	1,0	84	77	1,1	–	–	–
Kolumbien	97	95	1,0	98	86	1,1	3	5	1,6

unter 5 J. in % Durchfallerkrankungen (ORT-Behandlung) (2009–2013*)			Schulbesuchsrate Grundschule (bereinigt) (2008–2013*)			Anteil der umfassend über HIV/Aids informierten Frauen (15–24 J.) in % (2009–2013*)			Nutzung verbesserter Sanitäranlagen in % (2012)		
Stadt	Land	Verhältnis Stadt zu Land	Stadt	Land	Verhältnis Stadt zu Land	Stadt	Land	Verhältnis Stadt zu Land	Stadt	Land	Verhältnis Stadt zu Land
22	14	1,5	73 y	65 y	1,1 y	22	8	2,7	33	10	3,3
60 x	56 x	1,1 x	–	–	–	–	–	–	80	53	1,5
51	41	1,2	79 y	47 y	1,7 y	32	20	1,7	–	4	–
–	–	–	–	–	–	–	–	–	96	94	1,0
–	–	–	–	–	–	–	–	–	92	82	1,1
–	–	–	–	–	–	–	–	–	100	100	1,0
–	–	–	–	–	–	–	–	–	100	100	1,0
27	21	1,3	87 y	89 y	1,0 y	32	15	2,2	43	32	1,3
39	39	1,0	75	54	1,4	41	24	1,7	64	55	1,2
44 x	36 x	1,2 x	97	95	1,0	–	–	–	96	91	1,1
37	34	1,1	80	68	1,2	42	30	1,4	20	8	2,4
–	–	–	–	–	–	–	–	–	–	–	–
–	–	–	–	–	–	–	–	–	99	97	1,0
–	–	–	–	–	–	–	–	–	100	100	1,0
38	37	1,0	–	–	–	32	14	2,2	88	72	1,2
46	30	1,5	84	47	1,8	32	16	2,0	33	11	2,9
28	13	2,1	84	57	1,5	22	8	2,8	34	8	3,9
–	–	–	96	94	1,0	72	47	1,5	88	82	1,1
56	51	1,1	86 y	73 y	1,2 y	41	29	1,4	31	16	1,9
59	61	1,0	94 y	92 y	1,0 y	42	23	1,9	85	74	1,2
33 x	24 x	1,4 x	88 x	82 x	1,1 x	33 x	14 x	2,4 x	60	25	2,4
41	37	1,1	95	94	1,0	14 x,y	9 x,y	1,6 x,y	71	46	1,6
25	19	1,3	94	84	1,1	4	1	3,7	86	82	1,1
64	58	1,1	97	95	1,0	–	–	–	93	82	1,1
–	–	–	–	–	–	–	–	–	100	98	1,0
–	–	–	–	–	–	–	–	–	100	100	1,0
–	–	–	–	–	–	–	–	–	100	100	1,0
–	–	–	–	–	–	–	–	–	–	–	–
–	–	–	98	98	1,0	–	–	–	78	82	1,0
–	–	–	–	–	–	–	–	–	100	100	1,0
30 x	34 x	0,9 x	83 x	64 x	1,3 x	4 x	1 x	6,7 x	93	34	2,7
20	23	0,9	98	98	1,0	8	11	0,7	98	98	1,0
33	34	1,0	96	93	1,0	55	41	1,3	82	25	3,2
27	12	2,2	94	78	1,2	37	18	2,1	62	27	2,3
–	–	–	–	–	–	–	–	–	100	99	1,0
–	–	–	–	–	–	–	–	–	75	47	1,6
–	–	–	99	99	1,0	40	31	1,3	97	98	1,0
–	–	–	–	–	–	–	–	–	100	100	1,0
40	39	1,0	94	86	1,1	57	45	1,3	31	29	1,1
–	–	–	98	99	1,0	26	16	1,7	92	92	1,0
–	–	–	–	–	–	45	43	1,1	51	31	1,7
57	49	1,2	91	91	1,0	26	17	1,5	85	66	1,3

	Geburtenregistrierung in % (2005–2013*)[w]			Geburten mit ausgebildeten Geburtshelfern/-innen in % (2009–2013*)			Anteil der Kinder – Verbreitung von Untergewicht (2009–2013*)		
	Stadt	Land	Verhältnis Stadt zu Land	Stadt	Land	Verhältnis Stadt zu Land	Stadt	Land	Verhältnis Land zu Stadt
Komoren	90	87	1,0	92	79	1,2	14	18	1,3
Kongo, Dem. Republik	24	29	0,8	96	75	1,3	17	27	1,6
Kongo, Republik	95	85	1,1	98	84	1,2	9	16	1,7
Korea, Dem. Volksrepublik	100	100	1,0	100	100	1,0	13	27	2,0
Korea, Republik	–	–	–	–	–	–	–	–	–
Kroatien	–	–	–	–	–	–	–	–	–
Kuba	100 y	100 y	1,0 y	–	–	–	–	–	–
Kuwait	–	–	–	–	–	–	–	–	–
Laos	88	71	1,2	80	31	2,6	16	29	1,8
Lesotho	43	46	1,0	88	54	1,6	13	14	1,0
Lettland	–	–	–	–	–	–	–	–	–
Libanon	–	–	–	–	–	–	–	–	–
Liberia	5 y	3 y	1,9 y	79 x	32 x	2,4 x	18 x	21 x	1,2 x
Libyen	–	–	–	–	–	–	–	–	–
Liechtenstein	–	–	–	–	–	–	–	–	–
Litauen	–	–	–	–	–	–	–	–	–
Luxemburg	–	–	–	–	–	–	–	–	–
Madagaskar	97	81	1,2	78	39	2,0	31 x	38 x	1,2 x
Malawi	–	–	–	84	69	1,2	11	14	1,3
Malaysia	–	–	–	–	–	–	–	–	–
Malediven	93	92	1,0	99	93	1,1	12	20	1,7
Mali	92	77	1,2	86	47	1,8	21 x	31 x	1,5 x
Malta	–	–	–	–	–	–	–	–	–
Marokko	97 y	91 y	1,1 y	92	55	1,7	2	4	2,5
Marshallinseln	96	96	1,0	97 x	68 x	1,4 x	–	–	–
Mauretanien	75	49	1,5	88	49	1,8	16	30	1,8
Mauritius	–	–	–	–	–	–	–	–	–
Mazedonien	100	100	1,0	98	98	1,0	1	2	2,3
Mexiko	98 y	82 y	1,2 y	98	87	1,1	2	5	2,1
Mikronesien	–	–	–	–	–	–	–	–	–
Moldau	100	100	1,0	100	99	1,0	2 x	4 x	2,0 x
Monaco	–	–	–	–	–	–	–	–	–
Mongolei	99	99	1,0	99	98	1,0	3	7	2,6
Montenegro	99	99	1,0	100 x	98 x	1,0 x	2 x	2 x	0,8 x
Mosambik	51	47	1,1	80	44	1,8	11	18	1,7
Myanmar	94	64	1,5	90	63	1,4	19	24	1,3
Namibia	–	–	–	94 x	73 x	1,3 x	13 x	20 x	1,5 x
Nauru	–	–	–	–	–	–	–	–	–
Nepal	44	42	1,0	73	32	2,3	17	30	1,8
Neuseeland	–	–	–	–	–	–	–	–	–
Nicaragua	–	–	–	97	79	1,2	4 x	7 x	1,6 x
Niederlande	–	–	–	–	–	–	–	–	–

unter 5 J. in % Durchfallerkrankungen (ORT-Behandlung) (2009–2013*)			Schulbesuchsrate Grundschule (bereinigt) (2008–2013*)			Anteil der umfassend über HIV/Aids informierten Frauen (15–24 J.) in % (2009–2013*)			Nutzung verbesserter Sanitäranlagen in % (2012)		
Stadt	Land	Verhältnis Stadt zu Land	Stadt	Land	Verhältnis Stadt zu Land	Stadt	Land	Verhältnis Stadt zu Land	Stadt	Land	Verhältnis Stadt zu Land
40	37	1,1	41 x	29 x	1,4 x	24	17	1,4	–	–	–
26	27	1,0	86	70	1,2	21	12	1,7	29	33	0,9
31	22	1,4	92 y	92 y	1,0 y	16	10	1,5	20	6	3,5
75	73	1,0	100	99	1,0	11	4	2,8	88	73	1,2
–	–	–	–	–	–	–	–	–	100	100	1,0
–	–	–	–	–	–	–	–	–	99	98	1,0
54	37	1,4	–	–	–	55	49	1,1	94	88	1,1
–	–	–	–	–	–	–	–	–	100	100	1,0
65	40	1,6	95	83	1,1	39	18	2,2	90	50	1,8
57	50	1,1	93	88	1,0	44	36	1,2	37	27	1,4
–	–	–	–	–	–	–	–	–	–	–	–
–	–	–	–	–	–	–	–	–	100	–	–
57 x	52 x	1,1 x	56 x	22 x	2,6 x	26 x	15 x	1,8 x	28	6	4,8
–	–	–	–	–	–	–	–	–	97	96	1,0
–	–	–	–	–	–	–	–	–	–	–	–
–	–	–	–	–	–	–	–	–	99	85	1,2
–	–	–	–	–	–	–	–	–	100	100	1,0
16	14	1,1	86 y	66 y	1,3 y	44	18	2,5	19	11	1,7
72	69	1,0	93	84	1,1	56	38	1,5	22	8	2,8
–	–	–	–	–	–	–	–	–	96	95	1,0
–	–	–	94	94	1,0	43 y	32 y	1,4 y	97	100	1,0
17	10	1,8	80	50	1,6	19	12	1,5	35	15	2,4
–	–	–	–	–	–	–	–	–	100	100	1,0
23	21	1,1	96 x	83 x	1,2 x	–	–	–	85	63	1,3
39 x	37 x	1,1 x	–	–	–	33 x	12 x	2,7 x	84	56	1,5
26	14	2,0	72	55	1,3	9	4	2,7	51	9	5,5
–	–	–	–	–	–	–	–	–	92	90	1,0
–	–	–	99	98	1,0	33 x	18 x	1,8 x	97	83	1,2
54	48	1,1	–	–	–	–	–	–	87	79	1,1
–	–	–	–	–	–	–	–	–	85	49	1,7
–	–	–	98	99	1,0	–	–	–	89	84	1,1
–	–	–	–	–	–	–	–	–	100	–	–
35	26	1,4	97	94	1,0	36	21	1,7	65	35	1,8
–	–	–	97 x	98 x	1,0 x	–	–	–	92	87	1,1
65	50	1,3	86 y	74 y	1,2 y	40	24	1,6	44	11	4,1
72	56	1,3	93	89	1,0	–	–	–	84	74	1,1
67 x	60 x	1,1 x	90 y	85 y	1,1 y	65 x	65 x	1,0 x	56	17	3,3
–	–	–	–	–	–	–	–	–	66	–	–
44	39	1,1	97	93	1,0	40	24	1,7	51	34	1,5
–	–	–	–	–	–	–	–	–	–	–	–
74	57	1,3	76	64	1,2	–	–	–	63	37	1,7
–	–	–	–	–	–	–	–	–	100	100	1,0

	Geburtenregistrierung in % (2005–2013*)[w]			Geburten mit ausgebildeten Geburtshelfern/-innen in % (2009–2013*)			Anteil der Kinder – Verbreitung von Untergewicht (2009–2013*)		
	Stadt	Land	Verhältnis Stadt zu Land	Stadt	Land	Verhältnis Stadt zu Land	Stadt	Land	Verhältnis Land zu Stadt
Niger	92	60	1,5	83	21	3,9	25	40	1,6
Nigeria	50	19	2,7	67	23	3,0	25	35	1,4
Niue (Neuseeland)	–	–	–	–	–	–	–	–	–
Norwegen	–	–	–	–	–	–	–	–	–
Oman	–	–	–	–	–	–	–	–	–
Österreich	–	–	–	–	–	–	–	–	–
Pakistan	59	23	2,6	71	44	1,6	25	35	1,4
Palästina	99	99	1,0	99	98	1,0	4	4	1,1
Palau	–	–	–	–	–	–	–	–	–
Panama	–	–	–	99	84	1,2	2 x	3 x	1,3 x
Papua-Neuguinea	–	–	–	88 x	48 x	1,9 x	20	29	1,5
Paraguay	82 y	69 y	1,2 y	–	–	–	–	–	–
Peru	96 y	94 y	1,0 y	96	70	1,4	2	6	2,8
Philippinen	–	–	–	78 x	48 x	1,6 x	16	24	1,4
Polen	–	–	–	–	–	–	–	–	–
Portugal	–	–	–	–	–	–	–	–	–
Ruanda	60	64	0,9	82	67	1,2	6	12	2,0
Rumänien	–	–	–	100 x	98 x	1,0 x	3 x	4 x	1,3 x
Russische Föderation	–	–	–	–	–	–	–	–	–
Salomonen	–	–	–	95 x	84 x	1,1 x	8 x	12 x	1,5 x
Sambia	28	9	3,2	83 x	31 x	2,7 x	13 x	16 x	1,2 x
Samoa	62	44	1,4	94	78	1,2	–	–	–
San Marino	–	–	–	–	–	–	–	–	–
São Tomé und Príncipe	76	74	1,0	89	75	1,2	14	15	1,1
Saudi-Arabien	–	–	–	–	–	–	–	–	–
Schweden	–	–	–	–	–	–	–	–	–
Schweiz	–	–	–	–	–	–	–	–	–
Senegal	91	64	1,4	91	49	1,8	12	19	1,6
Serbien	99	99	1,0	100	100	1,0	2	1	0,7
Seychellen	–	–	–	–	–	–	–	–	–
Sierra Leone	78	78	1,0	79	53	1,5	19	22	1,1
Simbabwe	65	43	1,5	86	58	1,5	8	11	1,3
Singapur	–	–	–	–	–	–	–	–	–
Slowakei	–	–	–	–	–	–	–	–	–
Slowenien	–	–	–	–	–	–	–	–	–
Somalia	6	2	3,7	65 x	15 x	4,5 x	21 x	40 x	1,9 x
Spanien	–	–	–	–	–	–	–	–	–
Sri Lanka	97	98	1,0	99 x	99 x	1,0 x	18	27	1,5
St. Kitts und Nevis	–	–	–	–	–	–	–	–	–
St. Lucia	91	92	1,0	–	–	–	2	3	1,7
St. Vincent u. d. Grenadinen	–	–	–	–	–	–	–	–	–
Südafrika	–	–	–	94 x	85 x	1,1 x	12 x	11 x	1,0 x

unter 5 J. in % Durchfallerkrankungen (ORT-Behandlung) (2009–2013*)			Schulbesuchsrate Grundschule (bereinigt) (2008–2013*)			Anteil der umfassend über HIV/Aids informierten Frauen (15–24 J.) in % (2009–2013*)			Nutzung verbesserter Sanitäranlagen in % (2012)		
Stadt	Land	Verhältnis Stadt zu Land	Stadt	Land	Verhältnis Stadt zu Land	Stadt	Land	Verhältnis Stadt zu Land	Stadt	Land	Verhältnis Stadt zu Land
47	44	1,1	83	45	1,9	31	9	3,3	33	4	8,7
45	28	1,6	71 y	52 y	1,4 y	30	20	1,4	31	25	1,2
–	–	–	–	–	–	–	–	–	–	–	–
–	–	–	–	–	–	–	–	–	100	100	1,0
–	–	–	–	–	–	–	–	–	97	95	1,0
–	–	–	–	–	–	–	–	–	100	100	1,0
42	37	1,1	75	59	1,3	–	–	–	72	34	2,1
31	32	1,0	92	97	0,9	8	6	1,3	95	93	1,0
–	–	–	–	–	–	–	–	–	100	100	1,0
–	–	–	–	–	–	–	–	–	80	52	1,5
–	–	–	–	–	–	–	–	–	56	13	4,2
–	–	–	89	87	1,0	–	–	–	96	53	1,8
35	23	1,5	97	98	1,0	27	8	3,3	81	45	1,8
–	–	–	90 x	87 x	1,0 x	23 x	17 x	1,4 x	79	69	1,1
–	–	–	–	–	–	–	–	–	96	–	–
–	–	–	–	–	–	–	–	–	100	100	1,0
26	30	0,9	93 y	92 y	1,0 y	66	50	1,3	61	64	0,9
–	–	–	–	–	–	–	–	–	–	–	–
–	–	–	–	–	–	–	–	–	74	59	1,3
40 x	37 x	1,1 x	72 x,y	65 x,y	1,1 x,y	34 x	28 x	1,2 x	81	15	5,4
59 x	60 x	1,0 x	80 y	67 y	1,2 y	–	–	–	56	34	1,7
–	–	–	89 y	88 y	1,0 y	5	2	2,4	93	91	1,0
–	–	–	–	–	–	–	–	–	–	–	–
45	52	0,9	94	93	1,0	47	38	1,3	41	23	1,8
–	–	–	–	–	–	–	–	–	–	–	–
–	–	–	–	–	–	–	–	–	100	100	1,0
–	–	–	–	–	–	–	–	–	100	100	1,0
20	16	1,2	81	50	1,6	–	–	–	67	40	1,7
50	22	2,3	99	98	1,0	63	41	1,5	99	96	1,0
–	–	–	–	–	–	–	–	–	–	–	–
86	85	1,0	80	72	1,1	30	19	1,6	22	7	3,3
26	18	1,4	89	88	1,0	59	47	1,3	52	32	1,6
–	–	–	–	–	–	–	–	–	100	–	–
–	–	–	–	–	–	–	–	–	100	100	1,0
–	–	–	–	–	–	–	–	–	100	100	1,0
25 x	9 x	2,9 x	41 x	12 x	3,4 x	7 x	2 x	4,1 x	–	–	–
–	–	–	–	–	–	–	–	–	100	100	1,0
57 x	50 x	1,1 x	–	–	–	–	–	–	83	94	0,9
–	–	–	–	–	–	–	–	–	–	–	–
–	–	–	99	100	1,0	57	63	0,9	–	–	–
–	–	–	–	–	–	–	–	–	–	–	–
41 x	32 x	1,3 x	–	–	–	–	–	–	82	62	1,3

	Geburtenregistrierung in % (2005–2013*)[w]			Geburten mit ausgebildeten Geburtshelfern/-innen in % (2009–2013*)			Anteil der Kinder – Verbreitung von Untergewicht (2009–2013*)		
	Stadt	Land	Verhältnis Stadt zu Land	Stadt	Land	Verhältnis Stadt zu Land	Stadt	Land	Verhältnis Land zu Stadt
Sudan	85	50	1,7	41	16	2,5	33	35	1,1
Südsudan	45	32	1,4	31	15	2,0	23	29	1,3
Suriname	100	98	1,0	95	86	1,1	6	6	1,1
Swasiland	62	47	1,3	89	80	1,1	4	6	1,5
Syrien	97	95	1,0	99	93	1,1	10	11	1,1
Tadschikistan	88	89	1,0	93	86	1,1	12	14	1,1
Tansania	44	10	4,6	83	40	2,0	9	15	1,6
Thailand	99 y	100 y	1,0 y	100	100	1,0	7	10	1,5
Timor-Leste	50	57	0,9	59	20	2,9	35	48	1,4
Togo	93	71	1,3	91	43	2,1	10	19	1,9
Tonga	–	–	–	–	–	–	–	–	–
Trinidad und Tobago	–	–	–	–	–	–	–	–	–
Tschad	42	9	4,9	60	12	5,1	22	33	1,5
Tschechische Republik	–	–	–	–	–	–	–	–	–
Tunesien	100	98	1,0	100	97	1,0	2	2	1,0
Türkei	95	92	1,0	96 x	80 x	1,2 x	1 x	3 x	2,1 x
Turkmenistan	–	–	–	98 x	97 x	1,0 x	–	–	–
Tuvalu	60	38	1,6	–	–	–	4 x	3 x	0,8 x
Uganda	38	29	1,3	89	52	1,7	7	15	2,2
Ukraine	100	100	1,0	99	99	1,0	4 x	5 x	1,5 x
Ungarn	–	–	–	–	–	–	–	–	–
Uruguay	–	–	–	–	–	–	–	–	–
Usbekistan	100	100	1,0	100 x	100 x	1,0 x	5 x	4 x	0,9 x
Vanuatu	51 y	37 y	1,4 y	96	87	1,1	12 x	12 x	1,0 x
Vatikanstadt	–	–	–	–	–	–	–	–	–
Venezuela	–	–	–	–	–	–	–	–	–
Ver. Arabische Emirate	–	–	–	–	–	–	–	–	–
Ver. Staaten von Amerika	–	–	–	–	–	–	–	–	–
Vietnam	97	94	1,0	99	91	1,1	7	15	2,3
Weißrussland	–	–	–	100	100	1,0	1 x	2 x	1,5 x
Zentralafrikanische Republik	78	52	1,5	83	38	2,2	23	24	1,0
Zypern	–	–	–	–	–	–	–	–	–

unter 5 J. in % Durchfallerkrankungen (ORT-Behandlung) (2009–2013*)			Schulbesuchsrate Grundschule (bereinigt) (2008–2013*)			Anteil der umfassend über HIV/Aids informierten Frauen (15–24 J.) in % (2009–2013*)			Nutzung verbesserter Sanitäranlagen in % (2012)		
Stadt	Land	Verhältnis Stadt zu Land	Stadt	Land	Verhältnis Stadt zu Land	Stadt	Land	Verhältnis Stadt zu Land	Stadt	Land	Verhältnis Stadt zu Land
23	22	1,1	89	69	1,3	10	3	3,4	44	13	3,3
44	37	1,2	43	21	2,1	16	7	2,3	16	7	2,1
33	55	0,6	97	94	1,0	45	33	1,4	88	61	1,4
65	55	1,2	97	96	1,0	70	55	1,3	63	56	1,1
56 x	44 x	1,3 x	89 x	85 x	1,0 x	7 x	7 x	1,0 x	96	95	1,0
58	61	0,9	98	97	1,0	11	8	1,4	94	95	1,0
44	44	1,0	91	77	1,2	52	36	1,5	25	7	3,3
59	57	1,0	96	96	1,0	55	56	1,0	89	96	0,9
65	74	0,9	80	70	1,1	14	12	1,2	69	27	2,6
15	10	1,5	94	86	1,1	39	27	1,4	25	2	10,2
–	–	–	–	–	–	–	–	–	99	89	1,1
–	–	–	–	–	–	–	–	–	92	92	1,0
27	10	2,8	71	47	1,5	18	7	2,6	31	6	4,9
–	–	–	–	–	–	–	–	–	100	100	1,0
69	59	1,2	99	97	1,0	22	13	1,7	97	77	1,3
–	–	–	94 y	91 y	1,0 y	–	–	–	97	75	1,3
–	–	–	–	–	–	–	–	–	100	98	1,0
–	–	–	98 x,y	99 x,y	1,0 x,y	38 x	41 x	0,9 x	86	80	1,1
46	43	1,1	85	81	1,1	50	35	1,4	33	34	1,0
–	–	–	100	100	1,0	52	45	1,1	96	89	1,1
–	–	–	–	–	–	–	–	–	100	100	1,0
–	–	–	–	–	–	–	–	–	96	96	1,0
–	–	–	97 x	95 x	1,0 x	33 x	30 x	1,1 x	100	100	1,0
38	52	0,7	77 y	77 y	1,0 y	23 x	13 x	1,8 x	65	55	1,2
–	–	–	–	–	–	–	–	–	–	–	–
–	–	–	–	–	–	–	–	–	–	–	–
–	–	–	–	–	–	–	–	–	98	95	1,0
–	–	–	–	–	–	–	–	–	100	100	1,0
47	46	1,0	98	98	1,0	58	48	1,2	93	67	1,4
–	–	–	91	93	1,0	56	57	1,0	94	95	1,0
23	12	2,0	86	66	1,3	19	16	1,2	44	7	6,0
–	–	–	–	–	–	–	–	–	100	100	1,0

	Geburtenregistrierung in % (2005–2013*)[w]			Geburten mit ausgebildeten Geburtshelfern/-innen in % (2009–2013*)			Anteil der Kinder: Verbreitung von Untergewicht (2009–2013*)		
	Stadt	Land	Verhältnis Stadt zu Land	Stadt	Land	Verhältnis Stadt zu Land	Stadt	Land	Verhältnis Land zu Stadt
Weltregionen									
Afrika südlich der Sahara	57	34	1,7	77	37	2,1	18	26	1,5
Östliches u. südliches Afrika	49	30	1,7	74	35	2,1	12	21	1,8
West- und Zentralafrika	59	38	1,6	79	40	2,0	19	29	1,5
Naher Osten und Nordafrika	95	78	1,2	91	62	1,5	–	24	–
Südasien	–	–	–	73	41	1,8	32	44	1,4
Ostasien und Pazifik	83 **	71 **	1,2 **	98	92	1,1	6	12	2,0
Lateinamerika und Karibik	95	88	1,1	95	71	1,3	–	8	–
Mittel- und Osteuropa, GUS	97	96	1,0	–	–	–	–	–	–
Am wenigsten entwick. Länder	54	35	1,5	76	38	2,0	19	28	1,5
Welt	79 **	50 **	1,6 **	86	53	1,6	15	28	1,9

Definitionen der Weltregionen s. Seite 255 f.

* Werte beziehen sich auf die neuesten verfügbaren Daten aus dem genannten Zeitraum.

** Angaben ohne China

w Die Definition des Indikators »Geburtenregistrierung« wurde nach der zweiten und dritten Runde der MICS (MICS2 und MICS3) für die vierte Runde (MICS4) geändert, um eine Vergleichbarkeit mit späteren Runden zu gewährleisten. Die statistischen Daten aus MICS2 und MICS3 zu »Geburtenregistrierung« wurden entsprechend der Indikatordefinition der MICS4 neu berechnet, daher können die hier vorgestellten Daten von den nationalen Erhebungen der MICS2 und MICS3 abweichen.

unter 5 J. in % Durchfallerkrankungen (ORT-Behandlung) (2009–2013*)			Schulbesuchsrate Grundschule (bereinigt) (2008–2013*)			Anteil der umfassend über HIV / Aids informierten Frauen (15–24 J.) in % (2009–2013*)			Nutzung verbesserter Sanitäranlagen in % (2012)		
Stadt	Land	Verhältnis Stadt zu Land	Stadt	Land	Verhältnis Stadt zu Land	Stadt	Land	Verhältnis Stadt zu Land	Stadt	Land	Verhältnis Stadt zu Land
38	31	1,2	82	66	1,2	33	23	1,4	41	23	1,8
43	36	1,2	87	73	1,2	47	30	1,6	52	26	2,0
36	26	1,4	78	58	1,4	28	17	1,7	34	20	1,7
39	31	1,3	93	83	1,1	–	–	–	92	71	1,3
39	31	1,2	85	78	1,1	32	14	2,3	61	30	2,0
47 **	44 **	1,1 **	96	95	1,0	–	–	–	77	58	1,3
52	45	1,1	–	–	–	–	–	–	87	63	1,4
–	–	–	95	95	1,0	–	–	–	87	81	1,1
46	40	1,1	84	70	1,2	32	21	1,5	48	31	1,6
41 **	33 **	1,3 **	89	79	1,1	–	20 **	–	80	47	1,7

Definitionen s. Seite 257 ff., Hauptquellen s. Seite 265 ff.

x Daten beziehen sich auf andere Jahre oder Zeiträume. Diese Werte werden nicht bei der Berechnung der regionalen und globalen Werte berücksichtigt (ausgenommen Daten aus Indien von 2005–2006). Schätzungen aus den Jahren vor 2000 sind nicht aufgeführt.

y Daten weichen von der Standarddefinition ab oder beziehen sich nur auf einen Teil des Landes. Diese Werte werden bei der Berechnung der regionalen und globalen Werte berücksichtigt, sofern sie in den angegebenen Referenzzeitraum fallen.

– keine Daten verfügbar

Tabelle 13: Unterschiede nach Haushaltsvermögen

	Geburtenregistrierung in % (2005–2013*)[w]			Geburten mit ausgebildeten Geburtshelfern/-innen in % (2009–2013*)			Anteil der Kinder – Verbreitung von Untergewicht (2009–2013*)		
	Ärmste 20 %	Reichste 20 %	Verhältnis Reichste zu Ärmsten	Ärmste 20 %	Reichste 20 %	Verhältnis Reichste zu Ärmsten	Ärmste 20 %	Reichste 20 %	Verhältnis Ärmste zu Reichsten
Afghanistan	31	58	1,9	16	76	4,9	–	–	–
Ägypten	99 y	100 y	1,0 y	55 x	97 x	1,8 x	8 x	5 x	1,4 x
Albanien	98	99	1,0	98	100	1,0	8	4	2,2
Algerien	99	100	1,0	95	99	1,0	5 x	2 x	2,4 x
Andorra	–	–	–	–	–	–	–	–	–
Angola	24 x	53 x	2,2 x	–	–	–	–	–	–
Antigua und Barbuda	–	–	–	–	–	–	–	–	–
Äquatorialguinea	60	60	1,0	48	88	1,8	9	4	2,0
Argentinien	99 y	100 y	1,0 y	–	–	–	–	–	–
Armenien	100	100	1,0	99	100	1,0	8	2	5,3
Aserbaidschan	92	97	1,1	76 x	100 x	1,3 x	15 x	2 x	7,0 x
Äthiopien	3	18	7,0	2	46	26,8	36	15	2,4
Australien	–	–	–	–	–	–	–	–	–
Bahamas	–	–	–	–	–	–	–	–	–
Bahrain	–	–	–	–	–	–	–	–	–
Bangladesch	24	41	1,7	15	60	3,9	50	21	2,4
Barbados	–	–	–	–	–	–	–	–	–
Belgien	–	–	–	–	–	–	–	–	–
Belize	95	97	1,0	89	98	1,1	9	3	2,9
Benin	61	95	1,6	60	98	1,6	25 x	10 x	2,5 x
Bhutan	100	100	1,0	34	95	2,8	16	7	2,2
Bolivien	68 y	90 y	1,3 y	38 x	99 x	2,6 x	8 x	2 x	3,8 x
Bosnien und Herzegowina	100	99	1,0	100	100	1,0	1	4	0,2
Botsuana	–	–	–	84 x	100 x	1,2 x	16 x	4 x	4,0 x
Brasilien	–	–	–	–	–	–	2 x	2 x	1,2 x
Brunei Darussalam	–	–	–	–	–	–	–	–	–
Bulgarien	–	–	–	–	–	–	–	–	–
Burkina Faso	62	95	1,5	46	92	2,0	32	16	2,0
Burundi	64	87	1,4	51	81	1,6	41	17	2,4
Chile	–	–	–	–	–	–	–	–	–
China	–	–	–	–	–	–	–	–	–
Cookinseln (Neuseeland)	–	–	–	–	–	–	–	–	–
Costa Rica	99	100	1,0	97	99	1,0	–	–	–
Dänemark	–	–	–	–	–	–	–	–	–
Deutschland	–	–	–	–	–	–	–	–	–
Dominica	–	–	–	–	–	–	–	–	–

unter 5 J. in %						Anteil der umfassend über HIV/Aids informierten (2009–2013*)					
Durchfallerkrankungen (ORT-Behandlung) (2009–2013*)			Schulbesuchsrate Grundschule (bereinigt) (2008–2013*)			Frauen (15–24 J.) in %			Männer (15–24 J.) in %		
Ärmste 20 %	Reichste 20 %	Verhältnis Reichste zu Ärmsten	Ärmste 20 %	Reichste 20 %	Verhältnis Reichste zu Ärmsten	Ärmste 20 %	Reichste 20 %	Verhältnis Reichste zu Ärmsten	Ärmste 20 %	Reichste 20 %	Verhältnis Reichste zu Ärmsten
56	52	0,9	40	79	2,0	0	5	23,0	–	–	–
34 x	23 x	0,7 x	83 y	93 y	1,1 y	2 x	9 x	4,9 x	9 x	28 x	3,1 x
–	–	–	89	91	1,0	20	60	3,0	10	38	3,8
30	40	1,3	93 x	97 x	1,0 x	5 x	20 x	3,7 x	–	–	–
–	–	–	–	–	–	–	–	–	–	–	–
–	–	–	63	90	1,4	–	–	–	–	–	–
–	–	–	–	–	–	–	–	–	–	–	–
–	–	–	–	–	–	–	–	–	–	–	–
26	6	0,2	98	99	1,0	29	54	1,8	–	–	–
–	–	–	98 y	97 y	1,0 y	–	–	–	–	–	–
–	–	–	72 x	78 x	1,1 x	1 x	12 x	10,3 x	2 x	14 x	6,3 x
18	45	2,5	52	86	1,7	–	–	–	–	–	–
–	–	–	–	–	–	–	–	–	–	–	–
–	–	–	–	–	–	–	–	–	–	–	–
–	–	–	–	–	–	–	–	–	–	–	–
81	82	1,0	72	81	1,1	–	–	–	–	–	–
–	–	–	–	–	–	–	–	–	–	–	–
–	–	–	–	–	–	–	–	–	–	–	–
–	–	–	88	98	1,1	20	53	2,7	–	–	–
43	57	1,3	57	90	1,6	–	–	–	–	–	–
60	56	0,9	85	97	1,1	7	32	4,4	–	–	–
31 x	35 x	1,1 x	95	99	1,0	5 x	40 x	8,4 x	11 x	45 x	4,3 x
–	–	–	95	97	1,0	37	44	1,2	38	45	1,2
–	–	–	–	–	–	–	–	–	–	–	–
–	–	–	–	–	–	–	–	–	–	–	–
–	–	–	–	–	–	–	–	–	–	–	–
–	–	–	–	–	–	–	–	–	–	–	–
13	31	2,5	31	85	2,8	–	–	–	–	–	–
35	42	1,2	76	92	1,2	–	–	–	–	–	–
–	–	–	–	–	–	–	–	–	–	–	–
–	–	–	–	–	–	–	–	–	–	–	–
–	–	–	–	–	–	–	–	–	–	–	–
–	–	–	94	98	1,0	20	54	2,7	–	–	–
–	–	–	–	–	–	–	–	–	–	–	–
–	–	–	–	–	–	–	–	–	–	–	–
–	–	–	–	–	–	–	–	–	–	–	–

	Geburtenregistrierung in % (2005–2013*)[w]			Geburten mit ausgebildeten Geburtshelfern/-innen in % (2009–2013*)			Anteil der Kinder – Verbreitung von Untergewicht (2009–2013*)		
	Ärmste 20 %	Reichste 20 %	Verhältnis Reichste zu Ärmsten	Ärmste 20 %	Reichste 20 %	Verhältnis Reichste zu Ärmsten	Ärmste 20 %	Reichste 20 %	Verhältnis Ärmste zu Reichsten
Dominikanische Republik	–	–	–	95 x	99 x	1,0 x	5 x	1 x	4,4 x
Dschibuti	–	–	–	–	–	–	–	–	–
Ecuador	–	–	–	99 x	98 x	1,0 x	–	–	–
Elfenbeinküste	44	90	2,0	35	91	2,6	21	10	2,1
El Salvador	98	99	1,0	91 x	98 x	1,1 x	12 x	1 x	12,9 x
Eritrea	–	–	–	9	90	10,5	48	15	3,2
Estland	–	–	–	–	–	–	–	–	–
Fidschi	–	–	–	–	–	–	–	–	–
Finnland	–	–	–	–	–	–	–	–	–
Frankreich	–	–	–	–	–	–	–	–	–
Gabun	92	86	0,9	74	95	1,3	10	2	5,5
Gambia	46	61	1,3	34	58	1,7	24	10	2,5
Georgien	99	100	1,0	95 x	99 x	1,0 x	3 x	1 x	3,0 x
Ghana	47	82	1,7	39	98	2,5	20	6	3,2
Grenada	–	–	–	–	–	–	–	–	–
Griechenland	–	–	–	–	–	–	–	–	–
Großbritannien	–	–	–	–	–	–	–	–	–
Guatemala	–	–	–	20	95	4,7	21	3	6,5
Guinea	38	89	2,4	19	92	4,9	20	5	4,1
Guinea-Bissau	17	35	2,0	23	82	3,6	22	11	2,1
Guyana	84	92	1,1	81	96	1,2	16	4	3,8
Haiti	71	92	1,3	10	78	8,1	18	4	4,7
Honduras	92	95	1,0	58	98	1,7	13	3	4,1
Indien	–	–	–	24 x	85 x	3,6 x	57 x	20 x	2,9 x
Indonesien	41	88	2,2	58	97	1,7	28	14	2,0
Irak	98	100	1,0	82	96	1,2	9	8	1,1
Iran	–	–	–	–	–	–	–	–	–
Irland	–	–	–	–	–	–	–	–	–
Island	–	–	–	–	–	–	–	–	–
Israel	–	–	–	–	–	–	–	–	–
Italien	–	–	–	–	–	–	–	–	–
Jamaika	96	100	1,0	97	100	1,0	–	–	–
Japan	–	–	–	–	–	–	–	–	–
Jemen	3 y	51 y	15,5 y	17 x	74 x	4,3 x	–	–	–
Jordanien	98	100	1,0	99	100	1,0	5	0	13,0
Kambodscha	48	78	1,6	49	97	2,0	35	16	2,2
Kamerun	28	89	3,2	19	97	5,1	30	4	7,6
Kanada	–	–	–	–	–	–	–	–	–
Kap Verde	–	–	–	–	–	–	–	–	–

unter 5 J. in %						Anteil der umfassend über HIV/Aids informierten (2009–2013*)					
Durchfallerkrankungen (ORT-Behandlung) (2009–2013*)			Schulbesuchsrate Grundschule (bereinigt) (2008–2013*)			Frauen (15–24 J.) in %			Männer (15–24 J.) in %		
Ärmste 20 %	Reichste 20 %	Verhältnis Reichste zu Ärmsten	Ärmste 20 %	Reichste 20 %	Verhältnis Reichste zu Ärmsten	Ärmste 20 %	Reichste 20 %	Verhältnis Reichste zu Ärmsten	Ärmste 20 %	Reichste 20 %	Verhältnis Reichste zu Ärmsten
–	–	–	92 y	98 y	1,1 y	31 x	46 x	1,5 x	21 x	41 x	2,0 x
–	–	–	–	–	–	–	–	–	–	–	–
–	–	–	–	–	–	–	–	–	–	–	–
6	24	3,7	57 y	80 y	1,4 y	–	–	–	–	–	–
–	–	–	–	–	–	–	–	–	–	–	–
42	50	1,2	31 y	84 y	2,7 y	9	37	4,3	21	43	2,0
–	–	–	–	–	–	–	–	–	–	–	–
–	–	–	–	–	–	–	–	–	–	–	–
–	–	–	–	–	–	–	–	–	–	–	–
–	–	–	–	–	–	–	–	–	–	–	–
24	19	0,8	85 y	86 y	1,0 y	–	–	–	–	–	–
43	32	0,7	47	82	1,7	20	48	2,4	–	–	–
–	–	–	92	96	1,0	–	–	–	–	–	–
44	27	0,6	61	86	1,4	18	53	2,9	19	49	2,6
–	–	–	–	–	–	–	–	–	–	–	–
–	–	–	–	–	–	–	–	–	–	–	–
–	–	–	–	–	–	–	–	–	–	–	–
39	51	1,3	–	–	–	5	41	7,8	–	–	–
25	49	1,9	32	89	2,8	–	–	–	–	–	–
16	37	2,3	52	87	1,7	6	25	4,3	–	–	–
–	–	–	91	97	1,1	37	72	2,0	25	65	2,6
52	62	1,2	66 y	92 y	1,4 y	–	–	–	–	–	–
63	52	0,8	89 y	94 y	1,1 y	–	–	–	–	–	–
19 x	43 x	2,3 x	70 x	96 x	1,4 x	4 x	45 x	11,7 x	15 x	55 x	3,8 x
39	34	0,9	91	97	1,1	–	–	–	–	–	–
19	22	1,1	79	98	1,2	1	8	7,2	–	–	–
–	–	–	–	–	–	–	–	–	–	–	–
–	–	–	–	–	–	–	–	–	–	–	–
–	–	–	–	–	–	–	–	–	–	–	–
–	–	–	–	–	–	–	–	–	–	–	–
–	–	–	–	–	–	–	–	–	–	–	–
–	–	–	98	99	1,0	–	–	–	–	–	–
–	–	–	–	–	–	–	–	–	–	–	–
31 x	37 x	1,2 x	44 x	87 x	2,0 x	0 x	4 x	–	–	–	–
22	21	1,0	97	99	1,0	–	–	–	–	–	–
32	34	1,1	87	98	1,1	28	58	2,1	30	64	2,1
8	36	4,7	60	99	1,6	–	–	–	–	–	–
–	–	–	–	–	–	–	–	–	–	–	–
–	–	–	–	–	–	–	–	–	–	–	–

	Geburtenregistrierung in % (2005–2013*)[w]			Geburten mit ausgebildeten Geburtshelfern/-innen in % (2009–2013*)			Anteil der Kinder: Verbreitung von Untergewicht (2009–2013*)		
	Ärmste 20 %	Reichste 20 %	Verhältnis Reichste zu Ärmsten	Ärmste 20 %	Reichste 20 %	Verhältnis Reichste zu Ärmsten	Ärmste 20 %	Reichste 20 %	Verhältnis Ärmste zu Reichster
Kasachstan	100	100	1,0	100	100	1,0	4	4	1,2
Katar	–	–	–	–	–	–	–	–	–
Kenia	48	80	1,7	20	81	4,0	25	9	2,8
Kirgisistan	99	99	1,0	99	100	1,0	5	3	1,4
Kiribati	93	94	1,0	76	93	1,2	18	8	2,2
Kolumbien	–	–	–	84	99	1,2	6	2	3,1
Komoren	85	93	1,1	66	93	1,4	20	9	2,1
Kongo, Dem. Republik	25	27	1,1	69	99	1,4	29	12	2,3
Kongo, Republik	80	99	1,2	78	99	1,3	18	5	3,7
Korea, Dem. Volksrepublik	–	–	–	–	–	–	–	–	–
Korea, Republik	–	–	–	–	–	–	–	–	–
Kroatien	–	–	–	–	–	–	–	–	–
Kuba	–	–	–	–	–	–	–	–	–
Kuwait	–	–	–	–	–	–	–	–	–
Laos	66	93	1,4	11	91	8,4	37	12	3,0
Lesotho	42	49	1,2	35	90	2,6	18	9	1,9
Lettland	–	–	–	–	–	–	–	–	–
Libanon	–	–	–	–	–	–	–	–	–
Liberia	1 y	7 y	6,1 y	26 x	81 x	3,2 x	21 x	13 x	1,6 x
Libyen	–	–	–	–	–	–	–	–	–
Liechtenstein	–	–	–	–	–	–	–	–	–
Litauen	–	–	–	–	–	–	–	–	–
Luxemburg	–	–	–	–	–	–	–	–	–
Madagaskar	72	94	1,3	27	73	2,7	40 x	24 x	1,7 x
Malawi	–	–	–	63	89	1,4	17	13	1,3
Malaysia	–	–	–	–	–	–	–	–	–
Malediven	92	94	1,0	89	99	1,1	24	11	2,3
Mali	65	96	1,5	31	90	2,9	31 x	17 x	1,8 x
Malta	–	–	–	–	–	–	–	–	–
Marokko	–	–	–	38	96	2,5	7	1	6,1
Marshallinseln	92	98	1,1	68 x	99 x	1,5 x	–	–	–
Mauretanien	33	84	2,6	27	96	3,6	36	10	3,8
Mauritius	–	–	–	–	–	–	–	–	–
Mazedonien	99	100	1,0	98	98	1,0	2	0	–
Mexiko	–	–	–	–	–	–	–	–	–
Mikronesien	–	–	–	–	–	–	–	–	–
Moldau	99	100	1,0	98	99	1,0	5 x	1 x	8,2 x
Monaco	–	–	–	–	–	–	–	–	–
Mongolei	99	99	1,0	98	99	1,0	5	1	5,6

unter 5 J. in %						Anteil der umfassend über HIV/Aids informierten (2009–2013*)					
Durchfallerkrankungen (ORT-Behandlung) (2009–2013*)			Schulbesuchsrate Grundschule (bereinigt) (2008–2013*)			Frauen (15–24 J.) in %			Männer (15–24 J.) in %		
Ärmste 20 %	Reichste 20 %	Verhältnis Reichste zu Ärmsten	Ärmste 20 %	Reichste 20 %	Verhältnis Reichste zu Ärmsten	Ärmste 20 %	Reichste 20 %	Verhältnis Reichste zu Ärmsten	Ärmste 20 %	Reichste 20 %	Verhältnis Reichste zu Ärmsten
–	–	–	99	100	1,0	25	44	1,8	13	49	3,8
–	–	–	–	–	–	–	–	–	–	–	–
40	37	0,9	72	96	1,3	29	61	2,1	42	68	1,6
–	–	–	99	97	1,0	–	–	–	–	–	–
–	–	–	–	–	–	42	49	1,2	38	51	1,3
47	61	1,3	90	93	1,0	15	32	2,2	–	–	–
39	36	0,9	25 x	39 x	1,6 x	–	–	–	–	–	–
28	26	0,9	65	92	1,4	8	24	2,8	–	–	–
22	37	1,7	90 y	93 y	1,0 y	–	–	–	–	–	–
–	–	–	–	–	–	–	–	–	–	–	–
–	–	–	–	–	–	–	–	–	–	–	–
–	–	–	–	–	–	–	–	–	–	–	–
–	–	–	–	–	–	–	–	–	–	–	–
–	–	–	–	–	–	–	–	–	–	–	–
35	69	2,0	71	97	1,4	6	41	6,5	12	43	3,6
–	–	–	83	94	1,1	26	48	1,8	14	45	3,3
–	–	–	–	–	–	–	–	–	–	–	–
–	–	–	–	–	–	–	–	–	–	–	–
41 x	64 x	1,6 x	16 x	67 x	4,1 x	14 x	29 x	2,1 x	17 x	37 x	2,2 x
–	–	–	–	–	–	–	–	–	–	–	–
–	–	–	–	–	–	–	–	–	–	–	–
–	–	–	–	–	–	–	–	–	–	–	–
–	–	–	–	–	–	–	–	–	–	–	–
11	17	1,6	54 y	82 y	1,5 y	10	40	4,1	13	41	3,2
67	73	1,1	75	96	1,3	34	55	1,6	35	54	1,5
–	–	–	–	–	–	–	–	–	–	–	–
–	–	–	94	94	1,0	23	48	2,0	–	–	–
8	16	2,1	36	85	2,4	9	19	2,0	–	–	–
–	–	–	–	–	–	–	–	–	–	–	–
14	23	1,7	77 x	97 x	1,3 x	–	–	–	–	–	–
–	–	–	–	–	–	12 x	39 x	3,3 x	37 x	58 x	1,6 x
9	33	3,8	45	83	1,9	2	12	7,9	–	–	–
–	–	–	–	–	–	–	–	–	–	–	–
–	–	–	96	100	1,0	9 x	45 x	5,0 x	–	–	–
–	–	–	–	–	–	–	–	–	–	–	–
–	–	–	–	–	–	–	–	–	–	–	–
–	–	–	98	99	1,0	–	–	–	–	–	–
–	–	–	–	–	–	–	–	–	–	–	–
24	50	2,1	93	98	1,1	17	42	2,5	12	48	4,1

	Geburtenregistrierung in % (2005–2013*)[w]			Geburten mit ausgebildeten Geburtshelfern/-innen in % (2009–2013*)			Anteil der Kinder – Verbreitung von Untergewicht (2009–2013*)		
	Ärmste 20 %	Reichste 20 %	Verhältnis Reichste zu Ärmsten	Ärmste 20 %	Reichste 20 %	Verhältnis Reichste zu Ärmsten	Ärmste 20 %	Reichste 20 %	Verhältnis Ärmste zu Reichsten
Montenegro	96	100	1,0	98 x	100 x	1,0 x	4 x	1 x	4,1 x
Mosambik	42	60	1,4	32	90	2,8	23	6	3,6
Myanmar	50	96	1,9	51	96	1,9	33	14	2,5
Namibia	–	–	–	60 x	98 x	1,6 x	22 x	7 x	3,1 x
Nauru	71	88	1,2	97 x	98 x	1,0 x	7 x	3 x	2,7 x
Nepal	36	52	1,5	11	82	7,6	40	10	4,0
Neuseeland	–	–	–	–	–	–	–	–	–
Nicaragua	–	–	–	42 x	99 x	2,4 x	9 x	1 x	6,6 x
Niederlande	–	–	–	–	–	–	–	–	–
Niger	50	89	1,8	12	71	6,0	14	26	0,5
Nigeria	7	65	9,7	6	85	15,0	42	16	2,7
Niue (Neuseeland)	–	–	–	–	–	–	–	–	–
Norwegen	–	–	–	–	–	–	–	–	–
Oman	–	–	–	–	–	–	–	–	–
Österreich	–	–	–	–	–	–	–	–	–
Pakistan	5	71	14,3	30	85	2,9	48	16	3,1
Palästina	99	100	1,0	98 x	100 x	1,0 x	5	3	1,6
Palau	–	–	–	–	–	–	–	–	–
Panama	–	–	–	–	–	–	–	–	–
Papua-Neuguinea	–	–	–	–	–	–	–	–	–
Paraguay	67 y	89 y	1,3 y	–	–	–	–	–	–
Peru	93 y	99 y	1,1 y	60	99	1,7	7	1	12,2
Philippinen	–	–	–	26 x	94 x	3,7 x	–	–	–
Polen	–	–	–	–	–	–	–	–	–
Portugal	–	–	–	–	–	–	–	–	–
Ruanda	58	64	1,1	61	86	1,4	16	5	3,0
Rumänien	–	–	–	–	–	–	–	–	–
Russische Föderation	–	–	–	–	–	–	–	–	–
Salomonen	–	–	–	74 x	95 x	1,3 x	14 x	10 x	1,4 x
Sambia	5	31	5,8	27 x	91 x	3,4 x	16 x	11 x	1,5 x
Samoa	31	63	2,1	66	95	1,4	–	–	–
San Marino	–	–	–	–	–	–	–	–	–
São Tomé und Príncipe	74	86	1,1	74	93	1,3	18	7	2,6
Saudi-Arabien	–	–	–	–	–	–	–	–	–
Schweden	–	–	–	–	–	–	–	–	–
Schweiz	–	–	–	–	–	–	–	–	–
Senegal	46	94	2,0	30	96	3,2	21	10	2,2
Serbien	97	100	1,0	99	100	1,0	3	2	1,4
Seychellen	–	–	–	–	–	–	–	–	–

unter 5 J. in %						Anteil der umfassend über HIV/Aids informierten (2009–2013*)					
Durchfallerkrankungen (ORT-Behandlung) (2009–2013*)			Schulbesuchsrate Grundschule (bereinigt) (2008–2013*)			Frauen (15–24 J.) in %			Männer (15–24 J.) in %		
Ärmste 20 %	Reichste 20 %	Verhältnis Reichste zu Ärmsten	Ärmste 20 %	Reichste 20 %	Verhältnis Reichste zu Ärmsten	Ärmste 20 %	Reichste 20 %	Verhältnis Reichste zu Ärmsten	Ärmste 20 %	Reichste 20 %	Verhältnis Reichste zu Ärmsten
–	–	–	92 x	100 x	1,1 x	–	–	–	–	–	–
41	70	1,7	67 y	91 y	1,4 y	–	–	–	–	–	–
52	75	1,4	81	95	1,2	–	–	–	–	–	–
50 x	59 x	1,2 x	–	–	–	61 x	69 x	1,1 x	55 x	67 x	1,2 x
–	–	–	–	–	–	13 x	10 x	0,8 x	–	25 x	–
39	36	0,9	91	99	1,1	–	–	–	–	–	–
–	–	–	–	–	–	–	–	–	–	–	–
–	–	–	–	–	–	–	–	–	–	–	–
–	–	–	–	–	–	–	–	–	–	–	–
34	49	1,4	35	81	2,3	6	30	5,0	6	42	7,2
20	53	2,6	27 y	70 y	2,6 y	15	33	2,2	23	43	1,9
–	–	–	–	–	–	–	–	–	–	–	–
–	–	–	–	–	–	–	–	–	–	–	–
–	–	–	–	–	–	–	–	–	–	–	–
–	–	–	–	–	–	–	–	–	–	–	–
34	48	1,4	39	87	2,2	–	–	–	–	–	–
38	29	0,8	90	96	1,1	5	10	2,1	–	–	–
–	–	–	–	–	–	–	–	–	–	–	–
–	–	–	–	–	–	–	–	–	–	–	–
–	–	–	–	–	–	–	–	–	–	–	–
–	–	–	–	–	–	–	–	–	–	–	–
24	34	1,4	96	99	1,0	–	–	–	–	–	–
–	–	–	79 x	92 x	1,2 x	14 x	26 x	1,8 x	–	–	–
–	–	–	–	–	–	–	–	–	–	–	–
–	–	–	–	–	–	–	–	–	–	–	–
22	37	1,7	87 y	96 y	1,1 y	–	–	–	–	–	–
–	–	–	–	–	–	–	–	–	–	–	–
–	–	–	–	–	–	–	–	–	–	–	–
–	–	–	58 x,y	78 x,y	1,3 x,y	17 x	37 x	2,1 x	35 x	50 x	1,5 x
61 x	61 x	1,0 x	–	–	–	–	–	–	–	–	–
–	–	–	85 y	91 y	1,1 y	3	3	1,0	3	9	2,7
–	–	–	–	–	–	–	–	–	–	–	–
–	–	–	88	97	1,1	27	56	2,0	39	55	1,4
–	–	–	–	–	–	–	–	–	–	–	–
–	–	–	–	–	–	–	–	–	–	–	–
–	–	–	–	–	–	–	–	–	–	–	–
13	25	1,8	47	78	1,7	–	–	–	–	–	–
–	–	–	96	98	1,0	28	69	2,4	28	66	2,4
–	–	–	–	–	–	–	–	–	–	–	–

	Geburtenregistrierung in % (2005–2013*)[w]			Geburten mit ausgebildeten Geburtshelfern/-innen in % (2009–2013*)			Anteil der Kinder – Verbreitung von Untergewicht (2009–2013*)		
	Ärmste 20 %	Reichste 20 %	Verhältnis Reichste zu Ärmsten	Ärmste 20 %	Reichste 20 %	Verhältnis Reichste zu Ärmsten	Ärmste 20 %	Reichste 20 %	Verhältnis Ärmste zu Reichsten
Sierra Leone	74	88	1,2	51	84	1,6	22	15	1,4
Simbabwe	35	75	2,1	48	91	1,9	12	6	2,1
Singapur	–	–	–	–	–	–	–	–	–
Slowakei	–	–	–	–	–	–	–	–	–
Slowenien	–	–	–	–	–	–	–	–	–
Somalia	1	7	6,6	11 x	77 x	7,2 x	42 x	14 x	3,0 x
Spanien	–	–	–	–	–	–	–	–	–
Sri Lanka	97	98	1,0	97 x	99 x	1,0 x	33	18	1,9
St. Kitts und Nevis	–	–	–	–	–	–	–	–	–
St. Lucia	–	–	–	–	–	–	–	–	–
St. Vincent u. d. Grenadinen	–	–	–	–	–	–	–	–	–
Südafrika	–	–	–	–	–	–	–	–	–
Sudan	26	98	3,8	6	59	10,5	40	17	2,4
Südsudan	21	57	2,7	8	41	5,1	32	21	1,6
Suriname	98	100	1,0	84	95	1,1	6	4	1,5
Swasiland	39	73	1,9	65	94	1,4	8	4	2,3
Syrien	93	99	1,1	78 x	99 x	1,3 x	10	7	1,4
Tadschikistan	86	90	1,0	74	96	1,3	16	9	1,7
Tansania	4	56	12,7	31	90	2,9	22	9	2,3
Thailand	99 y	100 y	1,0 y	98	100	1,0	14	4	3,6
Timor-Leste	50	56	1,1	10	69	6,9	49	35	1,4
Togo	59	97	1,7	28	94	3,4	21	9	2,4
Tonga	–	–	–	–	–	–	–	–	–
Trinidad und Tobago	96	99	1,0	98 x	100 x	1,0 x	–	–	–
Tschad	5	46	9,2	8	61	7,6	33	21	1,6
Tschechische Republik	–	–	–	–	–	–	–	–	–
Tunesien	98	100	1,0	94	100	1,1	3	2	1,5
Türkei	89	99	1,1	73 x	100 x	1,4 x	4 x	1 x	8,4 x
Turkmenistan	–	–	–	–	–	–	–	–	–
Tuvalu	39	71	1,8	99 x	98 x	1,0 x	1 x	0 x	–
Uganda	27	44	1,6	43	88	2,0	18	8	2,2
Ukraine	100	99	1,0	99	100	1,0	–	–	–
Ungarn	–	–	–	–	–	–	–	–	–
Uruguay	–	–	–	–	–	–	–	–	–
Usbekistan	100	100	1,0	100 x	100 x	1,0 x	5 x	3 x	1,5 x
Vanuatu	33 y	59 y	1,8 y	77	95	1,2	12 x	10 x	1,2 x
Vatikanstadt	–	–	–	–	–	–	–	–	–
Venezuela	–	–	–	95 x	92 x	1,0 x	–	–	–
Ver. Arabische Emirate	–	–	–	–	–	–	–	–	–

unter 5 J. in %						Anteil der umfassend über HIV/Aids informierten (2009–2013*)					
Durchfallerkrankungen (ORT-Behandlung) (2009–2013*)			Schulbesuchsrate Grundschule (bereinigt) (2008–2013*)			Frauen (15–24 J.) in %			Männer (15–24 J.) in %		
Ärmste 20 %	Reichste 20 %	Verhältnis Reichste zu Ärmsten	Ärmste 20 %	Reichste 20 %	Verhältnis Reichste zu Ärmsten	Ärmste 20 %	Reichste 20 %	Verhältnis Reichste zu Ärmsten	Ärmste 20 %	Reichste 20 %	Verhältnis Reichste zu Ärmsten
87	88	1,0	59	88	1,5	14	36	2,6	–	–	–
18	28	1,6	84	91	1,1	–	–	–	–	–	–
–	–	–	–	–	–	–	–	–	–	–	–
–	–	–	–	–	–	–	–	–	–	–	–
–	–	–	–	–	–	–	–	–	–	–	–
7 x	31 x	4,8 x	5 x	53 x	11,8 x	1 x	8 x	13,5 x	–	–	–
–	–	–	–	–	–	–	–	–	–	–	–
–	–	–	–	–	–	–	–	–	–	–	–
–	–	–	–	–	–	–	–	–	–	–	–
–	–	–	–	–	–	–	–	–	–	–	–
–	–	–	–	–	–	–	–	–	–	–	–
–	–	–	–	–	–	–	–	–	–	–	–
21	16	0,7	55	97	1,8	1	11	13,6	–	–	–
27	52	1,9	11	54	5,0	3	18	6,1	–	–	–
–	–	–	92	96	1,1	26	52	2,0	–	–	–
58	60	1,0	95	99	1,0	49	72	1,5	44	64	1,5
45 x	59 x	1,3 x	–	–	–	4 x	10 x	2,9 x	–	–	–
53	62	1,2	95	99	1,0	–	–	–	–	–	–
41	38	0,9	68	93	1,4	–	–	–	–	–	–
71	53	0,7	94	97	1,0	48	59	1,2	–	–	–
70	71	1,0	60	84	1,4	9	16	1,8	11	35	3,0
8	19	2,5	80	96	1,2	18	42	2,3	20	55	2,7
–	–	–	–	–	–	–	–	–	–	–	–
–	–	–	95 x	98 x	1,0 x	48 x	62 x	1,3 x	–	–	–
5	29	5,3	40	74	1,8	6	18	2,9	–	–	–
–	–	–	–	–	–	–	–	–	–	–	–
–	–	–	96	98	1,0	10	29	2,8	–	–	–
–	–	–	87 y	97 y	1,1 y	–	–	–	–	–	–
–	–	–	–	–	–	–	–	–	–	–	–
–	–	–	99 x,y	100 x,y	1,0 x,y	34 x	39 x	1,2 x	–	67 x	–
43	45	1,1	73	87	1,2	–	–	–	–	–	–
–	–	–	100	100	1,0	41	53	1,3	40	54	1,3
–	–	–	–	–	–	–	–	–	–	–	–
–	–	–	–	–	–	–	–	–	–	–	–
–	–	–	94 x	97 x	1,0 x	25 x	33 x	1,3 x	–	–	–
60	36	0,6	75 y	80 y	1,1 y	9 x	23 x	2,7 x	–	–	–
–	–	–	–	–	–	–	–	–	–	–	–
–	–	–	86 x	99 x	1,2 x	–	–	–	–	–	–
–	–	–	–	–	–	–	–	–	–	–	–

	Geburtenregistrierung in % (2005–2013*)[w]			Geburten mit ausgebildeten Geburtshelfern/-innen in % (2009–2013*)			Anteil der Kinder – Verbreitung von Untergewicht (2009–2013*)		
	Ärmste 20 %	Reichste 20 %	Verhältnis Reichste zu Ärmsten	Ärmste 20 %	Reichste 20 %	Verhältnis Reichste zu Ärmsten	Ärmste 20 %	Reichste 20 %	Verhältnis Ärmste zu Reichsten
Ver. Staaten von Amerika	–	–	–	–	–	–	–	–	–
Vietnam	87	98	1,1	72	99	1,4	21	3	6,6
Weißrussland	–	–	–	100	100	1,0	2 x	0 x	6,7 x
Zentralafrikanische Republik	46	85	1,8	33	87	2,6	26	19	1,4
Zypern	–	–	–	–	–	–	–	–	–
Weltregionen									
Afrika südlich der Sahara	26	62	2,4	26	82	3,1	30	13	2,4
Östliches u. südliches Afrika	25	50	2,0	27	75	2,8	26	11	2,4
West- und Zentralafrika	27	68	2,5	27	89	3,3	32	14	2,4
Naher Osten und Nordafrika	75	94	1,3	–	–	–	–	–	–
Südasien	–	–	–	23	82	3,5	54	19	2,8
Ostasien und Pazifik	56 **	91 **	1,6 **	61 **	97 **	1,6 **	26 **	11 **	2,4 **
Lateinamerika und Karibik	–	–	–	–	–	–	–	–	–
Mittel- und Osteuropa, GUS	94	98	1,0	–	–	–	–	–	–
Am wenigsten entwick. Länder	29	56	1,9	29	77	2,6	31	14	2,2
Welt	49 **	78 **	1,6 **	33 **	85 **	2,6 **	39 **	15 **	2,6 **

Definitionen der Weltregionen s. Seite 255 f.

* Werte beziehen sich auf die neuesten verfügbaren Daten aus dem genannten Zeitraum.

** Angaben ohne China

w Die Definition des Indikators »Geburtenregistrierung« wurde nach der zweiten und dritten Runde der MICS (MICS2 und MICS3) für die vierte Runde (MICS4) geändert, um eine Vergleichbarkeit mit späteren Runden zu gewährleisten. Die statistischen Daten aus MICS2 und MICS3 zu »Geburtenregistrierung« wurden entsprechend der Indikatordefinition der MICS4 neu berechnet, daher können die hier vorgestellten Daten von den nationalen Erhebungen der MICS2 und MICS3 abweichen.

unter 5 J. in %						Anteil der umfassend über HIV/Aids informierten (2009–2013*)					
Durchfallerkrankungen (ORT-Behandlung) (2009–2013*)			Schulbesuchsrate Grundschule (bereinigt) (2008–2013*)			Frauen (15–24 J.) in %			Männer (15–24 J.) in %		
Ärmste 20 %	Reichste 20 %	Verhältnis Reichste zu Ärmsten	Ärmste 20 %	Reichste 20 %	Verhältnis Reichste zu Ärmsten	Ärmste 20 %	Reichste 20 %	Verhältnis Reichste zu Ärmsten	Ärmste 20 %	Reichste 20 %	Verhältnis Reichste zu Ärmsten
–	–	–	–	–	–	–	–	–	–	–	–
–	–	–	95	99	1,0	38	68	1,8	–	–	–
–	–	–	93	93	1,0	55	55	1,0	42	43	1,0
11	28	2,5	57	90	1,6	12	21	1,7	19	29	1,5
–	–	–	–	–	–	–	–	–	–	–	–
26	41	1,6	53	85	1,6	14	34	2,5	–	–	–
33	44	1,3	64	89	1,4	–	–	–	–	–	–
22	40	1,8	43	81	1,9	12	31	2,5	21	44	2,1
–	–	–	–	–	–	–	–	–	–	–	–
28	47	1,7	66	93	1,4	4	43	11,7	15	55	3,8
44 **	42 **	1,0 **	90 **	97 **	1,1 **	–	–	–	–	–	–
–	–	–	–	–	–	–	–	–	–	–	–
–	–	–	91	97	1,1	–	–	–	–	–	–
38	47	1,2	61	88	1,4	–	–	–	–	–	–
29 **	44 **	1,5 **	67 **	91 **	1,4 **	–	–	–	–	–	–

Definitionen s. Seite 257 ff., Hauptquellen s. Seite 265 ff.

x Daten beziehen sich auf andere Jahre oder Zeiträume. Diese Werte werden nicht bei der Berechnung der regionalen und globalen Werte berücksichtigt (ausgenommen Daten aus Indien von 2005–2006). Schätzungen aus den Jahren vor 2000 sind nicht aufgeführt.

y Daten weichen von der Standarddefinition ab oder beziehen sich nur auf einen Teil des Landes. Diese Werte werden bei der Berechnung der regionalen und globalen Werte berücksichtigt, sofern sie in den angegebenen Referenzzeitraum fallen.

– keine Daten verfügbar

Tabelle 14: Frühkindliche Entwicklung

	Anteil der Kinder (36–59 Monate) in % (2005–2013*)									
	mit Zugang zu frühkindlicher Bildung					mit Lernunterstützung durch Erwachsene[w]				
	gesamt	männl.	weibl.	Ärmste 20 %	Reichste 20 %	gesamt	männl.	weibl.	Ärmste 20 %	Reichste 20 %
Afghanistan	1	1	1	0	4	73	74	73	72	80
Albanien	40	39	42	26	60	86	85	87	68	96
Argentinien	63	61	66	46	85	84	83	85	73	95
Bangladesch	15	14	15	11	16	61	61	60	42	85
Belize	32	30	34	16	59	86	88	83	73	94
Bhutan	10	10	10	3	27	54	52	57	40	73
Bosnien und Herzegowina	13	12	14	2	31	95	95	96	87	100
Botsuana	18	–	–	–	–	–	–	–	–	–
Burkina Faso	2	3	1	0	9	14	14	14	12	26
Burundi	5	5	5	4	10	34	35	34	32	38
Costa Rica	18	17	18	8	40	68	69	66	54	88
Dschibuti	14	12	16	–	–	37 y	38 y	35 y	–	–
Elfenbeinküste	5	5	5	1	15	50	50	51	55	57
Gambia	18	17	19	12	32	48	49	47	50	55
Georgien	66	65	67	53	83	84	84	83	67	94
Ghana	68	65	72	42	97	40	38	42	23	78
Guinea-Bissau	10	10	10	4	26	–	–	–	–	–
Guyana	49	48	50	33	78	89	88	89	77	99
Honduras	19	17	21	13	28	48	47	49	28	75
Indonesien	17	16	18	–	–	–	–	–	–	–
Irak	4	4	4	1	10	58	58	59	40	78
Iran	20 y	19 y	22 y	–	–	70 y	69 y	70 y	–	–
Jamaika	92	92	91	88	100	88	86	90	76	86
Jemen	3	3	3	0	8	33	34	32	16	56
Jordanien	22 y	21 y	23 y	11 y	39 y	82 y	81 y	83 y	75 y	87 y
Kamerun	30	29	31	4	67	62	64	61	47	72
Kasachstan	37	36	38	19	61	92	92	91	84	96
Kirgisistan	19	21	17	7	47	88	90	85	86	99
Kongo, Dem. Republik	5	5	5	2	18	61	61	62	62	76
Kongo, Republik	16 y	16 y	15 y	2 y	47 y	56 y	53 y	58 y	64 y	58 y
Korea, Dem. Volksrepublik	98	98	97	–	–	91	88	93	–	–
Laos	23	21	25	5	73	57	58	57	42	87
Libanon	62	63	60	–	–	56 y	58 y	54 y	–	–
Mali	10	10	10	1	40	29	27	30	28	44
Marokko	39	36	41	6	78	35 y	34 y	35 y	16 y	59 y
Mauretanien	14	14	14	2	41	55	54	55	55	64
Mazedonien	22	25	19	0	56	92	92	91	81	96
Mongolei	58	56	60	25	80	57	54	60	42	71
Montenegro	29	28	30	6	62	97	96	98	88	100
Mosambik	–	–	–	–	–	47	45	48	48	50
Myanmar	23	23	23	8	46	58 y	58 y	58 y	42 y	76 y

	Anteil der Kinder (0–59 Monate) in % (2005–2013*)										
	mit Lernmaterialien zu Hause						ohne angemessene Betreuung				
mit Lernunterstützung durch den Vater[w]	Kinderbücher			Spielsachen							
	gesamt	Ärmste 20 %	Reichste 20 %	gesamt	Ärmste 20 %	Reichste 20 %	gesamt	männl.	weibl.	Ärmste 20 %	Reichste 20 %
62	2	1	5	53	52	57	40	42	39	43	27
53	32	16	52	53	57	48	13	14	11	9	16
57	61	40	83	61	58	63	8	9	8	10	5
53	–	–	–	–	–	–	–	–	–	–	–
50	40	17	73	57	55	58	2	3	2	4	1
51	6	1	24	52	36	60	14	13	15	17	7
76	56	39	73	56	58	60	2	2	2	3	1
–	–	–	–	–	–	–	–	–	–	–	–
24	–	–	–	–	–	–	–	–	–	–	–
20	–	–	–	–	–	–	–	–	–	–	–
52	37	13	70	73	68	74	4	4	4	6	3
28 y	15	–	–	24	–	–	8	8	8	–	–
40	5	3	13	39	44	35	59	60	58	62	51
21	1	0	4	42	28	50	21	22	19	25	18
33	51 y	26 y	69 y	38	41	41	8 y	9 y	8 y	4 y	10 y
30	6	1	23	41	31	51	21	21	21	27	15
–	–	–	–	–	–	–	–	–	–	–	–
52	54	28	86	65	67	60	11	13	10	19	6
59	11	1	34	78	74	81	4	5	4	8	2
–	–	–	–	–	–	–	–	–	–	–	–
55	5	1	16	34	34	32	8	8	7	9	8
60 y	36 y	–	–	67 y	–	–	15 y	15 y	15 y	–	–
28	55	34	73	61	64	56	2	2	2	2	1
37	10	4	31	49	45	49	34	36	33	46	22
72 y	23 y	11 y	40 y	70 y	68 y	74 y	9 y	9 y	9 y	11 y	8 y
35	4	0	13	41	30	57	31	30	32	38	19
49	48	24	76	45	40	49	4	4	4	5	4
54	76	76	85	57	59	54	11	12	9	11	6
36	1	0	2	29	21	40	60	60	60	69	39
26 y	1 y	0 y	5 y	39 y	24 y	51 y	37 y	38 y	36 y	38 y	38 y
75	79	–	–	47	–	–	17	17	16	–	–
52	5	1	24	41	29	50	14	15	13	20	8
74 y	29	–	–	16 y	–	–	9	8	10	–	–
14	0	0	2	40	33	49	33	33	33	33	36
58 y	21 y	9 y	52 y	14 y	19 y	7 y	11	–	–	–	–
28	–	–	–	40	42	39	26	27	26	24	25
71	52	18	81	71	70	79	5	5	5	11	1
39	23	6	48	68	74	62	9	9	8	10	6
79	77	50	92	39	49	33	6	8	5	11	3
20	3	2	10	–	–	–	33	33	32	–	–
44 y	–	–	–	–	–	–	–	–	–	–	–

	Anteil der Kinder (36–59 Monate) in % (2005–2013*)									
	mit Zugang zu frühkindlicher Bildung					mit Lernunterstützung durch Erwachsene[w]				
	gesamt	männl.	weibl.	Ärmste 20 %	Reichste 20 %	gesamt	männl.	weibl.	Ärmste 20 %	Reichste 20 %
Nepal	30 y	29 y	31 y	14 y	61 y	–	–	–	–	–
Nigeria	43	42	43	10	84	65	66	64	48	89
Palästina	15	16	15	9	26	58	58	57	49	69
São Tomé und Príncipe	27	29	26	18	51	–	–	–	–	–
Senegal	22 y	23 y	21 y	7 y	43 y	–	–	–	–	–
Serbien	44	41	47	22	75	95	96	95	84	98
Sierra Leone	14	13	15	5	42	54	53	55	45	79
Somalia	2	2	2	1	6	79	80	79	76	85
St. Lucia	85	87	84	–	–	93	89	96	–	–
Südafrika	37 y	–	–	–	–	–	–	–	–	–
Sudan	20	20	21	10	48	–	–	–	–	–
Südsudan	6	6	6	2	13	–	–	–	–	–
Suriname	34	33	35	16	63	73	71	75	56	91
Swasiland	33	32	34	36	50	50	50	50	35	71
Syrien	8	8	7	4	18	70	70	69	52	84
Tadschikistan	6	–	–	–	–	74	73	74	56	86
Thailand	84	84	85	85	82	93	92	93	87	96
Togo	29	27	31	10	52	62	61	63	55	68
Trinidad und Tobago	75	74	76	65	87	98	98	98	96	100
Tschad	5	5	4	1	16	70	69	70	64	71
Tunesien	44	42	47	13	81	71	68	74	44	90
Ukraine	52	54	50	30	68	98	97	98	95	99
Usbekistan	20	20	19	5	46	91	91	90	83	95
Venezuela	66 y	–	–	–	–	–	–	–	–	–
Vietnam	72	71	73	59	91	77	74	80	63	94
Weißrussland	88	86	89	75	91	96	94	97	90	99
Zentralafrikanische Republik	5	5	6	2	17	74	74	74	70	78
Weltregionen										
Afrika südlich der Sahara	26	26	26	8	53	–	–	–	–	–
Östliches u. südliches Afrika	–	–	–	–	–	–	–	–	–	–
West- und Zentralafrika	28	28	28	8	57	58	58	58	48	77
Naher Osten und Nordafrika	17	17	18	–	–	–	–	–	–	–
Südasien	–	–	–	–	–	–	–	–	–	–
Ostasien und Pazifik	36 **	35 **	37 **	–	–	–	–	–	–	–
Lateinamerika und Karibik	–	–	–	–	–	–	–	–	–	–
Mittel- und Osteuropa, GUS	–	–	–	–	–	–	–	–	–	–
Am wenigsten entwick. Länder	12	11	12	6	25	–	–	–	–	–
Welt	–	–	–	–	–	–	–	–	–	–

Definitionen der Weltregionen s. Seite 255 f.

* Werte beziehen sich auf die neuesten verfügbaren Daten aus dem genannten Zeitraum.

– keine Daten verfügbar

y Daten weichen von der Standarddefinition ab oder beziehen sich nur auf einen Teil des Landes. Diese Werte werden bei der Berechnung der regionalen und globalen Werte berücksichtigt, sofern sie in den angegebenen Referenzzeitraum fallen.

mit Lernunterstützung durch den Vater[w]	Anteil der Kinder (0–59 Monate) in % (2005–2013*) mit Lernmaterialien zu Hause: Kinderbücher gesamt	Kinderbücher Ärmste 20 %	Kinderbücher Reichste 20 %	Spielsachen gesamt	Spielsachen Ärmste 20 %	Spielsachen Reichste 20 %	ohne angemessene Betreuung gesamt	männl.	weibl.	Ärmste 20 %	Reichste 20 %
–	–	–	–	–	–	–	–	–	–	–	–
37	6	0	19	38	29	48	40	40	40	40	34
77	12	–	–	64	–	–	13	13	14	12	15
–	–	–	–	–	–	–	–	–	–	–	–
–	–	–	–	–	–	–	–	–	–	–	–
78	76	49	86	63	65	60	1	1	1	2	1
42	2	0	10	35	24	50	32	33	32	29	28
48	–	–	–	–	–	–	–	–	–	–	–
50	68	–	–	59	–	–	5	5	5	–	–
–	–	–	–	–	–	–	–	–	–	–	–
–	–	–	–	–	–	–	–	–	–	–	–
–	–	–	–	–	–	–	–	–	–	–	–
26	25	4	61	59	61	60	7	7	7	9	8
10	4	1	12	69	64	74	15	15	15	20	9
62	30	12	53	52	52	51	17	17	17	22	15
23	17	4	33	46	43	44	13	13	12	15	11
35	43	24	71	71	69	70	5	5	4	7	2
38	2	0	7	31	26	41	41	42	41	45	35
63	81	66	93	65	63	72	1	1	1	2	0
29	1	0	2	43	38	50	56	57	56	58	56
71	18	3	40	53	46	56	13	13	14	18	9
71	91	92	92	52	61	51	7	6	7	11	5
54	43	32	59	67	74	62	5	5	5	6	7
–	–	–	–	–	–	–	–	–	–	–	–
61	20	3	49	49	41	54	9	10	9	17	4
68	92	83	96	79	77	79	4	4	4	4	5
42	1	0	3	49	41	51	61	60	62	58	60
–	–	–	–	–	–	–	–	–	–	–	–
–	–	–	–	–	–	–	–	–	–	–	–
35	4	0	13	37	29	46	43	43	43	46	35
–	–	–	–	–	–	–	–	–	–	–	–
–	–	–	–	–	–	–	–	–	–	–	–
–	–	–	–	–	–	–	–	–	–	–	–
–	–	–	–	–	–	–	–	–	–	–	–
–	–	–	–	–	–	–	–	–	–	–	–
–	–	–	–	–	–	–	–	–	–	–	–
–	–	–	–	–	–	–	–	–	–	–	–

Definitionen s. Seite 257 ff., Hauptquellen s. Seite 265 ff.

w Die Definitionen verschiedener Indikatoren zu frühkindlicher Entwicklung wurden von der dritten zur vierten Runde der MICS (MICS3 und MICS4) geändert. Um eine Vergleichbarkeit mit den MICS4 zu gewährleisten, wurden die statistischen Daten aus den MICS3 entsprechend der Indikatordefinitionen der MICS4 neu berechnet. Die hier vorgestellten Daten können daher von den nationalen Erhebungen der MICS3 abweichen.

Definitionen und Hauptquellen

Definitionen der Weltregionen

Die unter den Weltregionen in Tabelle 1–14 angegebenen Daten wurden entsprechend der folgenden Einordnungen ermittelt.

Einordnung nach Regionen

Afrika südl. der Sahara	Östliches und südliches Afrika	West- und Zentralafrika	Dschibuti Sudan	
Östliches und südliches Afrika	Angola Äthiopien Botsuana Burundi Eritrea Kenia	Komoren Lesotho Madagaskar Malawi Mauritius Mosambik	Namibia Ruanda Sambia Seychellen Simbabwe Somalia	Südafrika Südsudan Swasiland Tansania Uganda
West- und Zentralafrika	Äquatorialguinea Benin Burkina Faso Elfenbeinküste Gabun Gambia Ghana	Guinea Guinea-Bissau Kamerun Kap Verde Kongo, Dem. Republik Kongo, Rep.	Liberia Mali Mauretanien Niger Nigeria São Tomé und Príncipe	Senegal Sierra Leone Togo Tschad Zentralafrikanische Republik
Naher Osten und Nordafrika	Ägypten Algerien Bahrain Dschibuti Irak Iran	Jemen Jordanien Katar Kuwait Libanon Libyen	Marokko Oman Palästina Saudi-Arabien Sudan Syrien	Tunesien Ver. Arabische Emirate
Südasien	Afghanistan Bangladesch	Bhutan Indien	Malediven Nepal	Pakistan Sri Lanka
Ostasien und Pazifik	Brunei Darussalam China Cookinseln (Neuseeland) Fidschi Indonesien Kambodscha Kiribati	Korea, Dem. Volksrepublik Korea, Rep. Laos Malaysia Marshallinseln Mikronesien Mongolei Myanmar	Nauru Niue (Neuseeland) Palau Papua-Neuguinea Philippinen Salomonen Samoa	Singapur Thailand Timor-Leste Tonga Tuvalu Vanuatu Vietnam

Latein-	Antigua und	Costa Rica	Honduras	St. Kitts u. Nevis
amerika	Barbuda	Dominica	Jamaika	St. Lucia
und Karibik	Argentinien	Dominikan. Rep.	Kolumbien	St. Vincent u. d.
	Bahamas	Ecuador	Kuba	Grenadinen
	Barbados	El Salvador	Mexiko	Suriname
	Belize	Grenada	Nicaragua	Trinidad und
	Bolivien	Guatemala	Panama	Tobago
	Brasilien	Guyana	Paraguay	Uruguay
	Chile	Haiti	Peru	Venezuela
Mittel- und	Albanien	Georgien	Montenegro	Türkei
Osteuropa,	Armenien	Kasachstan	Rumänien	Turkmenistan
GUS	Aserbaidschan	Kirgisistan	Russische	Ukraine
	Bosnien und	Kroatien	Föderation	Usbekistan
	Herzegowina	Mazedonien	Serbien	Weißrussland
	Bulgarien	Moldau	Tadschikistan	

Einordnung nach Entwicklungsstand

Am	Afghanistan	Guinea-Bissau	Mali	Somalia
wenigsten	Angola	Haiti	Mauretanien	Sudan
entwickelte	Äquatorialguinea	Jemen	Mosambik	Südsudan
Länder[1]	Äthiopien	Kambodscha	Myanmar	Tansania
	Bangladesch	Kiribati	Nepal	Timor-Leste
	Benin	Komoren	Niger	Togo
	Bhutan	Kongo, Dem.	Ruanda	Tschad
	Burkina Faso	Republik	Salomonen	Tuvalu
	Burundi	Laos	Sambia	Uganda
	Dschibuti	Lesotho	São Tomé u.	Vanuatu
	Eritrea	Liberia	Príncipe	Zentralafrikani-
	Gambia	Madagaskar	Senegal	sche Republik
	Guinea	Malawi	Sierra Leone	

1 Die Einteilung erfolgte durch das Büro des Hohen Beauftragten für die am wenigsten entwickelten Länder, Binnenentwicklungsländer und kleinen Inselentwicklungsländer (UN-OHRLLS).

Definitionen

Alphabetisierungsrate von Erwachsenen
Prozentualer Anteil der Personen über 15 Jahren, die lesen und schreiben können.

Alphabetisierungsrate von Jugendlichen
Prozentualer Anteil der Jugendlichen zwischen 15 und 24 Jahren, die lesen und schreiben können.

Anteil der Bevölkerung, der weniger als 1,25 US-$ pro Tag zur Verfügung hat
Einkommensgrenze (absolute Armutsgrenze), unterhalb derer eine Mindestversorgung mit lebensnotwendigen Nahrungsmitteln sowie mit den notwendigen Dingen des täglichen Bedarfs nicht mehr gewährleistet ist. Basis ist weniger als 1,25 US-$ pro Tag in internationalen Preisen von 2005, bereinigt anhand der Kaufkraftparität (KKP).

Auszehrung
Moderate und starke Auszehrung bei Kindern im Alter zwischen 0 und 59 Monaten – unterhalb von zwei Standardabweichungen unter dem mittleren, der jeweiligen Körpergröße entsprechenden Gewicht der erfassten Bevölkerungsgruppe.

BCG
Prozentualer Anteil der Kinder, die zum Schutz vor Tuberkulose den Impfstoff Bacille Calmette-Guérin erhielten.

BNE (Bruttonationaleinkommen)
Jährliche von den Bürgern eines Staates erbrachte volkswirtschaftliche Gesamtleistung. Sie setzt sich zusammen aus dem Bruttoinlandsprodukt (BIP) sowie den von Inländern im Ausland erwirtschafteten Einkommen abzüglich der von Ausländern im Inland bezogenen Einkommen. Das BNE pro Einwohner erhält man, wenn das BNE durch die Mitte des Jahres errechnete Bevölkerungszahl geteilt wird. Das BNE gemessen in Kaufkraftparität (KKP) des US-Dollars berücksichtigt das unterschiedliche Preisniveau zwischen den Ländern. Das Bruttonationaleinkommen pro Einwohner in US-Dollar wird von der Weltbank gemäß der Atlas-Methode umgerechnet. Datenquelle: International Comparison Program (ICP).

DPT1/3
Prozentualer Anteil der Kinder, die ein- bzw. dreimal gegen Diphtherie, Pertussis (Keuchhusten) und Tetanus geimpft wurden.

Durchfallerkrankungen, Behandlung von (ORT-Anwendung)
Prozentualer Anteil aller Fälle von Durchfallerkrankungen von Kindern unter 5 Jahren, die in den letzten zwei Wochen vor der Erhebung mit Salzlösungen für die orale Rehydratationstherapie (ORT) in Verbindung mit fortgesetzter Nahrungsaufnahme behandelt wurden.

Einschulungsrate (Werte bereinigt)
Zahl der eingeschulten Kinder, die zu der Altersgruppe gehören, die dem amtlichen Einschulungsalter für Grund- bzw. weiterführende Schulen entspricht, geteilt durch die Gesamtzahl dieser Altersgruppe.

Einschulungsrate (Werte unbereinigt)
Zahl der Kinder, die eine Vorschule, Grundschule oder weiterführende Schule besuchen, unabhängig davon, ob sie der entsprechenden Altersgruppe angehören, geteilt durch die Gesamtzahl der Altersgruppe, die dem amtlichen Alter der jeweiligen Schulstufe entspricht.

Empfängnisverhütung
Prozentualer Anteil der verheirateten oder in eheähnlichen Beziehungen lebenden Frauen zwischen 15 und 49 Jahren, die zurzeit empfängnisverhütende Mittel anwenden.

Familienstand
Darstellung einer Momentaufnahme über den aktuellen Familienstand von Mädchen und Jungen in der Altersgruppe 15–19 Jahre. Festzuhalten ist jedoch, dass für sie nach wie vor das Risiko besteht, noch vor dem Erwachsenenalter verheiratet zu werden.

Fruchtbarkeitsrate
Gesamtzahl der Kinder, die von einer Frau zur Welt gebracht werden unter der Annahme, dass sie bis zum Ende des gebärfähigen Alters lebt und in jeder Altersstufe so viele Kinder bekommt, wie es der jeweils altersspezifischen Fruchtbarkeitsrate der Bevölkerung entspricht.

Geburten in Geburtskliniken oder -häusern
Prozentualer Anteil der Frauen zwischen 15 und 49 Jahren, die ihr Baby in einer Geburtsklinik oder einem Geburtshaus zur Welt gebracht haben.

Geburten mit ausgebildeten Geburtshelfern/-innen
Prozentualer Anteil der Geburten im Beisein von Ärzten, Hebammen, Krankenschwestern oder qualifizierten Geburtshelfern/-innen.

Geburten mit Kaiserschnitt
Prozentualer Anteil der Geburten mit Kaiserschnitt. Bei einem angemessenen Standard der Geburtshilfe wäre ein Anteil der Kaiserschnittgeburten zwischen 5 und 15 Prozent zu erwarten.

Geburtenrate (Werte unbereinigt)
Jährliche Anzahl von Geburten pro 1000 Einwohner.

Geburtenrate von Mädchen
Anzahl der Geburten pro 1000 Mädchen zwischen 15 und 19 Jahren.

Geburtenregistrierung
Prozentualer Anteil der Kinder unter 5 Jahren, die zum Zeitpunkt der Erhebung in ein Geburtenregister eingetragen waren: Vorlage der Ge-

burtsurkunde oder nach Aussage der Mutter oder einer anderen Pflegeperson.

Haushaltseinkommen, Anteil am gesamten
Anteil am Gesamteinkommen der Haushalte, den die reichsten 20 Prozent bzw. die ärmsten 40 Prozent erzielen.

Häusliche Gewalt, Akzeptanz von
Tabelle 9 (Kinderschutz): Prozentualer Anteil der Mädchen und Frauen (15–49 Jahre), die die Anwendung von Gewalt durch ihren Ehemann als gerechtfertigt ansehen. Als Gründe, die Gewalt rechtfertigen, wurden genannt: das Anbrennen von Essen, Streit mit dem Partner, Verlassen des Hauses ohne sein Wissen, Vernachlässigung der Kinder oder Verweigerung von Sexualverkehr.
Tabelle 11 (Heranwachsende und junge Erwachsene): Prozentualer Anteil der Heranwachsenden (15–19 Jahre), die die Anwendung von Gewalt durch einen Ehemann als gerechtfertigt ansehen. Als Gründe, die Gewalt rechtfertigen, wurden genannt: das Anbrennen von Essen, Streit mit dem Partner, Verlassen des Hauses ohne sein Wissen, Vernachlässigung der Kinder oder Verweigerung von Sexualverkehr.

HepB3 (Hepatitis B)
Prozentualer Anteil der Kinder, die dreimal gegen Hepatitis B geimpft wurden.

Hib3 (Haemophilus influenzae)
Prozentualer Anteil der Kinder, die dreimal mit dem Typ B-Vakzin gegen Haemophilus influenzae geimpft wurden.

HIV/Aids
HIV-Tests
Prozentualer Anteil der jungen Männer und Frauen zwischen 15 und 24 Jahren, die in den vergangenen zwölf Monaten einen HIV-Test gemacht und das Ergebnis des jüngsten Tests erhalten haben.
Infizierte Erwachsene
Geschätzter prozentualer Anteil der Erwachsenen (15–49 Jahre), die 2013 mit HIV infiziert waren.
Infizierte Frauen
Geschätzter Zahl der Frauen (älter als 15 Jahre), die 2013 mit HIV infiziert waren.
Infizierte insgesamt
Geschätzte Zahl der Erwachsenen, jungen Menschen und Kinder, die 2013 mit HIV infiziert waren.
Infizierte Kinder
Geschätzte Zahl der Kinder (0–14 Jahre), die 2013 mit HIV infiziert waren.
Infektionsraten bei jungen Menschen
Geschätzter prozentualer Anteil der jungen Männer und Frauen zwischen 15 und 24 Jahren, die 2013 mit HIV infiziert waren.
Umfassendes Wissen über HIV
Prozentualer Anteil von jungen Männern und Frauen zwischen 15 und 24 Jahren (s. Tabelle 4: HIV/Aids) bzw. zwischen 15 und 19 Jah-

ren (s. Tabelle 11: Heranwachsende und junge Erwachsene), die über die zwei wichtigsten Schutzmaßnahmen vor sexueller Übertragung von HIV (Anwendung von Kondomen und Beschränkung auf einen vertrauenswürdigen und nicht infizierten Sexualpartner) Bescheid wissen und denen bekannt ist, dass auch eine gesund aussehende Person HIV-infiziert sein kann.

Verwendung von Kondomen bei wechselnden Sexualpartnern
Prozentualer Anteil von jungen Männern und Frauen (15–24 Jahre), die in den vergangenen zwölf Monaten mehr als einen Sexualpartner hatten und beim letzten Geschlechtsverkehr ein Kondom benutzt haben.

Waisen, durch Aids
Geschätzte Zahl der Kinder (0–17 Jahre), die 2013 ein oder beide Elternteile durch Aids verloren haben.

Waisen, Schulbesuchsrate
Anteil von Kindern (10–14 Jahre) in der Schule, die beide Elternteile verloren haben, in Prozent der Kinder des gleichen Alters, die mindestens noch Vater oder Mutter haben.

Internetzugang
Die geschätzte Zahl von Internetnutzern der Bevölkerung in den vergangenen zwölf Monaten.

Kinder im Grundschulalter, die keine Schule besuchen
Prozentualer Anteil sowie absolute Zahl der Kinder im Grundschulalter, die weder eine Grundschule noch eine weiterführende Schule besuchen. Der Besuch einer Vorschule gilt nicht als Schulbesuch.

Kinderarbeit
Prozentualer Anteil der Kinder zwischen 5 und 14 Jahren, die zum Zeitpunkt der Erhebung gearbeitet haben. Darunter fallen Kinder a) im Alter zwischen 5 und 11 Jahren, die in der Referenzwoche mindestens 1 Stunde wirtschaftliche Aktivitäten ausgeübt oder mindestens 28 Stunden Hausarbeit verrichtet haben, und b) Kinder im Alter zwischen 12 und 14 Jahren, die in der Referenzwoche mindestens 14 Stunden wirtschaftliche Aktivitäten ausgeübt oder mindestens 28 Stunden Hausarbeit verrichtet haben.

Kinderehen
Prozentualer Anteil der Frauen zwischen 20 und 24 Jahren, die vor dem 15. bzw. 18. Lebensjahr verheiratet waren oder in einer eheähnlichen Beziehung lebten.

Kinder ohne angemessene Betreuung
Prozentsatz von Kindern im Alter zwischen 0 und 59 Monaten, die mindestens einmal in der vergangenen Woche allein zu Hause gelassen wurden oder für mehr als 1 Stunde in der Obhut eines Kindes waren, das jünger als 10 Jahre ist.

Lebenserwartung bei der Geburt
Anzahl der Jahre, die ein Neugeborenes zu leben hat, wenn es dem

Sterblichkeitsrisiko ausgesetzt ist, das zum Zeitpunkt der Geburt für den Durchschnitt der Bevölkerung gilt.

Lernmaterialien zu Hause: Kinderbücher
Prozentsatz von Kindern im Alter zwischen 0 und 59 Monaten, die drei oder mehr Kinderbücher zu Hause haben.

Lernmaterialien zu Hause: Spielsachen
Prozentsatz von Kindern im Alter zwischen 0 und 59 Monaten, die zwei oder mehr der folgenden Spielsachen zu Hause haben: Haushaltsgegenstände oder draußen gefundene Objekte (Stöcke, Steine, Tiere, Muscheln, Blätter etc.), selbstgemachte oder gekaufte Spielsachen.

Lernunterstützung durch Erwachsene
Prozentsatz von Kindern im Alter zwischen 36 und 59 Monaten, die in den vergangenen drei Tagen von einem Erwachsenen mit mindestens vier der folgenden Aktivitäten zur Lernförderung und Vorbereitung auf die Schule unterstützt wurden: a) Vorlesen von Büchern, b) Geschichtenerzählen, c) Vorsingen von Liedern, d) Mitnahme des Kindes nach draußen, e) Spielen mit dem Kind und f) Rechnen, Malen und Dinge benennen.

Lernunterstützung durch den Vater
Prozentsatz von Kindern im Alter zwischen 36 und 59 Monaten, die in den vergangenen drei Tagen von ihrem Vater mit mindestens einer der folgenden Aktivitäten zur Lernförderung und Vorbereitung auf die Schule unterstützt wurden: a) Vorlesen von Büchern, b) Geschichtenerzählen, c) Vorsingen von Liedern, d) Mitnahme des Kindes nach draußen, e) Spielen mit dem Kind und f) Rechnen, Malen und Dinge benennen.

Lungenentzündung, Verdacht auf
Prozentualer Anteil der Kinder unter 5 Jahren, bei denen in den vergangenen zwei Wochen Verdacht auf Lungenentzündung bestand, sowie der Kinder, die eine angemessene ärztliche Behandlung mit Antibiotika erhielten.

Malaria
Anteil der Kinder unter 5 Jahren in Prozent, die Medikamente gegen Fieber erhalten: Dieser Indikator bezieht sich auf die Behandlung gegen Malaria bei allen Kindern, die innerhalb der letzten zwei Wochen vor der Erhebung Fieber hatten – folglich nicht nur bei Kindern mit bestätigter Malaria-Diagnose. Weitere Informationen unter www.data.unicef.org/resources/household-survey-indicators-for-malaria-control-2013-edition (S. 55).

Massenmedien, Nutzung von
Prozentualer Anteil der Heranwachsenden zwischen 15 und 19 Jahren, die mindestens einmal pro Woche die folgenden Massenmedien nutzen: Zeitungen, Zeitschriften, Fernsehen oder Radio.

MCV1
Prozentualer Anteil der Kinder, denen die erste Impfgabe gegen Masern verabreicht wurde.

Mobiltelefone
Die Anzahl aktiver Abonnements bei einem öffentlichen Mobilfunkanbieter, einschließlich der Anzahl von Prepaid-Karten, die während der letzten drei Monate aktiv genutzt wurden.

Müttersterblichkeitsrate
Jährliche Anzahl der Todesfälle von Frauen durch schwangerschafts- und geburtsbedingte Ursachen, bezogen auf 100 000 Lebendgeburten im gleichen Zeitraum. Die offiziellen Daten basieren auf nationalen Angaben, die nicht alle Fälle von Müttersterblichkeit oder falsch klassifizierte Todesfälle enthalten und daher ungenau oder unvollständig sind. Höhere Werte (ab 100) wurden gerundet.

Nahrung, ausreichend vielfältige
Prozentualer Anteil der gestillten Kinder zwischen 6 und 23 Monaten, die am Vortag eine Mindestvielfalt an Nahrungsmitteln und eine Mindestzahl an Mahlzeiten erhielten, sowie der Anteil der nicht gestillten Kinder im Alter von 6 bis 23 Monaten, die am Vortag mindestens zwei Milchmahlzeiten, eine Mindestvielfalt an Nahrungsmitteln und eine Mindestzahl an Mahlzeiten erhielten.

Neugeborenensterblichkeitsrate
Jährliche Anzahl der Todesfälle von Kindern während der ersten 28 Lebenstage, bezogen auf 1000 Lebendgeburten.

Niedriges Geburtsgewicht
Prozentsatz der Säuglinge, die bei der Geburt weniger als 2500 Gramm wiegen.

PCV3
Prozentualer Anteil der Kinder, die dreimal gegen Pneumokokken geimpft wurden.

Polio3
Prozentualer Anteil der Kinder, die dreimal gegen Poliomyelitis geimpft wurden.

Rota
Prozentualer Anteil der Kinder, denen die letzte Impfgabe gegen Rotaviren verabreicht wurde.

Sanitäreinrichtungen
Prozentualer Anteil der Bevölkerung, die die folgenden verbesserten Sanitäranlagen nutzt: Einrichtungen mit Kanalisation, Klärgruben, Latrinenspülklosett, Grubenlatri-

nen mit verbesserter Belüftung, Grubenlatrinen mit Deckel, Komposttoiletten.

Säuglingssterblichkeitsrate (SSR)
Jährliche Anzahl der Todesfälle von Kindern unter 1 Jahr, bezogen auf 1000 Lebendgeburten. Dieser Wert gibt das Sterblichkeitsrisiko zwischen der Geburt und dem ersten Geburtstag eines Kindes an.

Schulbesuchsrate (Werte bereinigt)
Prozentualer Anteil der Kinder der Altersgruppe, die dem amtlichen Schulalter entsprechen und die Grundschule bzw. weiterführende Schule tatsächlich besuchen.

Schuldendienst
Summe der Zins- und Tilgungszahlungen für Auslandsschulden des Staates bzw. für Schulden, die durch staatliche Bürgschaften abgesichert sind.

Schwangerschaftsvorsorge
Anteil der Frauen zwischen 15 und 49 Jahren, die mindestens einmal bzw. viermal während der Schwangerschaft von geschultem Personal (Ärzte, Krankenschwestern, Hebammen) untersucht worden sind.

Städtische Bevölkerung
Prozentualer Anteil der Bevölkerung, die in städtischen Gebieten wohnt, gemäß der letzten nationalen Volkszählung.

Sterberate
Jährliche Anzahl der Todesfälle pro 1000 Einwohner.

Sterblichkeitsrate von Kindern unter 5 Jahren (SRUJ5)
Jährliche Anzahl der Todesfälle von Kindern unter 5 Jahren, bezogen auf 1000 Lebendgeburten. Dieser Wert gibt das Sterblichkeitsrisiko zwischen der Geburt und dem 5. Geburtstag eines Kindes an. Die Millenniums-Erklärung der Vereinten Nationen von 2000 gab als Ziel vor, die Kindersterblichkeitsrate um zwei Drittel (67 Prozent) im Zeitraum von 1990 bis 2015 zu senken (prozentualer Rückgang s. Tabelle 10).

Todesfallrisiko von Müttern
Das kumulierte Risiko für die gesamte Zeit, in der Frauen gebärfähig sind. Höhere Werte (ab 100) wurden gerundet.

Trinkwasser
Prozentualer Anteil der Bevölkerung, die eine der folgenden Trinkwassereinrichtungen nutzt: Wasserleitungen, Wasserstellen, gebohrte oder gegrabene Brunnen, Regenwasser, geschützte Wasserquellen, in Flaschen abgefülltes Wasser.

Übergewicht
Moderates und starkes Übergewicht bei Kindern im Alter zwischen 0 und 59 Monaten – mehr als zwei Standardabweichungen über dem mittleren, der jeweiligen Kör-

pergröße entsprechenden Gewicht der erfassten Bevölkerungsgruppe.

Unterentwicklung
Moderate und starke ernährungsbedingte Unterentwicklung bei Kindern im Alter zwischen 0 und 59 Monaten – unterhalb von zwei Standardabweichungen unter der mittleren, dem jeweiligen Alter entsprechenden Körpergröße der erfassten Bevölkerungsgruppe.

Untergewicht
Moderates und starkes Untergewicht bei Kindern im Alter zwischen 0 und 59 Monaten – unterhalb von zwei Standardabweichungen unter dem mittleren, dem jeweiligen Alter entsprechenden Gewicht der erfassten Bevölkerungsgruppe.

Waisen, insgesamt
Geschätzte Zahl der Kinder zwischen 0 und 17 Jahren, die 2013 ein oder beide Elternteile verloren haben.

Weibliche Genitalverstümmelung/-beschneidung
Verbreitung Frauen: Prozentsatz der Frauen im Alter zwischen 15 und 49 Jahren, die selbst beschnitten worden sind.
Verbreitung Mädchen: Prozentsatz der Mädchen zwischen 0 und 14 Jahren, die laut Aussage ihrer Mütter beschnitten wurden.
Einstellung befürwortend: Prozentsatz der Frauen im Alter zwischen 15 und 49 Jahren, die glauben, dass die Praxis der weiblichen Genitalverstümmelung/-beschneidung fortgeführt werden sollte.

Hauptquellen

Alphabetisierungsrate von Erwachsenen und Jugendlichen
UNESCO Institute for Statistics (UIS)

Auszehrung
Demographic and Health Surveys (DHS), Multiple Indicator Cluster Surveys (MICS), nationale Erhebungen, UNICEF, Weltgesundheitsorganisation (WHO)

Bestrafung von Kindern, gewaltsame
DHS, MICS, nationale Erhebungen

Bevölkerung, Anteil, der weniger als 1,25 US-$ pro Tag zur Verfügung hat
Weltbank

Bevölkerung, gesamt
United Nations Population Division (UNPOP)

BNE bzw. BIP pro Einwohner
Weltbank

Durchfallerkrankungen, Behandlung von (ORT-Anwendung)
DHS, MICS, nationale Erhebungen

Empfängnisverhütung
DHS, MICS und andere nationale repräsentative Quellen, UNPOP

Familienstand
DHS, MICS und andere nationale Erhebungen

Fruchtbarkeitsrate
UNPOP

Geburten
Geburt, Alter bei erster
DHS, MICS und andere nationale Erhebungen
Geburten in Geburtskliniken und -häusern
DHS, MICS und andere nationale repräsentative Quellen
Geburten mit ausgebildeten Geburtshelfern/-innen
DHS, MICS und andere nationale repräsentative Quellen
Geburten mit Kaiserschnitt
DHS, MICS und andere nationale repräsentative Quellen
Geburtenrate (Werte unbereinigt)
UNPOP
Geburtenregistrierung
DHS, MICS, nationale Erhebungen, Sterberegister

Geburtsgewicht, niedriges
DHS, MICS, nationale Erhebungen, UNICEF, WHO

Haushalte, die jodiertes Salz verwenden
DHS, MICS, nationale Erhebungen, UNICEF

Haushaltseinkommen, Anteil am gesamten
Weltbank

Häusliche Gewalt, Akzeptanz von
DHS, MICS, nationale Erhebungen

HIV/Aids

HIV-Tests unter 15–24-Jährigen
AIDS Indicator Surveys (AIS), DHS, MICS und andere nationale Erhebungen, HIV/AIDS Survey Indicators Database (www.measuredhs.com/hivdata)

Infizierte Erwachsene
Joint United Nations Programme on HIV/AIDS (UNAIDS), The Gap Report, Juli 2014

Infizierte Frauen
UNAIDS, The Gap Report, Juli 2014

Infizierte insgesamt
UNAIDS, The Gap Report, Juli 2014

Infizierte Kinder
UNAIDS, The Gap Report, Juli 2014

Infektionsraten bei jungen Menschen
UNAIDS, The Gap Report, Juli 2014

Umfassendes Wissen über HIV
AIS, DHS, MICS und andere nationale Erhebungen, HIV/AIDS Survey Indicators Database (www.measuredhs.com/hivdata)

Verwendung von Kondomen bei wechselnden Sexualpartnern
AIS, DHS, MICS und andere nationale Erhebungen, HIV/AIDS Survey Indicators Database (www.measuredhs.com/hivdata)

Waisen, durch Aids
UNAIDS (unveröffentlichte Schätzungen zu HIV/Aids für 2013), Juli 2014

Waisen, Schulbesuchsrate
AIS, DHS, MICS und andere nationale Erhebungen, HIV/AIDS Survey Indicators Database (www.measuredhs.com/hivdata)

Impfschutz
UNICEF, WHO

Inflationsrate
Weltbank

Kinderarbeit
DHS, MICS, nationale Erhebungen

Kinderehen
DHS, MICS, nationale Erhebungen

Lebenserwartung (bei der Geburt)
UNPOP

Lungenentzündung, Verdacht auf
DHS, MICS, nationale Erhebungen

Malaria
DHS, MICS, Malaria Indicator Surveys (MIS), nationale Erhebungen

Massenmedien, Nutzung von
AIS, DHS, MICS, nationale Erhebungen

Mobiltelefon- und Internetnutzer
International Telecommunications Union, Genf

Schulbildung und Betreuung

Abschluss der Grundschule bis zur letzten Klasse
DHS, MICS, UIS

Besuch der Grundschule (Werte bereinigt)
DHS, MICS, nationale Erhebungen

Einschulungsrate für Grundschulen und weiterführende Schulen (bereinigt)
UIS

Einschulungsrate für Vorschulen, Grundschulen und weiterführende Schulen (unbereinigt)
UIS
Frühkindliche Bildung, Zugang zu
DHS, MICS, nationale Erhebungen
Kinder im Grundschulalter, die keine Schule besuchen
UIS
Kinder ohne angemessene Betreuung
DHS, MICS, nationale Erhebungen
Lernmaterialien zu Hause: Kinderbücher, Spielsachen
DHS, MICS, nationale Erhebungen
Lernunterstützung durch Erwachsene
DHS, MICS, nationale Erhebungen
Lernunterstützung durch den Vater
DHS, MICS, nationale Erhebungen
Schulbesuchsrate von Grundschulen und weiterführenden Schulen
DHS, MICS, nationale Erhebungen

Schuldendienst
Weltbank

Schwangerschaftsvorsorge
DHS, MICS und andere repräsentative nationale Quellen

Staatliche Entwicklungshilfe
Organisation für wirtschaftliche Zusammenarbeit und Entwicklung (OECD)

Staatsausgaben für Gesundheit, Bildung und Verteidigung
Weltbank

Sterblichkeitsraten
Müttersterblichkeitsrate (bereinigt)
UN Maternal Mortality Estimation Inter-agency Group (UNFPA, UNICEF, UNPOP, Weltbank, WHO)
Müttersterblichkeitsrate (offizielle Angaben)
Nationale repräsentative Quellen, einschließlich Haushaltsbefragungen und Sterberegister
Neugeborenensterblichkeitsrate
UN Child Mortality Estimation Inter-agency Group (UNICEF, UNPOP, Weltbank, WHO)
Säuglingssterblichkeitsrate (SSR)
UN Child Mortality Estimation Inter-agency Group (UNICEF, UNPOP, Weltbank, WHO)
Sterberate
UNPOP
Sterblichkeitsrate von Kindern unter 5 Jahren (SRUJ5)
UN Child Mortality Estimation Inter-agency Group (UNICEF, UNPOP, Weltbank, WHO)
Todesfallrisiko von Müttern
UN Maternal Mortality Estimation Inter-agency Group (UNFPA, UNICEF, UNPOP, Weltbank, WHO)

Stillen (und Fütterung)
DHS, MICS, nationale Erhebungen, UNICEF

Trinkwasser und Sanitäreinrichtungen, Zugang zu
UNICEF/WHO Joint Monitoring Programme for Water Supply and Sanitation (JMP)

Übergewicht
DHS, MICS, nationale Erhebungen, UNICEF, WHO

Unterentwicklung
DHS, MICS, nationale Erhebungen, UNICEF, WHO

Untergewicht
DHS, MICS, nationale Erhebungen, UNICEF, WHO

Vitamin A
UNICEF

Waisen, insgesamt
UNAIDS (unveröffentlichte Schätzungen zu HIV/Aids für 2013), Juli 2014

Weibliche Genitalverstümmelung/-beschneidung
DHS, MICS, nationale Erhebungen

UNICEF weltweit

UNICEF-Zentrale
UNICEF House
3 United Nations Plaza
New York, NY 10017, USA
www.unicef.org

UNICEF Regionalbüro für Europa
Palais des Nations
CH-1211 Genf 10, Schweiz

UNICEF Regionalbüro für Mittel- und Osteuropa, die Gemeinschaft unabhängiger Staaten (GUS) und die baltischen Staaten
Palais des Nations
CH-1211 Genf 10, Schweiz

UNICEF Regionalbüro
für das östliche und südliche Afrika
P. O. Box 44145
Nairobi, Kenia 00100

UNICEF Regionalbüro
für West- und Zentralafrika
P. O. Box 29720 Yoff
Dakar, Senegal

UNICEF Regionalbüro
für Lateinamerika und die Karibik
Apartado 0843-03045
Panama City, Panama

UNICEF Regionalbüro
für Ostasien und Pazifik
P. O. Box 2–154
Bangkok 10200, Thailand

UNICEF Regionalbüro
für den Nahen Osten
und Nordafrika
P. O. Box 1551
Amman 11821, Jordanien

UNICEF Regionalbüro
für Südasien
P. O. Box 5815, Lekhnath Marg
Kathmandu, Nepal

In Deutschland, der Schweiz und Österreich informieren über die Arbeit von UNICEF:

Deutsches Komitee für UNICEF
Höninger Weg 104
D-50969 Köln
Tel.: 0221-93650-0
E-Mail: mail@unicef.de
www.unicef.de

Schweizerisches Komitee für UNICEF
Baumackerstr. 24
CH-8050 Zürich
Tel.: 0041-(0)44-3172266
E-Mail: info@unicef.ch
www.unicef.ch

Österreichisches Komitee für UNICEF
Mariahilfer Str. 176/10
A-1150 Wien
Tel.: 0043-(0)1-8792191
E-Mail: info@unicef.at
www.unicef.at